GOLDMANN

Buch

Barranquilla und Corazón, Paso Rojo und Tacaté, Santa Cruz und Cold Point: wie seine großen Romane und seine marokkanischen Erzählungen künden auch diese zehn (süd-)amerikanischen Erzählungen von Paul Bowles von der geheimen Magie fremder Orte, deren Namen nach Verheißung klingen, während tatsächlich eine Atmosphäre unfaßbarer Bedrohung und Schrecken über ihnen liegt. Es sind Orte, die ihre Besucher mit magischer Kraft anziehen; Orte, an denen fernab der Konventionen und Schranken des zivilisierten Alltagslebens plötzlich lange verdeckte Aggressionen und Abgründe der menschlichen Existenz aufbrechen; Orte, die Bowles' Helden nicht selten mit der oft erschreckenden Wahrheit über sich selbst konfrontieren.

Was Michael Althen in der *Süddeutschen Zeitung* über die Romane von Paul Bowles schreibt, gilt auch für die Erzählungen dieses Bandes: «Es geht in ihnen um Einsamkeit und Fremde, um Schicksal und Erfahrung. Die Figuren stecken im Treibsand der Realität, und je heftiger sie sich wehren, desto sicherer gehen sie unter. Sie entfremden oder entfernen sich, töten oder werden getötet. Für niemanden gibt es ein Entkommen aus dem Strudel der Ereignisse.»

Autor

Paul Bowles, geboren 1910 in New York, Komponist und Schriftsteller, gilt heute als Klassiker der amerikanischen Literatur. Der Autor von *Himmel über der Wüste*, der das Leben als permanenten Wandel verstand und mit seiner Frau Jane ruhelos über die Kontinente zog, lebt heute im marokkanischen Tanger. Seine Stories sind eigenwillig, tragisch und von einer Poesie, wie man sie im 20. Jahrhundert nur einmal findet.

Paul Bowles im Goldmann Verlag

Das Haus der Spinne. Roman (9120)
So mag er fallen. Roman (9081)
Gesang der Insekten. Roman (9782)
Die Stunden nach Mittag. Marokkanische Erzählungen (9398)
Mitternachtsmesse. Erzählungen (9923)
New York – Tanger. Erzählungen (9306)
Rastlos. Erinnerungen eines Nomaden (gebunden; 30396)

PAUL BOWLES

Eisfelder

Erzählungen

Aus dem Amerikanischen
von Pociao

Goldmann Verlag

Die vorliegenden Erzählungen sind dem Band
«Collected Stories 1939–1976»,
Black Sparrow Press, Santa Barbara 1979, entnommen.
Auswahl und Anordnung der Erzählungen: Paul Bowles.
Die Erzählung «Vier Tagesreisen vor Santa Cruz» erschien in
Deutschland erstmals in *Text & Zeichen*, 1951, in der Übersetzung
von Susanne Rademacher.
Nutzung der Übersetzung mit freundlicher Genehmigung
des Luchterhand Literaturverlags.

Der Goldmann Verlag
ist ein Unternehmen der Verlagsgruppe Bertelsmann

Made in Germany · 3/92 · 1. Auflage
Genehmigte Taschenbuchausgabe

Umschlaggestaltung und Illustration:
Design Team München
Druck: Elsnerdruck, Berlin
Verlagsnummer 41235
Lektorat: Sky Nonhoff
Herstellung: Heidrun Nawrot
ISBN 3-442-41235-8

Inhalt

Das Echo

Aileen zog ihren Spiegel heraus; die Vibration des Flugzeugs war so stark, daß sie nicht erkennen konnte, ob ihre Nase frischen Puder brauchte oder nicht. Außer ihr waren nur zwei Passagiere an Bord, und beide schliefen. Mittagszeit; die tropische Sonne brannte mit voller Kraft auf die großen silbernen Flügel und verursachte scharfe Reflektionen an der Decke. Weit unten zog der eintönige grüne Teppich des Dschungels langsam vorbei. Sie war schläfrig, aber auch nervös bei dem Gedanken an das neue Zuhause, das sie erwartete. Aus ihrer Handtasche kramte sie einen zusammengefalteten Brief, den sie erneut aufmerksam las, als könnte sie zwischen den Zeilen eine Bedeutung entdecken, die aus den Worten selbst nicht hervorging. Es war die Handschrift ihrer Mutter.

Aileen, mein Liebes –
ich muß noch vor dem Abendessen mit diesem Brief anfangen (und fertigwerden). Prue ist nach draußen gegangen, um ihr Bad zu nehmen, und das bedeutet, daß mindestens eine Stunde vergehen wird, bis sie Luz (die Köchin) dazu gebracht hat, das Wasser aufzuheizen, und José (den Gärtner) gefunden hat, der es zum Tank auf das Dach trägt. Dazu kommt die Zeit, die sie zum Baden und Ankleiden braucht. Du siehst, ich habe gerade Zeit für ein kleines Schwätzchen.

Vielleicht sollte ich mit der Feststellung beginnen, daß

Prue und ich hier über die Maßen glücklich sind. Nach Washington ist es einfach himmlisch, wie Du Dir sicher vorstellen kannst. Prue konnte die Staaten natürlich nie ausstehen, und ich hatte – nach all dem Ärger mit Deinem Vater – das Gefühl, daß ich für eine Weile niemanden um mich haben wollte. Du weißt ja, wie wichtig mir meine Ruhe immer war. Und dies ist der ideale Ort dafür.

Natürlich hatte ich ein schlechtes Gewissen, einfach hierher zu flüchten, ohne Dich noch einmal zu sehen. Aber die Reise nach Northampton hätte mein Schicksal wahrscheinlich endgültig besiegelt. Ich glaube wirklich nicht, daß ich sie durchgestanden hätte. Und Prue hatte Angst, das Außenministerium könnte ein neues Gesetz erlassen, das Amerikanern die Ausreise aus den Vereinigten Staaten erschwert, wegen der angespannten Lage und so weiter. Außerdem dachte ich, je eher wir nach Jamonocal kämen, um so rascher könnten wir das alte Haus zu einem Heim machen, in dem Du Deine Ferien verbringst. Es wird wirklich wunderbar! Ich will gar nicht erst die Gründe aufzählen, warum ich Dir nichts erzählt habe – das wäre wie eine Entschuldigung, und ich weiß, daß ich mich bei Dir nie für irgend etwas entschuldigen muß. Also reden wir nicht mehr davon. Im übrigen bin ich sicher, daß die acht Monate für Dich da oben sehr schnell vergangen sind.

Seit letzten Oktober haben wir ständig irgendwelche Bautrupps hier. Zufällig war Mr. Forbes in Barranquilla, wegen eines neuen Projekts der Amerikaner im Landesinneren, und ich wollte unbedingt, daß er den Bau der vorspringenden Träger im Fundament über-

wacht. Dieser Mann ist einfach unbezahlbar. Phantastisch! Er war ständig auf Trab und gab Anweisungen bis ins letzte Detail. Ich machte mir Vorwürfe, weil er so schwer schuften mußte, aber ich glaube, es hat ihm Spaß gemacht mit uns beiden. Auf alle Fälle wäre es albern gewesen, einen alten Freund und einen der besten Architekten von Amerika nicht um Hilfe zu bitten, zumal er zufällig hier in Kolumbien war und ich ihn brauchen konnte. Wie auch immer, das alte Haus ist jetzt der alte Flügel, und der neue Teil ragt über die Schlucht hinaus und ist so aufregend, daß ich kaum erwarten kann, was Du dazu sagst. Es gibt wahrscheinlich nirgendwo auf der Welt noch einmal ein solches Haus, auch wenn das aus meinem Mund nach Aufschneiderei klingt. Die Terrasse erinnert mich an einen alten Cartoon im New Yorker, *auf dem zwei Männer über den Rand des Grand Canyon schauen, und der eine sagt zum anderen: Hast du je eine Meile weit spucken wollen, Bill? Hier ist deine Chance!*

Wir haben uns inzwischen eingelebt. Das Wetter ist herrlich, und wenn Luz nur ein bißchen mehr davon verstünde, was die Weißen gern essen und wie man es ihnen serviert, wäre alles perfekt. Ich weiß, es wird Dir gefallen, Prue hier zu treffen. Ihr habt vieles gemeinsam, auch wenn Du Dich zu erinnern meinst, daß Du sie ‹nicht besonders leiden› konntest. Das war in Washington, und Du warst, gelinde ausgedrückt, in einem schwierigen Alter. Als Erwachsene (und das bist Du mittlerweile wirklich) wirst Du hoffentlich verständnisvoller sein. Sie liebt Bücher, vor allem über Philosophie und Psychologie und andere Gebiete, von denen Deine arme Mutter nicht viel versteht. Sie hat im alten Gäste-

haus, an das Du Dich wahrscheinlich nicht erinnerst, eine Werkstatt mit einem Brennofen eingerichtet. Dort ist sie fast den ganzen Tag mit ihrer Töpferei beschäftigt, und ich habe genug damit zu tun, das Haus sauberzuhalten und dafür zu sorgen, daß eingekauft wird. Wir haben ein System entwickelt, nach dem Luz jeden Nachmittag mit einer Einkaufsliste zu ihrem Bruder geht, der die Sachen am folgenden Tag aus der Stadt holt. Er braucht fast den ganzen Tag, um den Berg hinauf- und hinunterzureiten. Sein Gaul ist alt und träge und hat sein Leben lang nichts anderes getan, als zwischen dem Haus und dem Tal hin- und herzutrotten; mit dem Begriff ‹schnell› kann er daher nichts anfangen. Aber wozu sollte man sich hier unten auch beeilen?

Ich bin sicher, daß alles zu Deiner Zufriedenheit ausfällt und daß Du keine fünf Minuten brauchen wirst, um zu sehen, daß Prue ein Schatz ist und ganz und gar nicht ‹schrullig›, wie Du in Deinem Brief geschrieben hast. Schick mir ein Telegramm, sobald Du diesen Brief erhalten hast, und laß mich wissen, in welcher Woche der Unterricht endet. Prue und ich werden Dich in Barranquilla abholen. Ich habe eine ganze Liste von Dingen, die Du mir in New York besorgen mußt. Ich werde Dir kabeln, sobald ich von Dir höre. Prue ist fertig mit dem Bad. Muß schließen.

Alles Liebe, Mutter

Aileen steckte den Brief ein, lächelte ein wenig und beobachtete, wie die Flügel in die kleinen dicken Wolken eintauchten, die dem Flugzeug im Weg lagen, und dann wieder zum Vorschein kamen. Jedesmal gab es ein leichtes Rütteln, und die Welt draußen wurde ein blendendes Weiß. Sie stellte sich vor, wie sie hinaussprang und auf dieser festen Weichheit entlangschritt wie eine Figur aus einem Zeichentrickfilm.

Der Brief ihrer Mutter hatte sie an den Winter erinnert, den sie vor vielen Jahren in Jamonocal verbrachten. Das einzige, was sie aus der Zeit behalten hatte, war, wie einer der Einheimischen sie auf ein Maultier gesetzt und sie Todesängste ausgestanden hatte, das Tier könnte in die falsche Richtung laufen, vom Haus weg auf den Rand der Schlucht zu. An die Schlucht selbst konnte sie sich nicht erinnern. Sie hatte sie wahrscheinlich nie gesehen, obwohl sie nur wenige Schritte vom Haus entfernt lag, hinter einem schmalen, aber dichten Streifen Rohrdickicht. Und doch war ihr eine klare Vorstellung ihrer Existenz im Gedächtnis geblieben, das Gefühl einer unermeßlichen Leere hinter und unter jener Seite des Hauses. Und sie entsann sich jenes fernen, hohlen Klangs des Wassers, das aus großer Höhe herabstürzte, eine stetige, leise Hintergrundmusik, die jeden Augenblick des Tages erfüllte – die Pausen während der Mahlzeiten, die Unterbrechungen beim Spielen im Garten und die Nachtstunden zwischen den Träumen. Sie fragte sich, ob es tatsächlich möglich war, daß sie sich an all das erinnern konnte, obgleich sie damals erst fünf gewesen war.

In Panama mußte sie das Flugzeug wechseln. Zartgrünes Zwielicht hing in der Luft, und sie machte einen kurzen Spaziergang um den Flughafen. Papageien kreischten in den Wipfeln der Bäume; urplötzlich verstummten sie. Sie machte kehrt und ging wieder hinein, um sich hinzusetzen und zu lesen, bis es Zeit war, an Bord zu gehen.

Niemand war da, um sie in Empfang zu nehmen, als sie in den frühen Morgenstunden in Barranquilla ankam. Sie beschloß, in die Stadt zu fahren und ein Hotelzimmer zu nehmen. Mit ihren beiden Koffern trat sie hinaus und hielt Ausschau nach einem Taxi. Alle waren mit anderen Passagieren in die Stadt gefahren, doch auf einer Kiste saß ein Mann, der ihr sagte, sie würden bald zurückkommen. Plötzlich fragte er: «Du willst zwei Damen?»

«Wie bitte? Nein. Was meinen Sie?»

«Du willst zwei Damen suchen nach dir letzte Nacht?»

«Wo sind sie?» fragte Aileen, langsam begreifend.

«Sie wollten einen Drink», antwortete er mit einem unverschämten Grinsen.

«Wo? In Barranquilla?»

«Nein. Hier.» Er deutete auf die dunkle Straße.

«Wo? Kann ich zu Fuß gehen?»

«Klar. Ich nehme dich.»

«Nein! Nein danke. Bleiben Sie hier. Vielen Dank. Ich komme allein zurecht. Wo ist es? Wie weit?»

«O. K.»

«Was ist es? Eine Bar? Wie heißt sie?»

«Sie haben Musik. La Gloria. Du gehst. Du hörst Musik. Zwei Damen. Sie trinken.»

Sie trat wieder hinein und übergab ihr Gepäck einem Angestellten der Fluglinie, der darauf bestand, sie zu begleiten. Schweigend gingen sie die schmale Straße entlang. Die Vegetation hatte zu beiden Seiten dichte Mauern gebildet, in denen sich Insekten verbargen, die hin und wieder ein wildes, heiseres Geräusch ausstießen, ähnlich einer hölzernen Ratsche. Nach einiger Zeit hörten sie den Klang von Trommeln und Trompeten, die kubanische Tanzmusik spielten.

«La Gloria», verkündete ihr Begleiter triumphierend.

La Gloria war eine hell erleuchtete Lehmhütte mit einer von Palmwedeln überdachten Veranda, die an die Straße grenzte. Die Jukebox stand draußen; ein paar betrunkene Schwarze lungerten herum.

«Sind sie hier?» fragte sie laut, doch an sich selbst gewandt.

«La Gloria», wiederholte er und deutete nach vorn.

Als sie vor der Hütte standen, erhaschte sie einen Blick auf eine Frau in Bluejeans, und obwohl sie im gleichen Augenblick wußte, daß es Prue war, wollte ihr Bewußtsein diese Tatsache nicht akzeptieren, und sie fuhr fort, sich zu fragen: «Sind sie hier oder nicht?»

Sie ging auf das Haus zu. Die Musik hatte aufgehört. Der Graben lag zwischen Straße und Veranda im Dunkeln. Sie stolperte, fiel hin und hörte sich aufschreien. Der Mann hinter ihr sagte: *«Cuidado!»* Sie lag keuchend vor Wut und Schmerz da und stöhnte: «Oh! Mein Knöchel!» Aus der Bar hörte man einen Schrei. Es war die Stimme ihrer Mutter: «Da ist Aileen!» Dann hob erneut das Plärren und Dröhnen der Jukebox an. Die Schwarzen rührten sich nicht. Irgend jemand half ihr auf die Beine. Sie war im Innern der Bar, im harten, grellen Licht.

«Es geht schon wieder», sagte sie, nachdem man ihr auf einen Stuhl geholfen hatte.

«Aber Kind, wo bist du gewesen? Seit acht Uhr haben wir auf dich gewartet. Beinahe hätten wir aufgegeben. Die arme Prue ist krank.»

«Unsinn, ich bin schon drüber weg», sagte Prue, die noch immer an der Bar saß. «Hatte nur ein Rumoren im Magen, weiter nichts.»

«Ist wirklich alles in Ordnung, Liebes? Was für eine absurde Ankunft!» Sie sah hinunter auf Aileens Knöchel. «Tut er weh?»

Prue kam von der Bar, um ihr die Hand zu geben. «Ziemlich dramatischer Auftritt, Mädchen», sagte sie.

Aileen saß da und lächelte. Sie hatte eine eigenartige Angewohnheit. Als Kind hatte sie sich eingebildet, ihr Kopf sei durchsichtig und ihre Gedanken seien für jeden in ihrer Umgebung direkt sichtbar. Deshalb entwickelte sie ein System, mit dessen Hilfe sie in unangenehmen Situationen jede Art von Denken unterdrückte, nur um nicht Gefahr zu laufen, unhöflicher oder aufsässiger Gedanken verdächtigt zu werden. In ihrer Kindheit hatte sie eine Zeitlang diese Angst vor mangelnder Privatsphäre auf jedermann ausgedehnt; selbst Menschen, die sich woanders aufhielten, konnten ihre Gedanken lesen. Heute dagegen fühlte sie sich nur jenen ausgeliefert, die in ihrer Nähe waren. Als sie sich Prue gegenübersah, war sie sich daher keiner bestimmten Emotion bewußt, nur des vertrauten, vagen Gefühls der Langeweile. Ihr Kopf war vollkommen leer, und ihr Gesicht machte kein Hehl aus dieser Tatsache.

Die frühen Morgenstunden waren unvergleichlich. Die Kühle, die aus dem Dschungel den Abhang hinunter über das Haus floß, wurde vom Dunst knapp über dem Erdboden festgehalten. Draußen und drinnen war es feucht und roch wie in einem Blumenladen, doch jeden Tag, wenn die sengende Sonne den dünnen Nebelschleier, der über dem Rücken des Berges lag, zerriß, vertrieb sie die Feuchtigkeit. Hier lebte man gleichsam seitwärts: Auf der einen Seite stieg das Land steil an, auf der anderen fiel es im gleichen Winkel ab. Nur die Schlucht vermittelte das Gefühl der Senkrechte; die vertikalen Felswände auf der gegenüberliegenden Seite des großen Amphitheaters gemahnten daran, daß das Zentrum der Schwerkraft in der Tiefe lag und nicht schräg auf einer Seite. Unablässig trieb Dampf aus dem unsichtbaren Becken am Grund, und das ferne, diffuse Rauschen des Wassers war wie die Stimme des Schlafes.

Einige Tage lag Aileen im Bett und lauschte dem Wasser und den Vögeln und den nahen, unvertrauten Geräuschen des Hauses. Ihre Mutter und auch Prue frühstückten im Bett und erschienen gewöhnlich ein paar Minuten vor dem Mittagessen für ein Schwätzchen, bis Concha das Tablett mit dem Essen für die Kranke brachte. An den Nachmittagen blätterte sie in alten Illustrierten und las Kriminalgeschichten. Gewöhnlich setzte gegen drei Uhr der Regen ein; zuerst klang das Geräusch wie eine Verstärkung des Wasserfalls in der Ferne, dann, während es immer heftiger wurde, kam es unzweideutig näher – bis ein gewaltiges Dröhnen um das Haus jedes andere Geräusch auslöschte. Die schwarzen Wolken schlossen sich dicht um den Berg, so daß es den Anschein hatte, als breche die Nacht herein. Mit einer kleinen Glocke rief sie Concha, damit diese die Öllampe anzündete, die auf dem Tisch neben dem Bett stand. Wenn sie so dalag, auf die nassen Blätter der Bananenstaude vor dem Fenster sah und dem allgegenwärtigen Rauschen des Regens lauschte, fühlte sie sich einen flüchtigen Augenblick lang vollkommen wohl. Es gab keinen Grund, dieses Gefühl in Frage zu stellen, keine Notwendigkeit zu denken – nur das allmähliche Nachlassen des Regens, die triumphierende Auferstehung der Sonne im diesigen Halblicht und die Aussicht auf ein frühes Abendessen.

Jeden Abend nach dem Essen kam ihre Mutter, um eine Weile mit ihr zu plaudern, gewöhnlich über das Personal. An den ersten drei Abenden war Prue mitgekommen, einen Whiskey in der Hand, später kam ihre Mutter allein.

Aileen hatte darum gebeten, im alten Teil des Hauses einquartiert zu werden statt in einem der komfortableren Zimmer des neuen Flügels. Ihr Fenster sah auf den Garten, der aus einem rechteckigen, auf allen Seiten von jungen Bananenstauden gesäumten Stück Rasen bestand. Am äußersten Ende stand ein Brunnen, dahinter begann das wilde Terrain des Berghangs mit dem vor kurzem gerodeten Unterholz und den verkohlten Baumstümpfen, und noch weiter entfernt der hohe Dschungel, dessen Grenze seit der Rodung für die Plantage vor vielen Jahren schnurgerade über die Hänge verlief. Hier in ihrem Zimmer hatte sie wenigstens das Gefühl, daß die Erde irgendwo unter ihr war.

Als die Schmerzen im Knöchel nachließen, begann sie zum Abendessen hinunterzugehen. Es wurde draußen auf der Terrasse serviert, an einem Tisch, in dessen Mitte ein Sonnenschirm befestigt war. Prue kam regelmäßig zu spät aus ihrer Werkstatt und erschien in lehmverschmierten Bluejeans und mit Schmutzflecken im Gesicht bei Tisch. Da Aileen es nicht fertigbrachte, zu denken, was sie empfand, nämlich, daß Prue unfreundlich, häßlich und eine Art Eindringling war, nahm sie Prues Anwesenheit gefühlsmäßig einfach nicht wahr, was sich darin zeigte, daß sie höflich, aber gelangweilt wirkte und sich an den Gesprächen während der Mahlzeiten kaum beteiligte. Im übrigen fühlte sie sich auf der Terrasse unbehaglich. Am liebsten beendete sie die Mahlzeiten so rasch wie möglich und vertrödelte keine unnötige Zeit mit dem anschließenden Kaffee, doch es wäre ihr nie in den Sinn gekommen, über die Gründe dafür zu sprechen. In Prues Anwesenheit sah sie sich genötigt, äußersten Anstand zu wahren. Glücklicherweise bot ihr Knöchel eine willkommene Entschuldigung, sich auf ihr Zimmer zurückzuziehen.

Bald darauf entdeckte sie einen winzigen Patio neben der Küche, wo sich dicke Weinreben mit süß duftenden Blüten an einer Laube emporrankten. Die Luft war erfüllt vom Summen unzähliger Bienen, die schwerfällig an den Blütenblättern hingen und träge hin und her flogen. Nach dem Mittagessen zog sie einen Liegestuhl in den Schatten der Laube und las, bis der Regen einsetzte. Es war drückend schwül dort, kein Lüftchen ging, doch wenigstens erstickte das Summen der Bienen das Geräusch des Wasserfalls. Eines Nachmittags gesellte sich Prue zu ihr, blieb mit den Händen in den Gesäßtaschen vor ihr stehen und sah sie an.

«Wie hältst du diese Hitze nur aus?» fragte sie Aileen.

«Oh, ich mag sie.»

«Tatsächlich?» Sie hielt inne. «Sag mal, bist du wirklich gern hier, oder findest du es furchtbar langweilig?»

«Wieso, ich finde es wunderbar!»

«Hm, ja, das ist es.»

«Gefällt es dir nicht?»

Prue gähnte. «Oh doch, sehr sogar. Aber ich muß ständig etwas tun. Wo immer ich arbeiten kann, komme ich zurecht, verstehst du?»

«Ja, gewiß», antwortete Aileen. Dann setzte sie hinzu: «Hast du vor, lange zu bleiben?»

«Wie zum Teufel meinst du das?» erwiderte Prue und lehnte sich gegen die Hauswand, die Hände immer noch in den Taschen. «Ich wohne hier.»

Aileen lachte auf. Jeder außer Prue hätte es als fröhliches, angenehmes Lachen empfunden, sie aber zog die Augen zu schmalen Schlitzen zusammen und schob das Kinn ein wenig vor.

«Was ist denn so komisch daran?» fragte sie.

«Ich finde, du bist komisch. So unzugänglich. Du nimmst alles so persönlich. Vielleicht arbeitest du zu viel in deinem kleinen Häuschen da drüben.»

Prue sah sie verwundert an. «Allmächtiger», sagte sie schließlich. «Da zeigt sich wohl dein IQ, meine Liebe.»

«Danke», sagte Aileen sehr ernsthaft. «Jedenfalls freut es mich, daß du hier glücklich bist, und ich hoffe, daß es so bleibt.»

«Dasselbe wollte ich dir auch sagen.»

«Dann ist ja alles in Ordnung.»

«Ich werde nicht schlau aus dir», sagte Prue und zog die Stirn kraus.

«Und ich habe keine Ahnung, was du eigentlich von mir willst», gab Aileen zur Antwort und blätterte ungeduldig in ihrem Buch. «Das ist das sinnloseste Gespräch, das ich je geführt habe.»

«Das wage ich allerdings zu bezweifeln», gab Prue zurück und trat in die Küche.

Als ihre Mutter an diesem Abend zu ihrer täglichen Pl. uderstunde kam, wirkte sie ein wenig bedrückt.

«Du scheinst dich nicht besonders mit Prue zu vertragen», sagte sie vorwurfsvoll, während sie sich auf das Fußende des Bettes setzte.

«Wieso, wir verstehen uns prächtig. Aber du meinst wahrscheinlich die Sache mit heute nachmittag, wie?»

«Ja, die meine ich wahrscheinlich. Wirklich, Aileen! Du kannst doch nicht so ungezogen sein, noch dazu zu einer Person in ihrem Alter! Sie ist mein Gast, und du bist mein Gast, also müßt ihr höflich zueinander sein. Sie ist es, du aber nicht, wie mir scheint.»

Aileen holte tief Luft und wiederholte: «Ich bin dein Gast...»

«Ich habe dich eingeladen, deine Ferien hier zu verbringen. Ich möchte, daß ihr euch wohl fühlt, und ich sehe keinen Grund, warum das so schwierig sein sollte.»

Plötzlich rief Aileen aus: «Sie ist übergeschnappt!»

Ihre Mutter sprang auf und verließ den Raum.

In den ruhigen Tagen, die folgten, erwähnte keine von ihnen den Zwischenfall. Aileen suchte auch weiterhin nach dem Mittagessen den kleinen Patio auf.

Dann kam ein Tagesanbruch, der süßer war als die anderen. Der jungfräuliche Dunst des frühen Morgens hing in ihrem Schlafzimmer, und das schrille Kreischen der Vogelstimmen drang mit vollendeter Klarheit aus dem unberührten Wald. Rasch schlüpfte sie in ihre Kleider und trat hinaus. Ein strahlender weißer Glanz, den sie noch nie zuvor gesehen hatte, erfüllte die Atmosphäre. Sie schritt den Pfad entlang, der an den Hütten der Einheimischen vorbeiführte. Drinnen regte sich Leben; Säuglinge weinten, zahme Papageien und andere Vögel sangen und lachten. Der Pfad bog zu einer niedrigen Baumreihe ab, die zum Schutz der Kaffeebäume gepflanzt worden war. Hier hatte die Morgendämmerung gerade erst begonnen, an manchen Stellen stand die Nachtkühle noch in der Luft, und die Gerüche der Pflanzen waren wie unsichtbare Girlanden, die von den Zweigen der Bäume hingen. Ein großer heller Käfer kreuzte gemächlich den Pfad zu ihren Füßen. Sie blieb stehen und sah ihm nach, bis er im Blattwerk auf der anderen Seite verschwand. Sie griff sich ans Herz, um zu spüren, wie heftig es schlug. Und einen Augenblick lauschte sie dem Pochen in ihrem Kopf, nicht gewillt, seinen Rhythmus zu unterbrechen, indem sie ihren Gang wieder aufnahm. Dann ging sie eilig weiter und folgte dem Pfad aufwärts dorthin, wo sich das Licht des Himmels zu bündeln schien. Als er plötzlich in einen Vorsprung unmittelbar über der Plantage mündete, konnte sie die Ansammlung der Dächer durch den Nebel kaum erkennen. Das Geräusch des Wasserfalls war stärker; sie vermutete, daß sie in der Nähe der Schlucht war, obwohl sie diese nirgendwo entdecken konnte. Der Pfad bog ab und führte über unebenes, offenes Gelände aufwärts. Eine halbe Stunde lang kletterte sie stetigen Schrittes, atmete langsam und tief und stellte mit Verwunderung fest, daß auf diesem Abschnitt des Berges der Dschungel auf allen Seiten abgeholzt war. Eine Zeitlang hatte sie das Gefühl, daß der Himmel aufklarte und die Sonne jeden Augenblick herauskommen würde, doch als der Pfad ebeneres Gelände erreichte und sie in der Lage war, etwas weiter zu sehen, erkannte sie, daß der Nebel hier oben noch dichter war als unten.

An manchen Stellen gab es schroffe Abgründe zu beiden Seiten des Pfades. Es war nicht zu erkennen, wie tief das Terrain abfiel. Sie sah ein paar Pflanzen und Felsen in der Nähe, dann die höchsten Wedel eines Farnbaumes etwas darunter und schließlich nur noch weiße Leere. Es war, als spazierte sie auf einer Mauer hoch in der Luft. Schließlich beschrieb der Pfad einen weiten Bogen und stieg dann steil an. Etwas weiter oben erkannte sie einen einsamen Baum.

Unvermittelt stieß sie auf eine Reihe von Hütten. Sie waren schlechter gebaut als die unten bei der Plantage, auch kleiner. Der Nebel war von Holzrauch erfüllt; es roch nach Schweinen. Sie blieb stehen. Ein Mann sang. Zwei nackte kleine Kinder kamen aus dem Eingang einer Hütte, sahen sie einen Augenblick entsetzt an und liefen schnell wieder hinein. Sie ging weiter. Der Gesang kam von der Rückseite der letzten Hütte. Als sie dort angelangt war, sah sie, daß die Hütte von einem verhedderten, doch wirkungsvollen Zaun aus Stacheldraht umgeben war, der auf allen Seiten der Hütte einen etwa zwei Meter breiten Freiraum ließ. Ein junger Mann erschien vom anderen Ende der Umzäunung. Sein Hemd und seine Hose waren zerschlissen, die braune Haut schien an vielen Stellen durch. Er sang, als er auf sie zukam, und sang weiter, während er sie aus hellen, fragenden Augen starr ansah. Sie lächelte und sagte: *«Buenos días!»* Er machte eine auffordernde Geste, ein wenig zu dramatisch. Sie blieb stehen und schaute unschlüssig zurück zu den anderen Hütten. Der junge Mann winkte erneut und trat in die Hütte. Einen Augenblick später kam er wieder heraus, starrte sie noch immer fasziniert an und machte weitere auffordernde Bewegungen. Aileen stand reglos da, ohne die Augen von seinem Gesicht zu nehmen. Er trat langsam an den Zaun und griff mit beiden Händen nach dem Stacheldraht; als sich die Dorne in seine Handflächen bohrten, wurden seine Augen noch heller als zuvor. Er beugte sich vor, reckte ihr seinen Kopf entgegen, und sein Blick senkte sich mit unvorstellbarer Intensität in den ihren. Einige Sekunden lang starrten sie sich an, dann trat sie einen Schritt auf ihn zu, sah auf sein Gesicht und runzelte die Stirn. Im selben Augenblick spuckte er mit einem Aufschrei das Wasser aus, das er im Mund gehalten hatte, und zielte dabei genau auf Aileens Gesicht. Ein wenig davon traf ihre Wange, der Rest das Kleid. Seine Finger lösten sich von dem Stacheldrahtzaun; er richtete sich auf und zog sich langsam in die Hütte zurück, wobei er sie keine Sekunde aus den Augen ließ.

Einen Augenblick blieb sie unbeweglich stehen, die Hand auf der Wange. Dann bückte sie sich, hob einen großen Stein vom Pfad auf und schleuderte ihn mit voller Kraft durch die Tür. Ein schrecklicher Schrei erscholl aus dem Inneren; er war anders als alles, was sie je zuvor gehört hatte. Oder doch, dachte sie, als sie begann, zu den anderen Hütten zurückzulaufen – er hatte die Entrüstung und empörte Unschuld eines Babys, aber er war auch der Schrei eines erwachsenen Mannes. Niemand zeigte sich, als sie an den Hütten vorbeilief. Bald umfing sie wieder das Schweigen des leeren Berghangs, doch sie hörte nicht auf zu laufen und war überrascht, als sie merkte, daß sie schluchzte. Sie setzte sich auf einen Felsen und beruhigte sich, indem sie zusah, wie ein paar Ameisen ein Gebüsch vernichteten, indem sie Stücke der Blätter herausfraßen und davontrugen. Allmählich wurde der Himmel heller; bald würde die Sonne herauskommen.

Sie ging weiter. Als sie die Anhöhe über der Plantage erreichte, hatte sich der Nebel in lange Schwaden verwandelt, die den Berghang hinabtrieben und in Felsspalten verschwanden. Sie war entsetzt, als sie merkte, wie nahe sie dem häßlichen schwarzen Rand der Schlucht war. Und das Haus unter ihr wirkte irrsinnig, lehnte über die Kante, als versuchte es, in den Abgrund zu blicken. Weit unter dem Haus stieg Dampf aus dem Becken auf. Ihr Blick folgte den kahlen Wänden des gegenüberliegenden Felsens bis zum Rand, der etwas höher war als die Stelle, an der sie stand. Ihr wurde schwindlig, und sie stolperte zurück zum Haus, die Hand über der Stirn, ohne auf die Einheimischen zu achten, die in den Eingängen standen und sie grüßten.

Als sie am Garten vorbeilief, rief eine Stimme nach ihr. Sie drehte sich um und sah, wie Prue sich im Becken des Springbrunnens die Hände wusch. Sie blieb stehen.

«Du bist früh auf. Anscheinend geht's dir besser», sagte Prue und trocknete sich die Hände am Haar ab. «Deine Mutter hatte einen Nervenzusammenbruch. Geh rein und sieh nach ihr.»

Aileen starrte sie einen Augenblick an und sagte dann: «Ich bin auf dem Weg zu ihr. Es ist nicht nötig, daß du mich daran erinnerst.»

«Oh, ich dachte, es wäre besser, es dir zu sagen.»

«Du hast mir gar nichts zu sagen. Ich komme bestens ohne deine Hilfe zurecht.»

«Es ist nicht unbedingt Hilfe, was ich dir anbiete», erwiderte Prue und steckte die Hände in die Taschen. «Mir wäre eher nach einer kräftigen Ohrfeige zumute. Oder meinst du, es macht mir Spaß zu sehen, wie deine Mutter sich um dich sorgt? Zuerst bist du krank und liegst im Bett, und dann verschwindest du in diesem gottverdammten Dschungel! Glaubst du, ich habe nichts Besseres zu tun, als mich über dich zu unterhalten und deine Mutter alle zehn Minuten aufs neue zu beruhigen? Was, zum Teufel, ist das Leben deiner Meinung nach – ein ewiges Fest?»

Aileen starrte sie eindringlicher an, nun mit unverhohlenem Haß. «Ich glaube, daß das Leben ziemlich schrecklich ist», sagte sie langsam. «Besonders hier. Und ich glaube, daß du einmal in den Spiegel sehen und dich dann von der Terrasse stürzen solltest. Und außerdem glaube ich, daß Mutter nicht ganz bei Trost ist.»

«Verstehe», sagte Prue mit unheilverkündender Stimme. Sie zündete eine Zigarette an und schlenderte zurück in ihre Werkstatt. Aileen ging ins Haus und hinauf in ihr Zimmer.

Keine Stunde später klopfte ihre Mutter an die Tür. Als sie ins Zimmer trat, sah Aileen, daß sie geweint hatte.

«Aileen, mein Liebes, ich muß dir etwas sagen», begann sie entschuldigend. «Und es bricht mir das Herz. Aber es muß sein.»

Sie hielt inne, als wartete sie auf eine Aufforderung.

«Mutter, was ist denn?»

«Ich glaube, du weißt es.»

«Es geht um Prue, vermute ich. Stimmt's?»

«Natürlich. Ich weiß nicht, wie ich das je wiedergutmachen soll. Sie hat mir erzählt, was du gesagt hast, und ich muß gestehen, ich kann es kaum glauben. Wie konntest du nur?»

«Du meinst, jetzt eben im Garten?»

«Ich weiß nicht, wo es war, ich weiß nur, daß es so nicht weitergehen kann. Ich bin daher gezwungen, dir etwas mitzuteilen: Du wirst abreisen müssen. Ich kann diese Aufregung nun mal nicht ertragen, und ich weiß genau, wie es sein wird, wenn du bleibst.»

«Das überrascht mich nicht», antwortete Aileen und tat, als mache es ihr nicht das geringste aus. «Wann soll ich gehen?»

«Es ist einfach schrecklich ...»

«Ach, hör schon auf. Es ist mir egal. Ich habe mich erholt und kann noch etwas arbeiten, ehe das neue Schuljahr anfängt. Heute? Morgen?»

«Anfang der Woche, denke ich. Ich werde dich nach Barranquilla bringen.»

«Fändest du es albern, wenn ich die Mahlzeiten hier oben einnähme?»

«Ich finde, das ist eine hervorragende Idee, mein Liebes. Du und ich, wir können uns gegenseitig zwischen den Mahlzeiten besuchen.»

Jetzt hätte die Spannung eigentlich vorbei sein sollen,

und doch ging sie irgendwie nicht weg. In den vier Nächten vor der Abreise hatte Aileen schreckliche Träume. Sie wachte auf und lag im Dunkeln, so verstört, daß sie kaum die Hand bewegen konnte. Es war keine Angst, denn sie konnte sich nicht an die Träume erinnern. Es kam ihr vor, als sei ein neu entdeckter, innerster Teil von ihr voller Schmerz. Sie atmete schnell und lag lange Zeit wie gelähmt, während sie dem unablässigen Rauschen des Wasserfalls lauschte, das in großen Abständen von leisen, nächtlichen Lauten irgendwo in den nahen Bäumen unterbrochen wurde. Später, wenn sie genügend Energie gesammelt hatte, um sich zu bewegen, drehte sie sich im Bett um, seufzte tief und entspannte sich so weit, daß sie wieder in der unheimlichen Welt des Schlafes versank.

Als der letzte Tag gekommen war, klopfte es im Morgengrauen leise an ihrer Tür. Sie stand auf und entriegelte sie. Ihre Mutter stand da und lächelte dünn.

«Darf ich reinkommen?»

«Oh, guten Morgen. Natürlich. Es ist noch sehr früh, nicht?»

Ihre Mutter trat ans Fenster und sah hinunter in den dunstverhangenen Garten. «Mir geht es heute nicht gut», sagte sie. «Ich fürchte, ich kann dich nicht nach Barranquilla bringen. Ich werde mich heute auf kein Pferd setzen. Es ist einfach zu viel, dieser dreistündige Ritt nach Jamonocal, und dann der Zug und das Boot die ganze Nacht. Du darfst mir nicht böse sein. Alles drei hielte ich nicht aus. Aber es ist nicht schlimm, oder?» Sie sah auf. «Wir verabschieden uns hier.»

«Aber Mutter, soll ich allein gehen?»

«Oh, José wird dich bis Barranquilla begleiten und Mittwoch abend wieder zurück sein. Du glaubst doch nicht, ich ließe dich den ganzen Weg allein gehen?»

Sie lachte angespannt, brach dann ab und sah nachdenklich aus. «Eigentlich gefällt es mir nicht, zwei Nächte hier allein zu bleiben, aber ich sehe keine andere Möglichkeit, wenn du bis morgen da sein sollst. Du kannst ein Schiff nach Panama nehmen. Für gewöhnlich kriegt man noch irgendwo einen Platz. Jetzt Frühstück, Frühstück...»

Sie tätschelte Aileens Wange und eilte die Treppen hinunter in die Küche.

Der morgendliche Gesang der Vögel drang vom Wald herunter; Nebelfetzen hingen in den Wipfeln der großen Bäume dort oben. Aileen richtete den Blick auf den Garten zu ihren Füßen. Plötzlich hatte sie das Gefühl, nicht fortgehen zu können. Irgendwie war es, als ließe sie die Liebe zurück. Sie setzte sich aufs Bett. «Aber was ist es?» fragte sie sich verzweifelt. «Nicht Mutter. Nicht das Haus. Nicht der Dschungel.» Mechanisch kleidete sie sich an und packte die restlichen Toilettenartikel in ihren Handkoffer. Doch das Gefühl war da, gebieterisch und allumfassend in seiner Vollkommenheit.

Sie ging hinunter. Aus der Küche drangen Stimmen und das Klappern von Geschirr. Concha und Luz waren dabei, ihr Frühstückstablett vorzubereiten. Sie trat hinaus und beobachtete sie, bis alles fertig war.

«Ya se va la señorita?» fragte Concha traurig.

Sie gab keine Antwort, nahm ihr jedoch das Tablett ab und trug es durch das Haus auf die Terrasse, wo sie es auf den Tisch stellte. Alles hier war von Tau und Feuchtigkeit aus der Schlucht bedeckt. Sie drehte das Sitzkissen um und setzte sich, um zu frühstücken. Das Rauschen des Wasserfalls nahm ihr den Appetit, doch sie dachte: «Es ist das letzte Mal.» Sie hatte das Gefühl, an ihren Gefühlen zu ersticken, doch sie waren zu diffus und verworren, als daß sie eines davon als herausragend hätte benennen können. Während sie dasaß und angestrengt aß, merkte sie plötzlich, daß sie beobachtet wurde. Sie blickte auf und sah Prue auf der Türschwelle stehen. Sie trug einen Pyjama und einen Morgenmantel, in der Hand hielt sie ein Glas Wasser. Sie wirkte sehr verschlafen.

«Wie geht's?» fragte sie und trank in kleinen Schlucken von dem Wasser.

Aileen erhob sich.

«Wir sind alle frisch und munter heute morgen», fuhr Prue ungerührt fort.

«Ich – reise ab. Ich muß gehen. Entschuldige, es ist spät», murmelte Aileen und sah sich verstohlen um.

«Nur die Ruhe, Mädchen. Du hast dich noch nicht von deiner Mutter verabschiedet. Und José sattelt gerade erst die Pferde. Du hast eine Menge Gepäck.»

«Entschuldige», sagte Aileen und versuchte, sich an ihr vorbeizudrängen.

«Geben wir uns die Hand», sagte Prue und streckte die ihre dem Mädchen entgegen.

«Laß mich in Ruhe!» rief Aileen und versuchte ihr auszuweichen. «Rühr mich ja nicht an!» Doch Prue war es gelungen, einen ihrer wild herumrudernden Arme zu fassen. Sie hielt ihn fest.

«Ein dramatischer Auftritt genügt. Wir brauchen

nicht auch noch einen solchen Abgang. Verabschiede dich von mir, wie es sich gehört.» Sie drehte ihr leicht den Arm um, ohne es eigentlich zu wollen. Aileen lehnte sich gegen die Tür und wurde leichenblaß.

«Fällst du etwa in Ohnmacht?» sagte Prue. Sie ließ Aileens Arm los, hob das Glas und spritzte ihr etwas Wasser ins Gesicht.

Die Reaktion ließ nicht auf sich warten. Aileen stürzte sich mit unvorstellbarem Zorn auf sie, trat, biß und schlug um sich. Das Glas fiel auf den Steinboden; Prue war vollkommen überrumpelt. Mechanisch, mit rasender, unmenschlicher Wut, hämmerte das Mädchen auf Gesicht und Kopf der Frau ein, drängte sie langsam von der Tür über die Terrasse zurück.

Mehrmals kam das Wort «Gott!» über Prues Lippen. Zuerst tat sie nichts, um sich zu verteidigen. Sie schien wie in Trance, während sie sich auf den Rand der Schlucht zubewegte. Dann warf sie sich plötzlich zu Boden. Immer wieder trat Aileen zu, während Prue zusammengekrümmt dalag und versuchte, ihr Gesicht zu schützen.

«Niemand! Niemand! Niemand! Niemand tut mir das an!» schrie Aileen im Rhythmus ihrer Tritte.

Ihre Stimme wurde gellender und lauter; einen Augenblick hielt sie inne, dann hob sie den Kopf und stieß den schrecklichsten Schrei ihres Lebens aus. Er wurde augenblicklich von der schwarzen Felswand der Schlucht zurückgeworfen, geradewegs durch das Rauschen des Wassers. Mit dem Klang ihrer eigenen Stimme war die Sache für sie beendet, und sie ging über die Terrasse zurück ins Haus.

Concha und Luz standen erschrocken in der Tür; es war, als wären sie gekommen, um einen furchtbaren Sturm über das Land ziehen zu sehen. Als Aileen durch die Tür trat, wichen sie zur Seite.

Draußen vor dem Stall sattelte José die Pferde fertig und pfiff dabei vor sich hin. Ihre Koffer waren bereits auf dem Esel festgezurrt.

Noch immer in einem tiefen Traum versunken, wandte Aileen den Kopf, als sie am Haus vorbeiritten. Einen Augenblick lang erhaschte sie zwischen den Zweigen einen Blick auf die Gestalten ihrer Mutter und Prues, die nebeneinander auf der Terrasse standen; die Wand der Schlucht zeichnete sich undeutlich hinter ihnen ab. Dann bogen die Pferde ab und begannen den Abstieg.

New York, 1946

Zwischenhalt in Corazón

«Aber warum in aller Welt willst du, daß so ein kleines Ungeheuer mit uns kommt? Das hat doch keinen Sinn. Du weißt, wie sie sind.»

«Ich weiß, wie sie sind», antwortete ihr Mann. «Es ist angenehm, sie zu beobachten. Was auch passiert, wenn ich ihn bei mir hätte, würde ich mich immer wieder daran erinnern, wie dumm es ist, sich über irgend etwas aufzuregen.»

Er beugte sich weiter über die Reling und sah aufmerksam zur Mole hinüber. Da lagen Körbe zum Verkauf aus, grell angemaltes Spielzeug aus Kautschuk, Brieftaschen und Gürtel aus Reptilienleder und ein paar ausgerollte ganze Schlangenhäute. Und etwas weiter weg, vom gleißenden Sonnenlicht geschützt, hatte man ein winziges, pelziges Äffchen in den Schatten einer Lattenkiste gesetzt. «Ist es nicht niedlich?»

«Ich finde dich unmöglich – und ein bißchen beleidigend», gab sie zurück.

Er drehte sich um und musterte sie. «Meinst du das ernst?» Er sah, daß es so war.

Sie starrte auf ihre Sandalen und die schmalen Holzplanken darunter und fuhr fort: «Du weißt, dieser Unsinn oder deine Verrücktheiten machen mir nichts aus. Laß mich nur ausreden.» Er nickte zustimmend und warf einen Blick zurück auf die heiße Mole und das erbärmliche Dorf mit den blechgedeckten Hütten dahinter. «Es versteht sich von selbst, daß es mir nichts ausmacht, sonst wären wir nicht hier. Oder du wärst allein hier...»

«Man geht nicht allein auf Hochzeitsreise», unterbrach er.

«Du schon!» Sie lachte kurz.

Er tastete die Reling entlang nach ihrer Hand, doch sie entzog sie ihm und sagte: «Ich bin noch nicht fertig. Ich weiß, daß du verrückt bist, und ich weiß, daß ich schließlich doch nachgeben werde. Ich bin selbst verrückt, das ist mir klar. Aber ich wünschte, ich könnte ein Mal das Gefühl haben, daß mein Nachgeben dir etwas bedeutet. Ich wünschte, du wüßtest es zu würdigen.»

«Du glaubst also, du würdest nach meiner Pfeife tanzen? Davon habe ich nichts gemerkt.» Seine Stimme war verdrießlich.

«Ich *tanze* überhaupt nicht. Ich versuche nur mit dir zu leben – auf einer ausgedehnten Reise in unzähligen vollgestopften Kajüten auf einem stinkenden kleinen Schiff nach dem anderen.»

«Was soll das heißen?» fragte er erregt. «Du hast immer gesagt, daß du Schiffe magst. Hast du deine Meinung geändert oder einfach den Verstand verloren?»

Sie wandte sich ab und ging auf den Bug zu. «Laß mich in Ruhe», sagte sie. «Geh und kauf dein Äffchen.»

Er folgte ihr mit bekümmertem Gesicht. «Du weißt, daß ich es nicht kaufe, wenn es dich unglücklich macht.»

«Ich wäre unglücklicher, wenn du es nicht tätest, also geh und kauf es.» Sie blieb stehen und drehte sich um. «Ich hätte es sehr gern. Wirklich, ich finde es niedlich.»

«Ich verstehe dich nicht.»

Sie lächelte. «Ich weiß. Stört es dich sehr?»

Nachdem er das Äffchen gekauft und es am Metallpfosten der Koje in ihrer Kajüte angebunden hatte, machte er einen Spaziergang, um die Gegend zu erkunden. Die Stadt bestand aus Wellblech und Stacheldraht. Die Hitze der Sonne war unerträglich, trotz der dünnen Dunstschicht, die den Himmel bedeckte. Jetzt, um die Mittagszeit, waren nur wenige Menschen auf der Straße. Er gelangte fast sofort zum Ende der Stadt. Zwischen ihm und dem Dschungel lag nur mehr ein schmaler, träge dahinfließender Fluß; sein Wasser hatte die Farbe schwarzen Kaffees. Einige Frauen wuschen Wäsche. Kleine Kinder planschten im Wasser. Große graue Krabben hasteten zwischen den Löchern hin und her, die sie entlang des Ufers in den Schlamm gegraben hatten. Er setzte sich auf einige bizarr geformte Wurzeln am Fuß eines Baumes und zog das Notizbuch aus der Tasche, das er stets bei sich trug. Tags zuvor, in einer Bar in Pedernales, hatte er eingetragen: «Rezept, um den Eindruck von Häßlichkeit einer Sache zu zerstreuen: Konzentriere alle Aufmerksamkeit auf das entsprechende Objekt oder die Situation, so daß die verschiedenen, an sich vertrauten Elemente sich neu gruppieren. Angst ist nichts anderes als ein unvertrautes Muster.»

Er zündete eine Zigarette an und beobachtete den hoffnungslosen Versuch der Frauen, die zerlumpten Kleider sauber zu schrubben. Schließlich warf er den glühenden Stummel nach der nächsten Krabbe und schrieb sorgfältig: «Mehr als alles andere besteht die Frau auf strenger, ritualistischer Einhaltung der Traditionen sexuellen Verhaltens. Das ist ihre Definition von Liebe.» Er dachte an den Spott, der ihn erwartete, sollte er eine solche Bemerkung vor dem Mädchen drüben auf dem Schiff machen. Er warf einen Blick auf die Uhr und schrieb eilig: «Moderne, das heißt, intellektuelle Erziehung, da von Männern für Männer ersonnen, hemmt und verwirrt sie. Dafür rächt sie sich...»

Zwei nackte Kinder, die vom Spielen im Fluß kamen, liefen schreiend an ihm vorbei und spritzten Wassertropfen auf das Papier. Er rief ihnen nach, doch sie setzten ihre Jagd fort, ohne ihn zu beachten. Lächelnd steckte er Bleistift und Notizbuch in die Tasche und beobachtete, wie sie hintereinander durch den Staub trippelten.

Als er zum Schiff zurückkehrte, rollte der Donner von den Bergen herab. Das Gewitter erreichte den Höhepunkt seiner Hysterie in dem Moment, als sie ausliefen.

Sie saß auf ihrer Koje und sah durch das offene Bullauge. Das schrille Knattern des Donners hallte von einem Ende der Bucht zum anderen, während sie auf die offene See fuhren. Er lag zusammengerollt auf seiner Koje gegenüber und las.

«Lehn dich nicht mit dem Kopf an die Metallwand», riet er ihr. «Sie ist ein perfekter Leiter.»

Sie sprang auf den Boden und ging zum Waschbecken. «Wo ist die Flasche White Horse, die wir gestern gekauft haben?»

Er machte eine Handbewegung. «Im Regal neben dir. Willst du trinken?»

«Ich brauche unbedingt einen Drink, ja.»

«In dieser Hitze? Warum wartest du nicht, bis es aufklart, und wir trinken etwas an Deck?»

«Ich will aber jetzt einen Drink. Wenn es aufklart, brauche ich ihn nicht mehr.»

Sie schenkte sich einen Whiskey ein und goß Wasser aus der Karaffe über dem Waschbecken hinzu.

«Ich hoffe, du weißt, was du tust.»

Sie warf ihm einen flammenden Blick zu. «Was tue ich?»

Er zuckte die Achseln. «Nichts, außer dich einer vorübergehenden Stimmung hinzugeben. Du könntest lesen oder dich hinlegen und dösen.»

Mit dem Glas in der einen Hand öffnete sie mit der anderen die Tür zum Gang und trat hinaus. Das Knallen der zugeschlagenen Tür erschreckte das Äffchen, das auf einem Koffer saß. Es zögerte einen Augenblick und schoß dann unter die Koje seines Herrchens. Er versuchte es mit ein paar schnalzenden Lauten hervorzulocken und kehrte zu seinem Buch zurück. Doch bald malte er sich aus, wie sie allein und unglücklich auf Deck stand, und die Vorstellung verdarb ihm die Freude am Lesen. Er zwang sich, mit dem aufgeschlagenen Buch auf der Brust einige Minuten still zu liegen. Jetzt bewegte sich das Schiff mit voller Fahrt; das Dröhnen der Maschinen war lauter als das Gewitter am Himmel.

Nach einer Weile stand er auf und begab sich an Deck. Das Land hinter ihnen war bereits hinter einem Regenschleier verschwunden, und die Luft roch nach tiefem Wasser. Sie stand allein an der Reling, das leere Glas in der Hand, und sah hinunter auf die Wellen. Mitleid erfaßte ihn, als er sie beobachtete, doch er brachte es nicht fertig, zu ihr zu gehen und sein Gefühl in tröstende Worte zu kleiden. Als er in die Kajüte zurückkam, fand er das Äffchen damit beschäftigt, in aller Ruhe die Seiten aus seinem Buch zu reißen.

Den nächsten Tag verbrachten sie mit gemächlichen Vorbereitungen für die Landung und den Schiffswechsel: In Villalta würden sie auf ein kleineres Boot umsteigen, das sie zum anderen Ende des Flußdeltas bringen sollte.

Als sie nach dem Abendessen hereinkam, um zu pakken, blieb sie einen Moment in der Tür stehen, um die Kajüte zu inspizieren. «Er hat ein ziemliches Durcheinander angestellt», sagte ihr Mann. «Aber ich habe deine Halskette hinter meinem großen Koffer gefunden, und die Zeitschriften hatten wir ohnehin schon gelesen.»

«Ich nehme an, dies stellt den angeborenen Zerstörungstrieb des Menschen dar», sagte sie und kickte das zusammengeknüllte Papier, das auf dem Boden lag, quer durch den Raum. «Und das nächste Mal, wenn er versucht, dich zu beißen, wird es das grundlegende menschliche Gefühl der Unsicherheit sein.»

«Du weißt nicht, wie langweilig du bist, wenn du versuchst, sarkastisch zu sein. Wenn du willst, daß ich ihn loswerde, brauchst du es nur zu sagen. Nichts einfacher als das.»

Sie bückte sich, um den Affen zu berühren, doch er verkroch sich ängstlich unter der Koje. Sie richtete sich auf. «Er stört mich nicht. Was mich stört, bist du. Das Äffchen kann nichts daran ändern, daß es ein kleines Ungeheuer ist, aber es erinnert mich daran, daß du es könntest, wenn du nur wolltest.»

Das Gesicht ihres Mannes nahm den Ausdruck von Unbewegtheit an, der typisch für ihn war, wenn er sich Mühe gab, die Fassung zu behalten. Sie wußte, daß er seinen Ärger unterdrücken würde, bis sie nicht auf seinen Angriff vorbereitet war. Er schwieg und klopfte mit den Fingernägeln einen monotonen Rhythmus auf den Deckel seines Koffers.

«Natürlich will ich damit nicht sagen, daß du wirklich ein Ungeheuer bist», fuhr sie fort.

«Warum es nicht aussprechen?» antwortete er und lächelte liebenswürdig. «Was ist schlecht an Kritik? Wahrscheinlich bin ich eins – für dich. Ich mag Affen, weil ich in ihnen kleine Modellmenschen sehe. Du glaubst, Menschen seien etwas anderes, etwas Spirituelles oder Gott weiß was. Was immer es ist, mir fällt auf, daß immer du diejenige bist, die desillusioniert ist und sich fragt, wieso Menschen so bestialisch sein können. Ich halte die Menschheit für gut.»

«Bitte, hör auf», sagte sie. «Ich kenne deine Theorien. Aber die vermögen ja nicht einmal dich selbst zu überzeugen.»

Nachdem sie fertig gepackt hatten, gingen sie zu Bett. Als er die kleine Lampe hinter dem Kopfkissen ausknipste, sagte er: «Sei ehrlich. Möchtest du, daß ich ihn dem Steward gebe?»

Sie trat im Dunkeln ihr Laken beiseite. Durch das Bullauge konnte sie dicht über dem Horizont einzelne Sterne sehen, und die ruhige See glitt unmittelbar unter ihr dahin. Ohne nachzudenken sagte sie: «Warum wirfst du ihn nicht einfach über Bord?»

In dem darauf folgenden Schweigen erkannte sie, daß dies ziemlich unüberlegt gewesen war, doch die lauwarme Brise, die träge über ihren Körper strich, hinderte sie immer mehr am Denken oder Sprechen. Während sie einschlief, meinte sie ihren Mann leise sagen zu hören: «Ich glaube, du würdest es tun. Ich glaube, du würdest es tun.»

Am nächsten Morgen schlief sie lange, und als sie zum Frühstück heraufkam, war ihr Mann bereits fertig. Er saß in den Stuhl zurückgelehnt und rauchte.

«Wie geht es dir?» fragte er munter. «Der Steward ist ganz begeistert von dem Äffchen.»

Sie spürte, wie Freude sie durchströmte. «Oh», sagte sie und setzte sich. «Hast du es ihm geschenkt? Das hättest du nicht zu tun brauchen.» Sie warf einen Blick auf die Speisekarte; es gab dasselbe wie jeden Tag. «Aber ich glaube, es war das beste. Ein Äffchen hat auf einer Hochzeitsreise nichts zu suchen.»

«Da hast du recht», stimmte er zu.

Villalta war drückend und staubig. Auf dem anderen Schiff hatten sie sich daran gewöhnt, nur wenige Passagiere um sich zu haben; es war eine unangenehme Überraschung, das neue – eine weißgestrichene, zweistöckige Fähre mit einem riesigen Schaufelrad – voller Menschen zu finden. Auf dem unteren Deck, das kaum einen halben Meter über der Flußoberfläche lag, standen Passagiere und Fracht wahllos zusammengepfercht und warteten auf die Abfahrt. Das obere Deck verfügte über einen Salon und etwa ein Dutzend enger Kabinen. Im Salon breiteten die Passagiere erster Klasse ihre Kissenbündel aus und öffneten die mitgebrachten Papiertüten mit Lebensmitteln. Die untergehende Sonne tauchte den Raum in orangefarbenes Licht. Sie schauten in mehrere Kabinen.

«Sie scheinen alle leer zu sein», sagte sie.

«Ich weiß, warum. Trotzdem, ein bißchen Privatsphäre wäre nicht schlecht.»

«Das hier ist eine für zwei Personen. Und sie hat ein Fliegengitter am Fenster. Das ist die beste.»

«Ich suche einen Steward oder jemanden, der Bescheid weiß. Geh schon mal rein und besetze sie.» Er schob die Koffer aus dem Gang, wo der *cargador* sie abgeladen hatte, und machte sich auf die Suche nach einem Angestellten. In jedem Winkel des Schiffes schienen sich die Menschen zu vervielfachen. Es waren doppelt so viele wie vor wenigen Augenblicken. Der Salon war überfüllt, auf dem Fußboden lagerten Gruppen von Reisenden mit Kindern und älteren Frauen, die sich bereits auf Decken oder Zeitungspapier ausgestreckt hatten.

«Sieht aus wie das Hauptquartier der Heilsarmee in einer Katastrophennacht», sagte er, als er in die Kabine zurückkam. «Ich kann niemanden finden. Jedenfalls ist es besser, wenn wir hierbleiben. Die anderen Kabinen werden langsam voll.»

«Ich bin nicht sicher, ob ich nicht lieber an Deck wäre», erklärte sie. «Es gibt Hunderte von Kakerlaken.»

«Und wahrscheinlich Schlimmeres», setzte er mit einem Blick auf die Koje hinzu.

«Das beste ist, wir ziehen die schmuddeligen Laken ab und legen uns auf die bloße Matratze.» Sie spähte hinaus in den Korridor. «Glaubst du, es ist sicher?»

«Was meinst du?»

«All die Menschen. Dieser alte Kahn.»

Er zuckte die Achseln. «Es ist nur für eine Nacht. Morgen früh sind wir in Cienaga. Und es ist schon beinahe dunkel.»

Sie schloß die Tür, lehnte sich dagegen und lächelte schwach. «Ich glaube, es wird lustig werden», sagte sie.

«Das Schiff bewegt sich», rief er. «Gehen wir an Deck. Wenn wir es bis dahin schaffen.»

Langsam schob sich die alte Fähre über die Bucht auf die dunkle Ostküste zu. Menschen sangen und spielten Gitarre. Auf dem unteren Deck muhte unablässig eine Kuh. Doch lauter als alle anderen Geräusche war das Rauschen des Wassers an dem riesigen Schaufelrad.

Sie saßen an Deck, inmitten der lärmenden Menge, gegen die Reling gelehnt, und beobachteten, wie der Mond über den Mangrovensümpfen vor ihnen aufging. Als sie sich der anderen Seite der Bucht näherten, hatte es den Anschein, als würde sich das Boot geradewegs ins Ufer pflügen, doch dann tauchte plötzlich eine schmale Wasserstraße auf, und es glitt vorsichtig hinein. Sofort verließen die Menschen die Reling und drängten sich an der gegenüberliegenden Wand zusammen. Die Äste der am Ufer wachsenden Bäume schleiften über das Boot, kratzten an den Seitenwänden der Kabinen entlang und peitschten kräftig über das Deck.

Sie zwängten sich durch die Menschenmenge und gingen durch den Salon zum Deck auf der anderen Seite des Dampfers; dort war es dasselbe.

«Es ist verrückt», erklärte sie. «Wie in einem Alptraum. Wer hat je davon gehört, daß man einen Kanal befährt, der nicht breiter ist als das Schiff? Es macht mich nervös. Ich gehe hinein und lese!»

Ihr Mann ließ ihren Arm los. «Du kannst dich wohl nie in das Wesen einer Sache hineinversetzen, wie?»

«Sag mir, was das Wesen ist, und ich werde es versuchen», antwortete sie und drehte sich um.

Er folgte ihr. «Willst du nicht mitkommen zum unteren

Deck? Da scheint was los zu sein. Hör mal!» Er hob die Hand. Wiederholtes lautes Gelächter drang von unten herauf.

«Ganz sicher nicht!» antwortete sie, ohne sich umzusehen.

Er ging hinunter. Gruppen von Männern saßen auf prallen Leinensäcken oder Holzkisten und warfen Münzen. Die Frauen standen hinter ihnen, pafften schwarze Zigaretten und kreischten vor Erregung. Er beobachtete sie aufmerksam; mit ein paar Zahnlücken weniger sähen sie ganz gut aus. «Mangel an Mineralien im Boden», sagte er sich.

Auf der anderen Seite der Gruppe von Spielern, ihm genau gegenüber, stand ein muskulöser junger Einheimischer, dessen Schirmmütze und kaum merkliche Reserviertheit auf irgendeine Art von offizieller Stellung an Bord schließen ließen. Mit Mühe bahnte sich der Reisende einen Weg zu ihm und sprach ihn auf spanisch an.

«Gehören Sie zur Besatzung?»

«Ja, Sir.»

«Ich habe Kabine Nummer acht. Kann ich den Zuschlag bei Ihnen bezahlen?»

«Ja, Sir.»

«Gut.»

Er griff nach seiner Brieftasche, doch im gleichen Augenblick fiel ihm ein, daß er sie oben in einen Koffer eingeschlossen hatte. Der Mann sah ihn erwartungsvoll an. Seine Hand war ausgestreckt.

«Ich habe das Geld in der Kabine gelassen.» Dann setzte er verstimmt hinzu: «Meine Frau hat es. Aber wenn Sie in einer halben Stunde heraufkommen, werde ich Sie bezahlen können.»

«Ja, Sir.» Der Mann ließ die Hand sinken und sah ihn nur an. Auch wenn er den Eindruck animalischer Kraft erweckte, war sein breites, ein wenig affenartiges Gesicht anziehend, überlegte der Ehemann. Er war erstaunt, als dieses Gesicht einen Augenblick später, während der Mann sagte: «Ich werde die Kabine für die Señora aussprühen», jungenhafte Schüchternheit ausstrahlte.

«Vielen Dank. Gibt es sehr viele Moskitos?»

Der Mann grunzte und schüttelte die Finger einer Hand, als hätte er sie soeben verbrannt.

«Sie werden bald sehen, wie viele!» Er schob sich durch die Menge.

Im selben Augenblick ging ein heftiger Ruck durch das Schiff, und unter den Passagieren breitete sich große Heiterkeit aus. Er bahnte sich einen Weg zum Bug und sah, daß der Steuermann das Boot auf Grund gesetzt hatte. Das Gewirr von Ästen und Wurzeln am Ufer war nur wenige Meter von seinem Gesicht entfernt, der schwache Schein der Schiffslaternen fiel auf die verschlungenen Umrisse. Schwerfällig setzte das Schiff zurück; das aufgewühlte Wasser des Kanals stieg bis zur Höhe des Decks und schwappte über den Rand. Sie manövrierten vorsichtig am Ufer entlang, bis der Bug wieder in die Mitte der Wasserstraße wies und sie ihre Fahrt fortsetzten. Unmittelbar darauf machte der Kanal eine scharfe Kurve, und dasselbe Mißgeschick passierte noch einmal, wobei er zur Seite geschleudert wurde und gegen einen Sack mit etwas unangenehm Weichem und

Nassem flog. Unter dem Deck, im Innern des Schiffes, schlug eine Glocke an, das Lachen der Passagiere war lauter.

Schließlich bewegten sie sich wieder vorwärts, doch nun ging es quälend langsam voran, denn die Biegungen des Kanals wurden immer schärfer. Die Stämme unter Wasser ächzten, wenn das Boot sich an ihnen vorbeizwängte. Äste knackten und brachen, stürzten auf das vordere und die oberen Decks. Die Laterne am Bug wurde ins Wasser geschleudert.

«Das ist nicht der richtige Kanal», murmelte einer der Spieler und blickte auf.

«Was?» riefen mehrere Passagiere fast gleichzeitig.

«Es gibt eine Menge Wasserstraßen hier. Wir nehmen in Corazón Ladung auf.»

Die Spieler zogen sich nach innen in eine quadratische Arena zurück, die andere Fahrgäste durch Umstellen von Kisten gebildet hatten. Der Ehemann folgte ihnen. Hier waren sie relativ sicher vor eindringenden Ästen. Dieses Deck war besser erleuchtet, und das brachte ihn auf die Idee, sein Notizbuch aus der Tasche zu ziehen. Er beugte sich über eine Kiste mit der Aufschrift *Vermifugo Santa Rosalia* und schrieb: «18. November. Wir bewegen uns durch den Blutstrom eines Riesen. Sehr finstere Nacht.» An dieser Stelle brachte eine erneute Kollision mit dem Ufer ihn zu Fall, brachte alle zu Fall, die sich nicht an festen Gegenständen abgestützt hatten.

Einige Babys weinten, doch die meisten schliefen weiter. Er streckte sich ganz auf dem Deck aus. Da seine Position einigermaßen bequem war, fiel er in eine Art Halbschlaf, der in unregelmäßigen Abständen vom Geschrei der Spieler und dem Schlingern des Schiffes unterbrochen wurde.

Als er später aufwachte, lag das Schiff fest, die Spiele waren beendet, und die Menschen schliefen. Ein paar Männer unterhielten sich in kleinen Gruppen weiter. Er lag still und lauschte. Ihr Gespräch handelte von Orten; sie verglichen die Unannehmlichkeiten, die in verschiedenen Teilen der Republik anzutreffen waren: Insekten, das Wetter, Reptilien, Krankheiten, Nahrungsmittelmangel, überhöhte Preise.

Er sah auf die Uhr. Es war halb zwei. Mit Mühe rappelte er sich auf und bahnte sich einen Weg zu den Treppen. Oben im Salon fiel das Licht der Kerosinlampen auf ein Durcheinander von ausgestreckten Gestalten. Er betrat den Gang und klopfte an die Tür mit der Nummer acht. Ohne ihre Antwort abzuwarten öffnete er. Im Innern war es dunkel. Er hörte ein unterdrücktes Husten in der Nähe, sie mußte wach sein.

«Was machen die Moskitos? War mein Affenmensch da, um dich zu versorgen?» fragte er.

Sie antwortete nicht, daher zündete er ein Streichholz an. Sie lag nicht in der linken Koje. Das Streichholz verbrannte den Daumen. Mit dem zweiten inspizierte er die rechte Koje. Eine Flitspritze aus Blech lag auf der Matratze; sie war undicht und hatte einen großen Ölfleck auf dem bloßen Matratzenbezug hinterlassen. Wieder hörte er jemanden husten. Es war in der Kajüte nebenan.

«Was nun?» fragte er laut, unangenehm davon berührt, daß er so beunruhigt war. Ein Verdacht keimte in ihm auf. Ohne die von der Decke hängende Lampe anzuzünden öffnete er hastig ihre Koffer und tastete fieberhaft durch die dünnen Kleidungsstücke und Toilettenartikel. Die Whiskeyflasche war nicht da.

Es war nicht das erste Mal, daß sie ein einsames Trinkgelage abhielt, und es wäre ein leichtes, sie unter den Passagieren zu finden. Da er wütend war, beschloß er jedoch, nicht nach ihr zu suchen. Er zog Hemd und Hose aus und legte sich auf die linke Koje. Seine Hand berührte eine Flasche, die in Höhe des Kopfendes auf dem Boden stand. Er beugte sich so weit vor, daß er daran riechen konnte; es war Bier, und die Flasche war halb voll. In der Kabine war es heiß; mit Genuß trank er die warme, bittere Flüssigkeit aus und stieß die Flasche quer durch den Raum.

Das Schiff bewegte sich nicht, doch dann und wann erklangen Stimmen. Manchmal spürte er einen dumpfen Stoß, wenn ein Sack mit irgendeiner schweren Ladung an Bord gehievt wurde. Er blickte durch das rechteckige kleine Fenster mit dem Fliegengitter. Im Vordergrund, schwach beleuchtet von der Schiffslaterne, standen einige dunkle Männer, nackt bis auf die zerlumpten Unterhosen, auf einem in den Schlamm gebauten Anlegeplatz und starrten zum Schiff herüber. Durch das endlose Gewirr von Wurzeln und Baumstämmen hinter ihnen sah er ein großes Feuer, aber es war weit weg im Sumpf. Die Luft roch nach fauligem Gewässer und Rauch.

Er beschloß, die Ruhe zu nutzen, streckte sich aus und versuchte zu schlafen, war aber nicht erstaunt, als er merkte, wie schwierig es war, sich zu entspannen. Es fiel ihm nie leicht einzuschlafen, wenn sie nicht im Zimmer war. Er vermißte die Leichtigkeit ihrer Gegenwart, und außerdem war da die Angst, aufzuwachen, wenn sie zurückkam. Wenn er jetzt nicht aufpaßte, würde er in kürzester Zeit anfangen, Phantasien zu entwickeln und sie in Sätze umzuwandeln, die ihm immer wichtiger erschienen, je länger er im Dunkeln lag. Hin und wieder dachte er an sie, doch nur als verwischte Gestalt, deren Charakter eine rasche Folge von Kulissen mit Leben erfüllte. Die meiste Zeit ließ er den gerade beendeten Tag Revue passieren und suchte sich einzureden, daß er ihn etwas weiter von seiner Kindheit weggeführt hatte. Oft überzeugte ihn monatelang die Fremdartigkeit seiner Träume davon, daß er es geschafft, daß er den finsteren Ort endlich hinter sich gelassen hatte, daß er außer Hörweite war. Und dann, eines Abends, wenn er einschlief, ohne daß er Zeit hatte sich zu wehren, starrte er aufmerksam auf ein lange vergessenes Objekt – einen Teller, einen Stuhl, ein Nadelkissen –, und das vertraute Gefühl grenzenloser Nichtigkeit und Trauer war wieder da.

Der Motor sprang an, und das laute Rauschen des Wassers im Schaufelrad setzte von neuem ein. Sie liefen aus Corazón aus. Er war zufrieden. »Nun werde ich nichts hören, wenn sie hereinkommt und Lärm macht«, dachte er und fiel in einen leichten Schlaf.

Er kratzte sich an Armen und Beinen. Das anhaltende vage Gefühl von Unbehagen verwandelte sich schließlich in volles Bewußtsein, und er richtete sich ärgerlich auf. Über den vom Schiff erzeugten Geräuschen konnte er ein anderes wahrnehmen, eines, das durch das Fenster drang: einen unglaublich hohen und dünnen Ton, leise, doch konstant in Höhe und Intensität. Er sprang von der

Pritsche und trat zum Fenster. Der Kanal war hier breiter; die überhängende Vegetation streifte nicht länger über die Schiffswände. In der Luft, nah und fern, allgegenwärtig, war das leise Sirren von Moskitoflügeln. Er war verblüfft und vollkommen entzückt; dieses Phänomen war ihm neu. Einen Augenblick beobachtete er, wie die verworrene schwarze Wildnis vorbeiglitt. Dann, als er sich kratzte, erinnerte er sich an die Moskitos in der Kabine. Das Gitter reichte nicht ganz bis zum oberen Rand des Fensters; sie hatten reichlich Platz hereinzuschlüpfen. Trotz der Dunkelheit konnte er sie spüren, als er mit den Fingern über den Rahmen fuhr, um den Griff zu finden; so viele waren es.

Mittlerweile war er hellwach. Er zündete ein Streichholz an und ging zu ihrer Koje. Natürlich war sie nicht da. Er nahm die Flitspritze in die Hand und schüttelte sie. Sie war leer, und als das Streichholz erlosch, sah er, daß der Fleck auf der Matratze sich weiter ausgedehnt hatte.

«Hundesohn!» flüsterte er und zog das Gitter kräftig nach oben, um die Ritze zu schließen. Als er es losließ, fiel es hinaus ins Wasser, und fast gleichzeitig wurde er sich der sachten Liebkosung winziger Flügel überall am Kopf bewußt. In Unterhemd und Hose flüchtete er auf den Gang. Im Salon war alles beim alten. Die meisten Passagiere schliefen. Mit Fliegengittern versehene Türen führten aufs Deck. Er untersuchte sie, offenbar waren sie besser gebaut. Ein paar Moskitos flogen gegen sein Gesicht, aber es war nicht ein ganzer Schwarm. Er zwängte sich zwischen zwei Frauen, die mit dem Rücken an die Wand gelehnt schliefen, und verharrte dort in einer extrem unbequemen Stellung, bis er wieder eindöste. Nicht lange danach schlug er die Augen auf und sah das fahle Licht der Dämmerung am Himmel. Sein Nacken schmerzte. Er stand auf und trat an Deck, auf dem sich bereits die meisten Passagiere aus dem Salon eingefunden hatten.

Das Schiff passierte eine breite Flußmündung, durchsetzt mit dunklen Massen von Pflanzen und Baumstämmen, die aus dem seichten Wasser ragten. An den Ufern der kleinen Inseln standen Reiher, so strahlend weiß im frühen grauen Licht, daß sie von innen heraus zu leuchten schienen.

Es war halb sechs. Zu dieser Zeit sollte das Schiff in Cienaga einlaufen, wo es wie jede Woche vom Zug ins Landesinnere erwartet wurde. Eine schmale Landzunge war von eifrigen Reisenden bereits ausgemacht worden. Schnell wurde es Tag; Himmel und Erde hatten dieselbe Farbe. Das Deck war erfüllt vom öligen Geruch überreifer Mangos, als die Passagiere zu frühstücken begannen.

Und endlich empfand er schmerzliche Angst bei dem Gedanken, wo sie nur stecken mochte. Er beschloß, das Schiff auf der Stelle gründlich zu durchsuchen. Sie würde in jeder Gruppe sofort auffallen. Zuerst erkundete er methodisch den Salon, schöpfte dann die Möglichkeiten auf Deck aus. Schließlich ging er hinunter, wo die Glücksspiele wiederaufgenommen worden waren. Unweit des Hecks, an zwei dünnen eisernen Stangen angebunden, stand die Kuh; sie war still. Daneben gab es einen behelfsmäßigen Aufbau, wahrscheinlich das Quartier der Mannschaft. Als er an der kleinen Tür vorbeikam, warf er einen flüchtigen Blick durch den niedrigen Fensterschlitz und sah sie neben einem Mann auf dem Boden liegen. Automatisch ging er weiter. Dann drehte er sich um und kam zurück. Beide schliefen und waren halbnackt. Die warme Luft, die durch den vergitterten Fensterschlitz nach außen drang, roch nach Whiskey, der getrunken, und Whiskey, der verschüttet worden war.

Er ging nach oben. Sein Herz klopfte heftig. In der Kabine verschloß er ihre beiden Koffer, packte seinen eigenen, stellte alle vor die Tür und legte die Regenmäntel darüber. Er zog sein Hemd an, kämmte sich sorgfältig und begab sich auf Deck. Cienaga lag im morgendlichen Schatten der Berge vor ihnen: die Docks, die schmale Linie der Hütten vor dem Dschungel dahinter, und ganz am Ende des Dorfes, auf der rechten Seite, der Bahnhof.

Als sie anlegten, winkte er den zwei Bengeln, die um seine Aufmerksamkeit wetteiferten, und rief: *«Equipajes!»* Sie kämpften miteinander, bis er ihnen zwei erhobene Finger zeigte. Um sie zu beruhigen, zeigte er erst auf den einen, dann auf den anderen, und sie grinsten. Noch immer grinsend, waren sie mit den Koffern und den Mänteln bei ihm, als er als einer der ersten Passagiere vom oberen Deck das Schiff verließ. Sie gingen die Straße zum Bahnhof hinunter, und von jedem strohgedeckten Dachgiebel, an dem sie vorbeikamen, schrien ihnen Papageien nach.

Im überfüllten, wartenden Zug, die Koffer schließlich im Gepäcknetz verstaut, klopfte sein Herz heftiger als je zuvor, und er heftete den Blick angestrengt auf die lange staubige Straße, die zum Dock führte. Als der Zug pfiff, meinte er in weiter Ferne eine weißgekleidete Gestalt zu sehen, die zwischen Hunden und Kindern auf den Bahnhof zulief, doch dann fuhr der Zug an, während er noch schaute, und die Straße entzog sich seinem Blick. Mit dem Notizbuch auf dem Schoß saß er da und lächelte der leuchtendgrünen Landschaft zu, die schneller und schneller am Fenster vorbeiflog.

New York, 1946

Unter dem Himmel

Vom Meer aus landeinwärts, auf trockenem Küstenflachland, lag die Stadt, offen, hingestreckt unter dem riesigen, hohen Himmel. Die Menschen, die draußen auf dem Land lebten, und sogar einige der gebildeteren Stadtbewohner nannten die Stadt «das Inferno», weil nirgends die Hitze so stark war wie hier. Kein anderer Ort in der Gegend war so schattenlos und staubig; es schien, als flohen die Wolken so hoch wie möglich in den Himmel. Rundherum hingen sie in eindrucksvollen Formen über der Stadt, fern und unbeweglich. Im Frühling zuckten des Nachts die Blitze unablässig von einer Wolke zur anderen und offenbarten unerwartete Entfernungen. Wenn dann jemand zum Himmel aufblickte, sah er mit Verwunderung, wie jeder Blitz einen scheinbar noch ferneren Teil des Himmels erhellte, in den noch mehr Wolken zurückgewichen waren. Doch die Menschen in der Stadt hoben nur selten die Köpfe zum Himmel. Sie wußten, in welcher Jahreszeit der Regen einsetzte, und es war überflüssig, die unendliche Weite über ihnen abzusuchen, um den genauen Tag vorhersagen zu können. Wenn der Wind zwei Wochen stetig geblasen hatte und die breiten, leeren Straßen von Staub erfüllt waren, wenn die Blitze von Nacht zu Nacht heller wurden und schließlich das erste leise Donnergrollen erklang, konnten sie sicher sein, daß bald Wasser kam.

Einmal im Jahr, zur Zeit der Blitze am Himmel, verließ

Jacinto sein Dorf in den Bergen, um zu Fuß und mit allem, was seine Familie seit der letzten Reise hergestellt hatte, in die Stadt zu wandern. Zwei Tage lang ging es durch die Sierra, wo es kühl war. Am dritten Tag führte die Straße durch das heiße Land, und das war der Tag, der ihm am liebsten war, denn die Straße war eben, er kam schneller voran und konnte die anderen hinter sich lassen. Er war größer und stolzer als sie und lehnte es ab, sich vornüberzubeugen, um leichter bergauf oder bergab marschieren zu können, wie sie es taten. In den Bergen strengte er sich an, um mit ihnen Schritt zu halten, doch in der Ebene schritt er kräftig voraus, und manchmal erreichte er den Markt, noch ehe die Sonne untergegangen war.

Jetzt stand er mit einem kleinen in Papier gewickelten Päckchen auf dem öffentlichen Platz. Er war tags zuvor angekommen. Statt in der Nebenstraße unweit des Brunnens zu sitzen und mit den anderen aus seinem Dorf über den Verkauf zu diskutieren, ging er in den Stadtgarten und setzte sich auf eine Steinbank mit der Inschrift «1936». Er sah die Straße auf und ab. Niemand beachtete ihn. Er war barfuß; die Schuhputzjungen gingen an ihm vorbei.

Er riß das Päckchen auf und schüttete die trockenen Blätter in die linke Hand. Mit der rechten sammelte er die runden, kleinen schwarzen Beeren heraus und warf sie weg. Dann zerrieb er die Blätter und drehte geduldig fünf dünne Zigaretten daraus. Eine halbe Stunde lang nahm dies seine ganze Aufmerksamkeit in Anspruch.

Eine Stimme hinter ihm sagte: «Das ist hübsch!»

Er sah auf. Es war einer aus der Stadt. Er hatte ihn noch nie gesehen, deshalb antwortete er nicht.

«Alle für dich?» fragte der andere mit der seidenweichen Stimme der Städter, der zu mißtrauen er gelernt hatte.

«Ich habe es gekauft. Ich habe sie gemacht», antwortete Jacinto.

«Aber ich mag *grifas* auch», lächelte der Fremde. Er war ärmlich gekleidet und hatte schwarze Zähne.

Jacinto bedeckte die Zigaretten, die neben ihm auf der Bank lagen, mit der hohlen Hand. Der Fremde deutete auf einen Soldaten, der auf einer anderen Bank neben dem Musikpavillon schlief.

«Eine für ihn und eine für mich. Du solltest vorsichtiger sein. Man kriegt jetzt drei Monate für den Besitz von Marihuana. Wußtest du das nicht?»

«Nein», antwortete Jacinto. «Das wußte ich nicht.» Dann reichte er dem Mann zögernd zwei Zigaretten. Der Mann nahm sie.

«Bis dann», sagte er.

Wutentbrannt stand Jacinto auf und ging mit den drei übrigen Zigaretten in der Hand zur Plaza und die lange Straße hinunter, die zum Bahnhof führte. Es war fast Zeit für den täglichen Zug aus dem Norden. Manchmal stiegen verrückte Leute aus, die einem dafür, daß man ihnen ein Bündel in die Stadt trug, so viel bezahlten, daß es für zwei gute Mahlzeiten reichte. Hinter dem Lokomotivschuppen lag ein Friedhof, wo ein paar von den Eisenbahnern hingingen, um Gras zu rauchen. Das wußte er noch vom letzten Jahr; er hatte dort einen Aufseher kennengelernt, der ihn zu einem Mädchen führte. Wie sich herausgestellt hatte, war sie häßlich – die eine Seite ihres Gesichts voll blauer und violetter Blutergüsse.

Der Zug war bereits eingefahren. Die Menschen, die zusteigen wollten, kämpften gegen diejenigen, die auszusteigen versuchten. Er fragte sich, warum jeder darauf bestand, die beiden kleinen Türen am Ende der Waggons zu benutzen, obgleich alle Fenster offenstanden. Anders wäre es viel einfacher, doch diese Menschen waren zu dumm, um daran zu denken. Seine Niederlage gegen den Städter machte ihm noch immer zu schaffen; am liebsten hätte er einen Revolver gehabt, um ihn jetzt zu ziehen. «Ich bin der Vater von euch allen!» hätte er dann gerufen. Aber es war nicht wahrscheinlich, daß er je einen Revolver besitzen würde.

Ohne sich dem Bahnsteig zu nähern, auf dem sich so viele Menschen drängten, blieb er stehen und betrachtete gleichgültig das Gewimmel. Plötzlich tauchten drei eigenartig wirkende Menschen in der Menge auf. Alle hatten sehr weiße Haut und gelbes Haar. Natürlich war ihm klar, daß sie von weit her kamen, denn jeder weiß, daß Leute, die so seltsam aussehen, aus der Hauptstadt oder von noch weiter weg kommen. Es waren zwei Frauen und ein Mann, und als sie näher kamen, bemerkte er, daß sie eine Sprache sprachen, die nur sie verstanden. Jeder von ihnen trug einen Lederkoffer, der in unterschiedlichen Zusammenstellungen mit kleinen Streifen bunten Papiers beklebt war. Er trat einen Schritt zurück, ohne das Gesicht der jüngeren Frau aus den Augen zu lassen. Er wußte nicht recht, ob er sie schön oder aufregend fand. Trotzdem fuhr er fort, sie anzustarren, als sie am Arm des Mannes vorüberging. Die andere Frau bemerkte ihn und lächelte unmerklich, als sie an ihm vorbeikam.

Er machte mißmutig kehrt und ging auf die Gleise zu. Ihre Dummheit ärgerte ihn – vielleicht glaubte sie, er hätte genug Geld, um ihr soviel bezahlen zu können, wie sie sicherlich fordern würde. Er ging weiter, bis er den Friedhof erreichte. Er war leer, nur ein paar graue Eidechsen huschten eilig von dem Pfad weg, auf dem er ging. In der hintersten Ecke stand ein kleines quadratisches Gebäude mit einer steinernen Frau auf dem Dach. Er setzte sich in seinen Schatten und nahm die Zigaretten aus der Tasche.

Die Lokomotive pfiff; der Zug brach zu seiner Fahrt an die Küste auf, wo die Menschen nichts anderes essen als Fisch und auf dem Wasser fahren. Anfangs inhalierte er sehr langsam und bewußt, und er behielt den Rauch in den Lungen, bis er das Gefühl hatte, daß er die Ränder seiner Seele versengte. Nach ein paar Minuten nahm das Gefühl Gestalt an. Es bewegte sich vom Hinterkopf bis hinunter zu den Schultern. Es war, als trüge er ein enganliegendes Gewand aus Metall. In diesem Moment blickte er zum Himmel auf und sah in großer Höhe winzige schwarze Punkte; es waren die Geier, die unendlich langsam ihre Kreise zogen und die Ebene im Licht der Nachmittagssonne beobachteten. Über ihnen standen die Wolken, fern und monumental. «*Ay!*» seufzte er und schloß die Augen, und es fiel ihm ein, daß all die Toten, die ringsum lagen, Tag für Tag nur das sahen. Es war alles, was sie erblickten: die Wolken und die Geier, die sie nicht zu fürchten brauchten, denn sie ruhten sicher verborgen tief in geweihter Erde.

Er rauchte weiter, gab sich dem Entzücken hin. Schließlich lehnte er sich zurück und murmelte: «Jetzt bin ich auch tot.» Als er die Augen aufschlug, war derselbe Tag, und die Sonne stand tief am Himmel. Einige Männer unterhielten sich in der Nähe. Er lauschte. Es waren Eisenbahner, die zum Rauchen gekommen waren; sie sprachen über Löhne und Kantinenpreise. Er glaubte nicht an die Zahlen, die sie so beiläufig erwähnten. Sie logen, um Eindruck zu schinden, und glaubten sich nicht einmal untereinander. Er rauchte die Hälfte der anderen Zigarette, stand auf, streckte sich, sprang über die Mauer des Friedhofs und kehrte über einen Umweg zum Bahnhof zurück, denn er wollte nicht mit den Eisenbahnern reden. Diese Menschen brauchten mehr und mehr Gesellschaft, wenn sie rauchten; niemals ließen sie einen Rauchkumpan ruhig seines Weges gehen.

Er ging zur Kantine am Bahnhof, blieb auf der Straße stehen und sah zu, wie die Eisenbahner drinnen Billard spielten. Bei Einbruch der Dämmerung wurde das Wetterleuchten sichtbarer. Er ging die lange Straße zum Zentrum der Stadt hinauf. Männer spielten Marimbas in den Eingängen und vor den Häusern – manchmal drei oder vier zusammen, manchmal einer allein, träge. Die Marimbas und das Marihuana waren die einzig guten Dinge in der Stadt, dachte Jacinto. Die Frauen waren häßlich und schmutzig, die Männer Diebe und Trunkenbolde. Er erinnerte sich an die drei Leute am Bahnhof. Sie würden im Hotel gegenüber der *plaza* sein. Er beschleunigte seinen Schritt, und seine Augen, blutunterlaufen aus Mangel an Schlaf und zuviel von der Droge, öffneten sich weiter.

Nachdem er sich auf dem Markt an den Rand des Brunnens gesetzt und üppig gegessen hatte, fühlte er sich sehr gut. An der Mauer der Kathedrale lagerten die anderen Familien aus den Bergen, manche schliefen schon, andere bereiteten sich auf die Nacht vor. Fast alle Marktbuden waren dunkel; ein paar Gestalten standen noch vor dem Stand mit kaltem Fruchtsaft. Jacinto tastete in seiner Tasche nach dem Stummel und der Zigarette, schloß die Hand darum und ging hinüber zum Park. Das Feuerwerk am Himmel war sehr hell, aber der Donner blieb aus. Überall in der Stadt erklang das Klimpern und Singen der Marimbas, einige aus der Nähe, andere weiter entfernt. Eine leichte Brise bewegte die Zweige der wenigen Zitronenbäume im Park. Er ging nachdenklich weiter, bis er zu einer Bank direkt gegenüber dem Hoteleingang kam; dort setzte er sich hin und rauchte ungeniert seine halbe Zigarette. Nach einigen Minuten fiel es ihm leichter zu glauben, daß eine der beiden gelbhaarigen Frauen herauskommen würde. Er schnippte den Stummel weg, lehnte sich zurück und starrte geradeaus auf das Hotel. Der Verwalter hatte einen viereckigen Lautsprecher über die Tür gehängt, und daraus kam lautes Knistern und Rauschen, das den Klang der Marimbas übertönte. Hin und wieder trieben einige laute Musikfetzen des Orchesters über das Chaos hinweg, und manchmal schien es, als spreche ein Mann hinter dem Lärm. Jacinto war mißmutig: Die Frauen würden es vorziehen, drinnen zu bleiben, wo sie die Musik besser hören konnten.

Eine lange Zeit verging. Das Radio wurde abgestellt. Die wenigen Stimmen im Park verklangen. Die Leute neben der Kathedrale schliefen. Selbst die Marimbas schienen verstummt zu sein, doch manchmal, wenn die Brise auffrischte, brachte sie lange Marimba-Triller aus einem entfernten Teil der Stadt mit sich, die anschwollen und erstarben.

Es wurde sehr spät. Kein Laut war zu hören, nur der Wind, der in den Blättern der Zitronenbäume raschelte, und der Wasserstrahl, der in den Brunnen auf dem Markt plätscherte. Jacinto war es gewohnt zu warten. Und mitten in der Nacht trat eine Frau aus dem Hotel, blickte zum Himmel auf und überquerte die Straße zum Park. Von seiner Bank im Dunkeln aus beobachtete er, wie sie näher kam. Im Schein des Wetterleuchtens erkannte er, daß es nicht die jüngere war. Er war enttäuscht. Wieder sah sie auf, dann trat sie in den Schatten der Zitronenbäume, setzte sich auf die Nachbarbank und zündete eine Zigarette an. Er wartete einige Minuten. Schließlich sagte er: *«Señorita!»*

«Oh!» rief die gelbhaarige Frau. Sie hatte ihn nicht gesehen. Sie sprang auf, blieb reglos stehen und spähte in seine Richtung. Er rutschte ans Ende der Bank und wiederholte gelassen das Wort: *«Señorita!»*

Sie kam unsicher auf ihn zu, immer noch nichts erkennend. Er wußte, daß es eine List war. Jede Sekunde, immer wenn der Himmel aufleuchtete, konnte sie ihn deutlich sehen. Als sie nah genug an der Bank war, bedeutete er ihr, sich neben ihn zu setzen. Wie er vermutet hatte, sprach sie seine Sprache.

«Was gibt es?» fragte sie. Die Unterhaltung in der seltsamen Sprache am Bahnhof war also nur Theater gewesen.

«Setzen Sie sich, Señorita.»

«Warum?»

«Weil ich es Ihnen sage.»

Sie lachte und warf ihre Zigarette weg. «Das ist kein Grund», sagte sie und setzte sich ans andere Ende der Bank. «Was machen Sie um diese Zeit hier?» Sie sprach langsam und korrekt, wie ein Priester. Er beantwortete dies, indem er sagte: «Und Sie, was suchen Sie?»

«Nichts.»

«Doch, Sie suchen etwas», sagte er feierlich.

«Ich konnte nicht schlafen. Es ist sehr heiß.»

«Nein. Es ist nicht heiß», erwiderte Jacinto. Er fühlte sich zunehmend selbstsicher. Er nahm die letzte Zigarette aus der Tasche und begann zu rauchen. Nach einer Weile fragte er: «Was tun Sie in dieser Stadt?»

«Ich bin auf der Durchreise auf dem Weg zur Grenze im Süden», sagte sie und erzählte, daß sie mit zwei Freunden reiste, einem Ehepaar, und daß sie oft einen Spaziergang machte, wenn sie sich schon hingelegt hatten.

Jacinto hörte zu, sog an der Zigarette und blies den Rauch aus. Plötzlich sprang er auf. Er berührte ihren Arm und sagte: «Kommen Sie zum Markt.»

Sie erhob sich, fragte: «Warum?» und ging mit ihm durch den Park. Als sie auf der Straße waren, packte er sie heftig am Handgelenk, hielt es fest und stieß zwischen den Zähnen hervor: «Sehen Sie zum Himmel empor.»

Sie blickte auf, verwundert und etwas erschrocken. Mit leiser, eindringlicher Stimme fuhr er fort: «Gott ist mein Zeuge, ich werde in das Hotel gehen und den Mann töten, der mit Ihnen kam.»

Ihre Augen weiteten sich. Sie versuchte sich loszureißen, doch er ließ nicht locker und brachte sein Gesicht dicht vor das ihre. «Ich habe eine Pistole in der Tasche, und ich werde diesen Mann töten.»

«Aber weshalb?» flüsterte sie schwach und sah die Straße auf und ab.

«Ich will seine Frau.»

Sie antwortete: «Unmöglich. Sie würde schreien.»

«Ich kenne den Besitzer», sagte Jacinto, rollte mit den Augen und grinste. Die Frau schien ihm zu glauben. Jetzt spürte er, daß etwas Großartiges geschehen würde.

«Und Sie», fuhr er fort und drehte ihr brutal den Arm um, «Sie schreien nicht?»

«Nein.»

Wieder deutete er auf den Himmel.

«Gott ist mein Zeuge. Sie können das Leben Ihres Freundes retten. Kommen Sie mit.»

Sie zitterte am ganzen Körper, doch als sie durch die Straßen stolperten und er sie einen Augenblick losließ, rannte sie. Mit einem Satz hatte er sie eingeholt, und dann zwang er sie, stehenzubleiben und zum Himmel aufzusehen, während er seine Drohungen wiederholte. Sie sah seine aufgerissenen, blutunterlaufenen Augen im hellen Schein eines Blitzes und sein völlig leeres Gesicht. Mechanisch ließ sie sich die Straße entlangstoßen. Diesmal hielt er sie fest.

«Sie retten das Leben Ihres Freundes», sagte er. «Gott wird es Ihnen vergelten.»

Sie schluchzte beim Gehen. Niemand kam ihnen entgegen, als sie taumelnd auf den Bahnhof zugingen. Kurz bevor sie ankamen, machten sie einen großen

Umweg am Stadtrand entlang und gelangten schließlich zum Friedhof.

«Dies ist ein heiliger Ort», murmelte er und bekreuzigte sich hastig. «Hier werden Sie das Leben Ihres Freundes retten.»

Er zog sein Hemd aus, breitete es über den staubigen Boden und zwang sie hinunter. Da war nichts außer dem beharrlichen, stummen Wetterleuchten am Himmel. Sie öffnete die Augen nicht, zuckte jedoch bei jedem Blitz zusammen, trotz ihrer geschlossenen Lider. Der Wind nahm zu, und der Geruch des Staubes drang ihr in die Nase.

Er brachte sie bis zum Park zurück, dort ließ er sie frei. Dann sagte er: «Gute Nacht, *Señorita*» und ging eilig davon. Er war glücklich, weil sie nicht nach Geld gefragt hatte.

Als er im nächsten Jahr in die Stadt kam, wartete er vier Nachmittage am Bahnhof, bis er den Zug einfahren sah. Am letzten Nachmittag ging er zum Friedhof und setzte sich unweit des quadratischen kleinen Gebäudes mit der steinernen Frau auf den Boden. Staub wehte vorbei. Die riesigen Wolken hingen am Himmel, und die Geier waren da, hoch über ihm. Beim Rauchen rief er sich die gelbhaarige Frau ins Gedächtnis zurück. Nach einer Weile begann er zu weinen, sank zu Boden und umklammerte schluchzend die Kieselsteine. Eine alte Frau, die jeden Tag zum Grab ihres Sohnes kam, ging vorbei. Als sie ihn sah, schüttelte sie den Kopf und murmelte bei sich: «Er hat seine Mutter verloren.»

Southampton, 1946

Blätter aus Cold Point

Unsere Zivilisation ist zu einem kurzen Dasein verdammt: ihre einzelnen Elemente sind zu heterogen. Ich persönlich bin zufrieden, daß alles im Untergang begriffen ist. Je größer die Bomben, um so schneller wird alles vorbei sein. Das Leben ist einfach zu schrecklich, als daß der Versuch lohnte, es zu bewahren. Lassen wir es dahingehen. Vielleicht wird eines Tages eine andere Form von Leben entstehen. Wie auch immer, es spielt keine Rolle. Andererseits gehöre ich noch zu diesem Leben und bin daher gezwungen, mich zu schützen, so gut ich kann. Deshalb bin ich hier. Auf diesen Inseln hat die Vegetation noch die Oberhand, und der Mensch muß darum kämpfen, sich überhaupt bemerkbar zu machen. Es ist wunderbar; die Passatwinde wehen das ganze Jahr, und ich halte es für äußerst unwahrscheinlich, daß eine Bombe an diesen abgelegenen Teil der Insel verschwendet wird, oder überhaupt an die Insel.

Ich zögerte, nach Hopes Tod das Haus aufzugeben. Doch es lag nahe. Da meine Karriere an der Universität schon immer eine Farce gewesen war (denn ich bin der Ansicht, daß kein Motiv, das einen Menschen zum «Lehren» verleitet, von Wert ist), war ich von der Aussicht zu kündigen begeistert. Sobald ich ihre Angelegenheiten geregelt und das Geld vernünftig angelegt hatte, setzte ich die Idee in die Tat um.

Ich glaube, in dieser Woche gelang es mir seit meiner Kindheit zum ersten Mal, das Gefühl wiederzugewinnen, daß es so etwas wie einen Inhalt im Leben gibt. Ich ging von einem behaglichen Heim zum anderen und verabschiedete mich von den Quacksalbern des Englischen Seminars, den Fakiren der Philosophie und so weiter, selbst von Kollegen, die ich sonst kaum grüßte. Ich sah den Neid in ihren Gesichtern, als ich verkündete, daß ich am Samstagmorgen mit der Pan American abfliegen würde; doch die größte Genugtuung war, «Nichts!» antworten zu können, wenn man mich fragte, was ich zu tun gedächte.

Als ich klein war, nannten die Leute Charles nur «den großen Bruder C.», obwohl er kaum älter ist als ich. Für mich ist er heute nur mehr der «fette Bruder C.», ein erfolgreicher Anwalt. Das rote Gesicht, die dicken Hände, seine plump vertrauliche Jovialität und die bodenlose, scheinheilige Prüderie, all das sind Wesensmerkmale, für die ich ihn wirklich hasse. Da ist auch der Umstand, daß er einmal fast so aussah wie Racky heute. Und doch ist er immer noch mein großer Bruder, der unverhohlen alles ablehnt, was ich tue. Der Abscheu, den ich für ihn empfinde, ist so groß, daß ich jahrelang keinen Bissen oder Tropfen in seiner Gegenwart herunterbekam, ohne mich überwinden zu müssen. Niemand außer mir weiß davon – vor allem nicht Charles, und er wäre sicher der letzte, dem ich es anvertraute. Zwei Tage vor meiner Abreise nahm er den Spätzug und suchte mich zu Hause auf. Er kam schnell zur Sache – kaum daß er es sich mit einem Whiskey in der Hand gemütlich gemacht hatte.

«Du bist also auf dem Weg in die Wildnis», sagte er und beugte sich auf seinem Sessel vor wie ein Vertreter.

«Wenn man es so nennen kann», gab ich zurück. «So wild wie Mitichi ist es mit Sicherheit nicht.» (Er hat ein Sommerhaus im Norden von Quebec.) «Ich halte es für äußerst zivilisiert.»

Er nahm einen Schluck und schmatzte fassungslos mit den Lippen, während er das Glas hart auf sein Knie stieß.

«Und Racky? Nimmst du ihn mit?»

«Natürlich.»

«Du nimmst ihn von der Schule. Bringst ihn von hier weg. So daß er niemanden sieht außer dich. Hältst du das für klug?»

Ich sah ihn an. «In der Tat.»

«Bei Gott, wenn ich dich mit rechtlichen Mitteln daran hindern könnte, würde ich es tun!» schrie er, sprang auf und stellte das Glas auf den Kamin. Ich zitterte innerlich vor Erregung, doch ich blieb sitzen und sah ihn nur an. Er fuhr fort. «Du bist nicht in der Lage, für den Jungen zu sorgen!» Er warf mir einen strengen Blick zu.

«Du glaubst nicht?» fragte ich sanft.

Wieder sah er mich finster an. «Meinst du, ich hätte vergessen?»

Man wird verstehen, daß mir daran gelegen war, ihn so schnell wie möglich loszuwerden. Während ich Briefe und Zeitschriften auf dem Tisch stapelte und sortierte, fragte ich: «Bist du nur gekommen, um mir das zu sagen? Ich habe morgen viel zu tun und brauche etwas Schlaf. Wahrscheinlich werde ich nicht mit dir frühstücken. Agnes wird dafür sorgen, daß du rechtzeitig aufstehst, um den Frühzug zu erwischen.»

Alles, was er antwortete, war: «Herrgott! Wach auf! Komm endlich zur Vernunft. Du täuschst niemanden, verstehst du!»

Diese Art von Gerede ist typisch für Charles. Sein Geist ist langsam und dumpf; er glaubt, daß jeder, mit dem er zu tun hat, ihn auf die eine oder andere Art hereinlegen will. Er ist so vollkommen unfähig, den Funktionen eines nur durchschnittlich entwickelten Intellekts zu folgen, daß er überall Heimlichtuerei und Hinterlist wittert.

«Ich habe keine Zeit, mir derartigen Unsinn anzuhören», sagte ich und wollte den Raum verlassen.

Doch er brüllte: «Du willst nicht zuhören, wie? Nein, natürlich nicht! Du willst immer nur das tun, was dir gerade in den Sinn kommt. Du willst da runterfahren und so leben, wie es dir paßt, und an die Konsequenzen denkst du nicht!» An diesem Punkt hörte ich Racky die Treppe herunterkommen. C. hörte offensichtlich nichts und wütete weiter: «Aber eines solltest du bedenken – ich weiß, wo ich dich finde, und wenn es auch nur den kleinsten Ärger mit dem Jungen gibt, weiß ich, wen ich dafür verantwortlich zu machen habe!»

Ich durchquerte rasch das Zimmer und riß die Tür auf, damit er sah, daß Racky im Flur war. Das stoppte seine Tirade. Es war schwer zu sagen, ob Racky etwas mitbekommen hatte oder nicht. Er ist zwar nicht gerade ein verschlossener Mensch, aber doch ein Inbegriff von Diskretion, und man erfährt selten mehr darüber, was in ihm vorgeht, als er preiszugeben bereit ist.

Ich war wütend, daß C. mich in meinem eigenen Haus anschrie. Um es klipp und klar zu sagen, er ist der einzige, bei dem ich ein derartiges Verhalten akzeptiere. Andererseits wird sich kein Vater gern ohne Gegenwehr vor seinem Sohn kritisieren und demütigen lassen. Racky stand in seinem Bademantel einfach nur da, und sein engelhaftes Gesicht war vollkommen ausdruckslos, als er bat: «Bitte sag Onkel Charles gute Nacht von mir, ja? Ich habe es vergessen.»

Ich versprach, daß ich es tun würde, und schloß hastig die Tür. Als ich glaubte, daß Racky wieder in seinem Zimmer war, verabschiedete ich mich von Charles. Ich konnte seiner Gegenwart nie schnell genug entkommen. Die Wirkung, die er auf mich hat, datiert aus unserer frühen Kinderzeit, aus Tagen, an die ich mich nur ungern erinnere.

Racky ist ein wunderbarer Junge. Als wir nach unserer Ankunft kein geeignetes Haus in der Nähe einer Stadt fanden, wo er die Gesellschaft von englischen Jungen und Mädchen in seinem Alter gehabt hätte, zeigte er keinerlei Anzeichen von Verstimmung, obwohl er enttäuscht gewesen sein muß. Statt dessen grinste er, als wir aus dem Maklerbüro ins grelle Licht der Straße traten, und sagte nur: «Wir werden wohl Fahrräder brauchen.»

Die wenigen verfügbaren Häuser in der Nähe dessen, was Charles «Zivilisation» nennen würde, entpuppten sich als derart häßlich und bedrückend, daß wir uns auf der Stelle für Cold Point entschieden, obwohl es am anderen Ende der Insel lag, ziemlich isoliert auf einer dem Meer zugewandten Klippe. Zweifellos war es eins der herrlichsten Anwesen der Insel, und Racky erlag seinem Charme ebenso wie ich.

«Du wirst dich langweilen, wenn du den ganzen Tag nur mit mir zusammen bist», warnte ich ihn, als wir zum Hotel zurückgingen.

«Ach was, ich komme schon zurecht. Wann besorgen wir uns die Fahrräder?»

Auf sein Drängen hin kauften wir am nächsten Morgen zwei Stück. Ich war sicher, daß ich meines nicht oft benutzen würde, aber ich dachte, ein Fahrrad mehr im Haus könne nicht schaden. Es stellte sich heraus, daß alle Angestellten ihre eigenen Fahrräder besaßen, sonst wären sie nicht imstande gewesen, jeden Tag von ihrem Dorf Orange Walk zum Haus und wieder zurück zu gelangen, acht Meilen die Küste entlang. Also blieb mir eine Zeitlang nichts anderes übrig, als mich jeden Morgen auf dem Fahrrad eine halbe Stunde neben Racky abzustrampeln. Wir fuhren durch die kühle Luft des frühen Morgens, unter den hohen Seidenbaumwollbäumen am Haus entlang und hinaus zu der großen Biegung der Küste, wo die steife Brise, die dort ständig bläst, die Palmen landeinwärts beugt. Dann machten wir einen weiten Bogen und jagten zurück zum Haus, wobei wir laut darüber diskutierten, wie groß unser Appetit auf die diversen Bestandteile des Frühstücks war, das uns, wie wir wußten, auf der Terrasse erwartete. Zu Hause frühstückten wir im Wind, blickten auf die Karibik und unterhielten uns über die Nachrichten in der Lokalzeitung von gestern, die Isiah uns jeden Morgen aus Orange Walk mitbrachte. Dann verschwand Racky den ganzen Vormittag auf seinem Fahrrad. Er raste wie ein Wilder die Straße entlang, entweder in die eine oder in die andere Richtung, bis er einen unbekannten Sandstreifen an der

Küste entdeckte, den er als neuen Strand betrachten konnte. Beim Mittagessen beschrieb er ihn mir bis in die kleinste Einzelheit und vergaß auch nicht die physischen Gefahren, die er hatte auf sich nehmen müssen, als er das Fahrrad im Gebüsch versteckte, damit die Einheimischen, die zu Fuß vorbeikamen, es nicht fanden; als er von ein paar unbezwingbaren Felsen herunterkletterte, die dann viel höher waren, als er auf den ersten Blick geglaubt hatte; als er die Tiefe des Wassers abzuschätzen versuchte oder sich fragte, ob das Riff auch wirklich Haie und Barrakudas abhielt, bevor er von einer Klippe hineinsprang. Niemals entdecke ich Aufschneiderei in Rakkys Berichten über seine Abenteuer – nur freudige Erregung, wenn er erzählt, auf welche Weise er seine unerschöpfliche Neugier befriedigt. Und sein wacher Verstand streckt seine Fühler in alle Richtungen zugleich aus. Damit will ich keinen «Intellektuellen» aus ihm machen. Das steht mir nicht zu, und es interessiert mich auch nicht übermäßig, ob er ein Denker wird oder nicht. Ich weiß, daß in seinem Verhalten stets eine gewisse Direktheit und bei der Wertung von Dingen eine besondere Reinheit des Geistes hervorstechen. Erstere wird ihn davor bewahren, das zu werden, was ich als «Opfer» bezeichne: Niemals werden Realitäten ihn zum Tier machen können. Und sein unfehlbarer Sinn für Ausgewogenheit in ethischen Fragen wird ihn vor den lähmenden Wirkungen des heutigen Materialismus schützen.

Für einen Jungen von sechzehn hat Racky eine außergewöhnlich unschuldige Weltsicht. Das sage ich nicht als vernarrter Vater, obwohl ich, Gott weiß es, nie an den Jungen denken kann, ohne ein vertrautes, überwältigendes Gefühl von Freude und Dankbarkeit zu empfinden, weil ich das Privileg genießen darf, sein Leben zu teilen. Was er für völlig selbstverständlich hält, unseren gemeinsamen Alltag hier, ist für mich eine Quelle ewigen Staunens, und einen guten Teil des Tages denke ich darüber nach, während ich einfach dasitze und mir das große Glück vor Augen halte, ihn ganz für mich zu haben, außerhalb der Reichweite neidischer Blicke und böser Zungen. (Ich vermute, daß ich in Wirklichkeit C. meine, wenn ich dies schreibe.) Und ich glaube, ein Teil jenes Zaubers, Rackys Leben zu teilen, liegt gerade in der Selbstverständlichkeit, mit der er seine Umgebung akzeptiert. Ich habe ihn noch nie gefragt, ob er gern hier ist – so offensichtlich ist es, daß er sich wohl fühlt, sehr wohl fühlt. Ich glaube, wenn er eines Tages zu mir käme und mir sagte, wie glücklich er hier ist, wäre der Zauber irgendwie gebrochen. Und gleichzeitig habe ich das Gefühl, wenn er unbesonnen oder rücksichtslos oder sogar unfreundlich zu mir wäre, würde ich ihn nur um so mehr lieben.

Ich habe diesen letzten Satz noch einmal gelesen. Was bedeutet er? Und warum sollte ich auf die Idee kommen, er könnte mehr bedeuten, als er aussagt?

Doch so sehr ich es auch versuche, ich kann nie daran glauben, daß etwas ohne Grund und für sich allein existiert. Was ich wahrscheinlich meine, ist das Gefühl, daß Racky auf irgendeine Art bereits rücksichtslos gewesen ist. Auf welche Art aber? Seine Fahrradausflüge darf ich ihm nicht übelnehmen; ich kann unmöglich erwarten, daß er den ganzen Tag hierbleibt und sich mit mir unterhält. Und Angst, daß ihm etwas zustoßen könnte, ist es auch nicht; ich weiß, daß er besser auf sich aufpassen kann als die meisten Erwachsenen und wahrscheinlich keine größeren Risiken beim Klettern in den Felsen oder Schwimmen in den Buchten eingeht als ein Einheimischer. Trotzdem ist nicht zu übersehen, daß mich etwas an unserem Leben hier verstimmt. Irgendein Detail im Grundmuster, wie immer es aussehen mag, muß mich stören. Vielleicht ist es seine Jugend, vielleicht bin ich nur neidisch auf seinen geschmeidigen Körper, seine glatte Haut, die animalische Kraft und Anmut.

Eine ganze Weile saß ich heute morgen da, sah auf das Meer und versuchte dieses kleine Rätsel zu lösen. Zwei weiße Reiher kamen und ließen sich auf einem abgestorbenen Baumstumpf östlich des Gartens nieder. Dort blieben sie lange Zeit reglos sitzen. Ich wandte den Kopf ab und gewöhnte meine Augen an den hellen Meereshorizont, dann schaute ich plötzlich in ihre Richtung, um zu sehen, ob sie ihre Haltung verändert hatten, doch jedesmal hockten sie genauso da wie zuvor. Ich versuchte mir den schwarzen Stumpf ohne sie vorzustellen – als rein vegetabile Landschaft – doch vergebens. Die ganze Zeit zwang ich mich halbherzig, eine lächerliche Erklärung für meine Verstimmung über Racky zu akzeptieren. Ich war erst gestern darauf gestoßen, als er, statt zum Mittagessen zu erscheinen, einen dunkelhäutigen Jungen aus Orange Walk geschickt hatte, um mir ausrichten zu lassen, daß er im Dorf essen würde. Ich konnte nicht umhin zu bemerken, daß der Junge auf Rackys Fahrrad fuhr. Ich hatte bereits eine gute halbe Stunde auf ihn gewartet und ließ Gloria servieren, sobald der Junge den

Rückweg ins Dorf angetreten hatte. Ich war neugierig, wo und mit wem Racky zu Mittag essen würde, da Orange Walk, soweit ich weiß, ausschließlich von Schwarzen bewohnt wird. Ich war sicher, daß Gloria imstande gewesen wäre, Licht in die Angelegenheit zu bringen, aber ich konnte sie unmöglich fragen. Als sie den Nachtisch brachte, fragte ich nur: «Wer war der Bursche, der die Nachricht von Mister Racky überbrachte?»

Sie zuckte die Achseln: »Ein Junge aus Orange Walk. Er heißt Wilmot.»

Als Racky in der Abenddämmerung zurückkehrte, das Gesicht vor Anstrengung gerötet (denn er fährt nie gemächlich), beobachtete ich ihn genau. Sein Verhalten verstärkte meinen bereits vorhandenen Verdacht; ich empfand seine Herzlichkeit als falsch und seine gute Laune als gezwungen.

Er ging früh in sein Zimmer und las einige Zeit, bevor er das Licht löschte. Ich machte einen langen Spaziergang im beinahe taghellen Mondschein und lauschte dem Gesang der nächtlichen Insekten in den Bäumen. Und eine Weile saß ich auf dem steinernen Brückengeländer über dem Schwarzen Fluß. (In Wirklichkeit ist es nur ein Bach, der aus den Bergen ein paar Meilen landeinwärts über die Felsen hinabplätschert und unweit des Hauses ins Meer mündet.) In der Nacht klingt er stets lauter und bedeutender als bei Tag. Die Melodie des Wassers auf den Steinen beruhigte meine Nerven, obwohl ich kaum verstehe, warum das nötig war, es sei denn, es hätte mich wirklich aus der Fassung gebracht, daß Racky zum Mittagessen nicht nach Hause gekommen war. Sollte das der Fall sein, wäre es völlig absurd, mehr noch – gefährlich;

es wäre genau das, wovor die Eltern eines Jugendlichen sich hüten, wogegen sie ankämpfen sollten, es sei denn, die Aussicht, das Vertrauen und die Zuneigung ihres Sprößlings für immer zu verlieren, ließe sie kalt. Racky muß ausgehen können, wann er will, mit wem er will und so lange er will, und ich darf keinen Gedanken darauf verschwenden, geschweige denn, ihm Vorwürfe machen oder gar den Eindruck erwecken zu spionieren. Mangelndes Vertrauen seitens der Eltern ist eine unverzeihliche Sünde.

Zwar nehmen wir unser morgendliches Bad nach dem Aufstehen noch immer gemeinsam, doch ist es drei Wochen her, daß wir das letzte Mal zusammen Fahrrad gefahren sind. Eines Morgens entdeckte ich, daß Racky in seiner nassen Badehose aufs Rad gesprungen und losgefahren war, während ich noch schwamm, und seitdem besteht ein unausgesprochenes Übereinkommen zwischen uns, daß es dabei bleibt; er dreht seine Runde allein. Vielleicht hielt ich ihn zurück; er fährt am liebsten schnell.

Der junge Peter, unser lächelnder Gärtner aus Saint Ives Cove, ist Rackys besonderer Freund. Es ist komisch, sie zusammen im Gebüsch zu sehen, über einen Ameisenhaufen gebeugt oder hinter einer Eidechse herjagend, beide fast gleichaltrig und doch so verschieden: Racky mit seiner sonnengebräunten Haut beinahe weiß im Vergleich zu der schimmernden schwarzen Haut des anderen. Heute weiß ich, daß ich allein zu Mittag essen werde, denn Peter hat seinen freien Tag. Dann fahren sie gewöhnlich auf den Rädern nach Saint Ives Cove, wo Peter ein kleines Ruderboot hat. Dort fischen sie vor der

Küste, haben aber bislang noch nie etwas mit nach Hause gebracht.

Unterdessen bin ich hier allein, sitze in der Sonne auf den Felsen und klettere von Zeit zu Zeit hinunter, um mich im Wasser zu erfrischen. Stets bin ich mir des Hauses unter den hohen Palmen bewußt; es war wie ein großes Schiff aus Glas, voller Orchideen und Lilien. Die Hausdiener sind leise und sauber, und die Arbeit scheint sich von selbst zu erledigen. Diese guten schwarzen Diener sind ein weiterer Segen der Insel; die Briten, die in diesem Paradies zur Welt kamen, machen sich keine Vorstellung, welches Glück sie haben. Statt dessen beklagen sie sich unentwegt. Man muß in den Vereinigten Staaten gelebt haben, um den Zauber dieses Ortes zu schätzen. Trotzdem, auch hier ändern sich die Vorstellungen mit jedem Tag. Bald werden die Menschen beschließen, daß sie ihr Land zu einem Teil der heutigen monströsen Welt machen wollen, und wenn dies einmal geschehen ist, wird alles vorbei sein. Sobald dieses Verlangen geweckt ist, hat man sich mit dem tödlichen Virus infiziert und zeigt die ersten Symptome der Krankheit. Man lebt nach den Begriffen von Zeit und Geld, und man denkt in den Begriffen von Gesellschaft und Fortschritt. Dann bleibt einem nichts als die Menschen zu töten, die ebenso denken, und auch eine ganze Reihe von denen, die es nicht tun, denn das ist der endgültige Ausbruch der Krankheit. Hier hat man, jedenfalls für den Augenblick, das Gefühl des Stillstands – die Existenz hält inne wie jene letzten Sekunden in der Sanduhr, wenn alles, was vom Sand übriggeblieben ist, plötzlich auf einmal hinabrutscht. Für einen Augenblick sieht es aus, als sei die Zeit aufgehoben. Und wenn es so aussieht, dann ist es so. Jede Welle zu meinen Füßen, jeder Vogelschrei aus dem Wald hinter mir bringt mich *nicht* einen Schritt näher an die endgültige Katastrophe. Die Katastrophe ist unausweichlich, doch plötzlich wird sie passiert sein, das ist alles. Bis dahin steht die Zeit still.

Ein Brief in der heutigen Post hat meinen Frieden gestört: Die Royal Bank of Canada fordert mich auf, persönlich in ihrer Hauptfiliale vorzusprechen, um Depotscheine und andere Papiere zu unterzeichnen, die von der Bostoner Bank hierher gekabelt wurden. Da die Filiale fünfzig Meilen entfernt auf der anderen Seite der Insel liegt, werde ich dort übernachten müssen und erst am folgenden Tag zurückkehren. Racky mitzunehmen wäre nicht ratsam. Der Anblick der «Zivilisation» könnte entsprechende Sehnsüchte in ihm wecken; man weiß nie. Bei mir wäre es in seinem Alter so gewesen, da bin ich sicher. Und wenn es so käme, würde er nur unglücklich sein, denn es gäbe keine andere Möglichkeit für ihn, als hier bei mir zu bleiben, zumindest die nächsten zwei Jahre. Dann kann ich hoffentlich die Pacht erneuern oder, wenn die Dinge in New York gut laufen, das Haus kaufen. Ich werde Isiah, wenn er heute abend nach Orange Walk zurückkehrt, bitten, McCoigh auszurichten, er möge mich morgen um halb acht mit dem Wagen abholen. Es ist ein riesiger alter offener Packard; Isiah kann sich den Weg hier heraus sparen, indem er das Rad hinten auflädt und bei McCoigh mitfährt.

Die Fahrt über die Insel ist wunderbar und wäre ein reines Vergnügen gewesen, wenn meine Phantasie mir nicht gleich zu Beginn einen üblen Streich gespielt hätte. Wir hielten in Orange Walk, um zu tanken, und während dies besorgt wurde, stieg ich aus, um im Laden an der Ecke Zigaretten zu kaufen. Da es vor acht war, hatte der Laden noch geschlossen, und ich ging eilig die Nebenstraße hinauf zu dem anderen kleinen Kiosk, von dem ich glaubte, er könnte schon geöffnet haben. Er war auf, und ich kaufte meine Zigaretten. Auf dem Rückweg zum Wagen bemerkte ich eine große schwarze Frau, die mit den Armen über das Tor gelehnt vor ihrem winzigen Haus stand und auf die Straße starrte. Als ich an ihr vorbeiging, sah sie mir geradewegs ins Gesicht und sagte etwas in dem seltsamen Dialekt der Inselbewohner. Der Ton war unfreundlich und das Gesagte offensichtlich für mich bestimmt, doch ich hatte keine Ahnung, was es war. Ich stieg in den Wagen, und der Fahrer ließ den Motor an. Doch der Klang der Worte war mir im Gedächtnis geblieben, wie sich eine helle Form vor einem dunklen Hintergrund gelegentlich so ins Bewußtsein einprägt, daß man die exakten Umrisse des Musters vor sich sieht, sobald man die Augen schließt. Der Wagen dröhnte bereits bergauf in Richtung Landstraße, als ich die Worte plötzlich noch einmal hörte. Sie lauteten: «Behalt deinen Jungen zu Hause, *mahn!*» Einen Augenblick saß ich vollkommen reglos, während die Landschaft draußen vorbeirauschte. Wie kam ich darauf, daß sie das gesagt hatte? Es war mir augenblicklich klar, daß ich damit einem Satz, den ich nicht hätte verstehen können, auch wenn ich genau hingehört hätte, einen willkürlichen Sinn verlieh. Und dann fragte ich mich, warum mein Unterbewußtsein diesen Sinn ausgewählt haben sollte, denn jetzt, als ich die Worte vor mich hinflüsterte, vermochten sie keine Verbindung zu irgendeiner Angst herzustellen, der mein Bewußtsein möglicherweise ausgesetzt war. Eigentlich habe ich mir nie Gedanken über Rackys Ausflüge gemacht. Eine derartige Sorge kann ich nicht ausmachen, ganz gleich, von welcher Seite ich die Frage beleuchte. Aber ist es möglich, daß sie diese Worte wirklich sagte? Während des ganzen Weges durch die Berge dachte ich darüber nach, obwohl es offensichtlich reine Energieverschwendung war. Und bald konnte ich den Klang ihrer Stimme in meiner Erinnerung nicht mehr erkennen: Ich hatte die Platte zu oft gespielt und sie abgenutzt.

Hier im Hotel findet heute ein großer Ball statt. Das scheußliche Orchester, bestehend aus zwei Saxophonen und einer mißtönenden Violine, spielt genau unter meinem Fenster im Garten, und lauter ernsthaft aussehende Paare gleiten im Schein der an Schnüren befestigten Papierlaternen über den polierten Steinboden der Terrasse. Ich nehme an, es soll japanisch wirken.

Ich frage mich, was Racky in diesem Augenblick im Haus macht. Nur Peter und Ernest, der Nachtwächter, sind da, um ihm Gesellschaft zu leisten. Ich frage mich, ob er schläft. Das Haus, das ich wegen seiner luftigen Lage immer als lächelnd und wohltuend empfand, könnte nun, da ich hier bin, ebensogut in der finstersten und entlegensten Gegend der Welt stehen. Hier sitze ich, unter mir das gräßlich jaulende Orchester, und stelle es mir vor, und es erscheint mir entsetzlich gefährdet in seiner Abgeschiedenheit. Im Geist sehe ich den mondbeschienenen

Fleck vor mir, mit seinen hohen, ruhelos im Wind schwankenden Palmen, den schwarzen Felsen darunter, von Wellen überspült. Plötzlich, und obgleich ich dagegen ankämpfe, bin ich unaussprechlich froh, nicht in dem Haus zu sein, das auf dem hochgelegenen Felsen hilflos der Stille der Nacht preisgegeben ist. Dann fällt mir ein, daß die Nacht nur selten still ist. Da ist das laute Dröhnen des Meeres um den Fuß der Klippen, das Summen tausender Insekten, gelegentlich der Schrei eines Nachtvogels – all die vertrauten Geräusche, die den Schlaf so erholsam machen. Und Racky ist da, von ihnen umgeben wie immer, ohne sie auch nur zu hören. Trotzdem fühle ich mich zutiefst schuldig, weil ich ihn allein gelassen habe, unaussprechlich traurig und zärtlich bei dem Gedanken an ihn, der allein mit den beiden Schwarzen im Haus schläft, den einzigen Menschen im Umkreis von Meilen. Wenn ich noch weiter an Cold Point denke, werde ich immer unruhiger.

Ich gehe noch nicht zu Bett. Sie schreien vor Lachen da unten, diese Idioten; ich könnte ohnehin nicht schlafen. Die Bar hat noch auf. Glücklicherweise liegt sie zur Straße hin. Diesmal brauche ich ausnahmsweise ein paar Drinks.

Viel später, aber ich fühle mich nicht besser. Vielleicht bin ich ein wenig betrunken. Der Tanz ist vorbei, und es ist still im Garten, aber das Zimmer ist zu heiß.

Als ich letzte Nacht einschlief, voll bekleidet, während das Licht der Leselampe unbarmherzig in mein Gesicht fiel, hörte ich wieder die Stimme der schwarzen Frau, klarer noch als gestern im Wagen. Aus irgendeinem

Grund habe ich heute morgen keinerlei Zweifel mehr, daß die Worte, die ich hörte, diejenigen sind, die sie sagte. Ich akzeptiere es und gehe von hier weiter. Nehmen wir an, sie sagte wirklich, ich solle Racky zu Hause behalten. Das könnte nur bedeuten, daß sie oder jemand anders in Orange Walk eine kindische Auseinandersetzung mit ihm hatte, obgleich ich sagen muß, ich kann mir kaum vorstellen, daß Racky einen Streit oder einen Wortwechsel mit diesen Leuten anfangen würde. Um mich zu beruhigen (denn die Sache scheint mir wirklich zuzusetzen), werde ich heute nachmittag im Dorf haltmachen, ehe ich nach Hause zurückkehre, und versuchen, die Frau zu sprechen. Ich brenne darauf, zu erfahren, was sie gemeint haben könnte.

Bis zu diesem Abend, an dem ich nach Cold Point zurückkehrte, war ich mir nicht bewußt, wie mächtig sie sind, all diese physischen Elemente, welche die Atmosphäre dort ausmachen: die Geräusche des Windes und des Meeres, die das Haus von der Straße abschotten, der Glanz des Wassers, des Himmels und der Sonne, die leuchtenden Farben und der durchdringende Duft der Blumen, das Gefühl der Weite innerhalb und außerhalb des Hauses. Solange man hier lebt, hält man das alles für selbstverständlich. Bei meiner Rückkehr am späten Nachmittag wurden sie, ihre Existenz und ihre Macht, mir wieder neu bewußt. Zusammengenommen sind sie wie eine starke Droge; die Heimkehr vermittelte mir das Gefühl, entgiftet zu sein und wieder an den Ort der früheren Laster zurückzukommen. Jetzt, um elf, ist es, als wäre ich nicht einmal eine Stunde fort gewesen. Alles ist so wie immer, selbst die vertrocknete Palme vor dem Fenster neben meinem Nachttisch, deren Wedel am Fliegengitter reiben. Und in der Tat sind nur sechsunddreißig Stunden vergangen, seit ich hier war; doch wie immer erwarte ich, daß meine Abwesenheit von einem Ort bestimmte, irreversible Veränderungen mit sich bringt.

Eigenartigerweise habe ich jetzt, da ich darüber nachdenke, doch das Gefühl, daß sich etwas verändert hat, seit ich gestern morgen von hier fortging. Es ist die allgemeine Haltung des Personals, seine kollektive Aura genaugenommen. Ich bemerkte diesen Wandel gleich nach meiner Ankunft, doch gelang es mir nicht, ihn zu definieren. Jetzt sehe ich ihn deutlich. Das Netz harmonischen Einverständnisses, das sich allmählich um einen wohlgeführten Haushalt spinnt, ist zerrissen. Jetzt ist jeder für sich. Wenn es auch keine Unfreundlichkeiten gibt, soweit ich sehe. Alle sind äußerst höflich, mit Ausnahme von Peter vielleicht, der mir ungewöhnlich mürrisch erschien, als ich ihm nach dem Abendessen in der Küche begegnete. Ich wollte Racky fragen, ob es ihm aufgefallen war, aber dann entfiel es mir, und er ging früh zu Bett.

In Orange Walk ließ ich kurz anhalten, unter dem Vorwand, die Schneiderin in der Nebenstraße aufsuchen zu wollen. Ich ging zweimal an dem Haus vorbei, wo ich die Frau gesehen hatte, doch niemand ließ sich blicken.

Was meine Abwesenheit angeht, so scheint Racky gut zurechtgekommen zu sein; die meiste Zeit des Tages hat er damit verbracht, bei den Felsklippen unterhalb der Terrasse zu schwimmen. Die Geräusche der Insekten haben mittlerweile ihren Höhepunkt erreicht; die Brise ist frischer als sonst, und ich werde diese günstigen Bedingungen nützen, um tief zu schlafen.

Heute war einer der schwierigsten Tage in meinem Leben. Ich stand früh auf, wir frühstückten zur gewohnten Zeit, und Racky machte sich auf in Richtung Saint Ives Cove. Ich lag eine Zeitlang auf der Terrasse in der Sonne und horchte auf die Geräusche des Haushalts. Peter streifte überall herum, sammelte abgefallene Blätter und verblühte Blumen in einem großen Korb und trug sie zum Komposthaufen. Er schien noch verdrießlicher als gestern abend. Als er auf dem Weg zu einem anderen Teil des Gartens an mir vorüberging, rief ich ihn zu mir. Er stellte den Korb ab und sah mich an; dann kam er quer über den Rasen auf mich zu – widerwillig, wie mir schien.

«Peter, ist alles in Ordnung mit dir?»

«Ja, Sir.»

«Kein Ärger zu Hause?»

«O nein, Sir.»

«Gut.»

«Ja, Sir.»

Er machte sich wieder an die Arbeit. Doch sein Gesicht strafte seine Worte Lügen. Er schien nicht nur entschieden schlechte Laune zu haben, hier draußen im Sonnenschein wirkte er geradezu krank. Doch wenn er sich weigerte, es zuzugeben, ging es mich nichts an.

Als die sengende Hitze unerträglich wurde, verließ ich meinen Sessel und stieg an der Seite der Klippe ein paar in den Stein gehauene Stufen hinab. Dort unten gibt es eine ebene Felsplatte mit einem Sprungbrett, denn das Wasser ist tief. Zu beiden Seiten ist sie von Felsen umgeben, an denen sich die Wellen brechen, doch die Steinplatte ragt senkrecht aus dem Wasser. Unter dem Sprungbrett schlägt das Wasser nur sacht gegen den Felsen. Die Stelle ist ein kleines Amphitheater, vom Haus ist weder etwas zu sehen noch zu hören. Auch dort liege ich gern in der Sonne; wenn ich aus dem Wasser komme, ziehe ich häufig die Badehose aus und lege mich völlig nackt auf das Sprungbrett. Regelmäßig mache ich mich über Racky lustig, weil er sich schämt, es mir gleichzutun. Manchmal überwindet er sich, aber nie, ohne daß man ihn überreden muß. So lag ich splitternackt da und ließ mich vom Klatschen der Wellen einlullen, als eine unbekannte Stimme aus nächster Nähe fragte: «Mr. Norton?»

Ich zuckte erschrocken zusammen, wobei ich fast vom Sprungbrett gefallen wäre, und setzte mich auf, um, allerdings vergeblich, nach der Badehose zu greifen, die auf dem Felsen lag, praktisch zu Füßen eines farbigen Herrn in mittleren Jahren. Er trug einen weißen Leinenanzug und einen hohen Kragen mit einer schwarzen Krawatte, und ich hatte das Gefühl, daß er mich mit einem gewissen Entsetzen musterte.

Meine nächste Reaktion war Ärger, auf diese Art überrascht worden zu sein. Trotzdem stand ich auf, nahm meine Badehose, zog sie ruhig an und sagte beiläufig: «Ich habe Sie nicht kommen hören.»

«Sollen wir hinaufgehen?» fragte der Eindringling. Er schritt voran, und ich hatte die sichere Ahnung, daß ihn eine unangenehme Aufgabe hierhergeführt hatte. Wir setzten uns auf die Terrasse; er bot mir eine amerikanische Zigarette an, die ich ablehnte.

«Ein herrliches Fleckchen Erde», sagte er, sah auf das Meer und dann auf seine Zigarette, die nur zum Teil brannte. Er sog daran.

«Ja», sagte ich und wartete, daß er weitersprach; plötzlich tat er es.

«Ich bin von der Präfektur dieser Gemeinde. Von der Polizei, Sie verstehen.» Und als er mein Gesicht sah: «Dies ist ein freundschaftlicher Besuch. Doch sollten Sie ihn trotzdem als Warnung begreifen, Mister Norton. Die Sache ist sehr ernst. Wenn jemand anderer deswegen zu Ihnen kommt, wird es Ärger geben, großen Ärger. Daher habe ich Sie privat aufgesucht, ich wollte Sie persönlich warnen. Sie verstehen.»

Ich konnte seine Worte nicht fassen. Nach einer Weile fragte ich schwach: «Aber worum geht es?»

«Dies ist kein offizieller Besuch. Sie brauchen sich nicht aufzuregen. Ich habe beschlossen, mit Ihnen zu sprechen, um Sie vor größeren Schwierigkeiten zu bewahren.»

«Aber ich rege mich auf!» rief ich und fand endlich meine Stimme wieder. «Wie sollte ich mich nicht aufregen, wenn ich nicht einmal weiß, wovon Sie reden?»

Er rückte seinen Stuhl näher an den meinen heran und sprach mit gedämpfter Stimme. «Ich habe gewartet, bis der junge Mann nicht im Haus ist, damit wir uns ungestört unterhalten können. Es geht um ihn, Sie verstehen.»

Irgendwie überraschte es mich nicht. Ich nickte.

«Ich will Ihnen die Sache kurz erläutern. Die Menschen hier sind einfache Leute vom Land. Sie werden schnell böse. Jetzt zerreißen sie sich den Mund über den jungen

Mann, der bei Ihnen wohnt. Er ist Ihr Sohn, wie ich hörte.» Sein Tonfall klang skeptisch.

«Natürlich ist er mein Sohn.»

Sein Gesichtsausdruck veränderte sich nicht, doch seine Stimme klang ungehalten. «Wer er auch ist, dieser junge Mann ist schlecht.»

«Was soll das heißen?» rief ich, doch er unterbrach mich hitzig. «Mag sein, daß er Ihr Sohn ist, vielleicht auch nicht. Es geht mich nichts an, wer er ist. Das ist nicht meine Sache. Aber er ist von Grund auf verdorben. Solche Dinge gibt es hier bei uns nicht, Sir. Die Leute in Orange Walk und in Saint Ives Cove sind äußerst aufgebracht. Und Sie wissen nicht, wozu diese Menschen fähig sind, wenn sie in Wut geraten.»

Ich hielt es für angebracht, ihn zu unterbrechen. «Bitte sagen Sie mir, warum mein Sohn verdorben sein soll. Was hat er getan?» Vielleicht rührte ihn der Ernst in meiner Stimme, denn sein Gesicht nahm einen freundlicheren Ausdruck an. Er beugte sich ganz nah zu mir herüber und sagte fast flüsternd: «Er kennt keine Scham. Er tut, was ihm gefällt, mit den jungen Burschen und auch mit den Männern, und dann gibt er ihnen einen Shilling, damit sie nicht reden. Aber sie reden. Natürlich reden sie. Jeder Mann im Umkreis von zwanzig Meilen weiß davon. Und auch die Frauen, sie wissen ebenfalls Bescheid.» Er schwieg.

Während der letzten Sekunden hatte ich gespürt, wie ich mich darauf vorbereitete aufzustehen, denn ich wollte in mein Zimmer und allein sein, diesem skandalösen Bühnengeflüster entgehen. Ich glaube, ich murmelte so etwas wie «Guten Tag» oder «Danke», wandte mich ab und ging auf das Haus zu. Doch noch immer war er neben mir und raunte mir wie ein eifriger Verschwörer ins Ohr: «Behalten Sie ihn zu Hause, Mister Norton. Oder schikken Sie ihn zur Schule, wenn er wirklich Ihr Sohn ist. Aber halten Sie ihn von den Dörfern fern. In seinem eigenen Interesse.»

Ich reichte ihm die Hand und ging hinein, um mich auf mein Bett zu legen. Von dort hörte ich das Geräusch einer Wagentür, hörte ihn wegfahren. Verzweifelt versuchte ich, einen Anfang zu finden, um Racky darauf ansprechen zu können. Ich hatte das Gefühl, der erste Satz würde meinen Standpunkt definieren. Dieser Versuch war nichts weiter als eine Art therapeutischer Ablenkung, um das Nachdenken über die Sache selbst zu unterdrükken. Jede Einstellung dazu erschien gleichermaßen unmöglich. Es gab keinen Weg, das Thema zur Sprache zu bringen. Plötzlich wurde mir klar, daß ich nie imstande wäre, direkt mit ihm darüber zu sprechen. Mit dem Eintreffen dieser Nachricht war er für mich ein anderer Mensch geworden – ein Erwachsener, geheimnisvoll und ungeheuerlich. Gewiß dachte ich daran, daß die Geschichte des Farbigen vielleicht nicht der Wahrheit entsprach, doch automatisch verwarf ich diese Möglichkeit. Es war, als wollte ich es glauben – als hätte ich bereits gewußt, was er lediglich bestätigte.

Racky kam gegen Mittag nach Hause, keuchend und grinsend. Der unvermeidliche Kamm fuhr durch die verschwitzten, widerspenstigen Locken. Als er sich zum Mittagessen setzte, rief er: «Mann, du glaubst nicht, was für einen wunderbaren Strand ich heute morgen gefunden habe! Aber es war auch ein hartes Stück Arbeit, dahin zu gelangen!» Ich versuchte unbeteiligt zu wirken, als ich seinem Blick begegnete; es war, als hätten wir unsere Positionen vertauscht, als hoffte ich, seinem Rüffel standhalten zu können. Er erzählte weiter, von Dornen und Schlingpflanzen und seiner Machete. Immer wieder während der Mahlzeit sagte ich mir: «Das ist der richtige Augenblick. Du mußt etwas sagen.» Doch alles, was ich herausbrachte, war: «Noch etwas Salat? Oder möchtest du jetzt deinen Nachtisch?» So ging das Mittagessen vorbei, und nichts geschah. Nachdem ich den Kaffee getrunken hatte, ging ich in mein Zimmer und betrachtete mich in dem großen Spiegel. Ich sah, wie meine Augen versuchten, ihrem zurückgeworfenen Abbild ein wenig Mut einzuflößen. Während ich noch dastand, hörte ich einen ungewohnten Lärm im anderen Flügel des Hauses: Stimmen, dumpfes Poltern, die Geräusche eines Handgemenges. Und dann plötzlich Glorias scharfe Stimme, gebieterisch und erregt: «Nein, *mahn*! Schlag ihn nicht!» Und lauter: «Peter, *mahn*, nein!»

Ich rannte zur Küche, dem Schauplatz der Auseinandersetzung, wie es schien, stieß jedoch unterwegs gegen Racky, der mit den Händen vor dem Gesicht durch den Gang torkelte.

«Racky, was ist los?» rief ich.

Er drängte sich an mir vorbei ins Wohnzimmer, ohne die Hände vom Gesicht zu nehmen; ich folgte ihm. Von dort ging er weiter in sein Zimmer und ließ die Tür hinter sich offen. Ich hörte, wie er im Badezimmer Wasser laufen ließ. Ich wußte nicht, was ich tun sollte. Plötzlich tauchte Peter in der Tür zum Gang auf, den Hut in der Hand. Als er den Kopf hob, entdeckte ich erstaunt, daß seine Wange blutete. In seinen Augen war der seltsame, wirre Ausdruck plötzlicher Angst und abgrundtiefer Feindschaft. Er senkte den Blick.

«Könnte ich bitte mit Ihnen reden, Sir?»

«Was soll dieser Aufruhr? Was ist passiert?»

«Könnte ich draußen mit Ihnen reden, Sir?» Er sagte es verbissen und ohne aufzublicken.

Angesichts der Umstände nickte ich. Langsam gingen wir den Aschenpfad zur Landstraße hinauf, über die Brücke und durch den Wald, und er erzählte mir seine Geschichte. Ich schwieg.

Am Ende sagte er: «Ich wollte es nie, Sir, nicht mal am Anfang, aber danach hatte ich Angst, und Mister Racky war jeden Tag hinter mir her.»

Ich blieb stehen und antwortete: «Wenn du mir das gleich gesagt hättest, wäre es für alle Beteiligten besser gewesen.»

Er drehte seinen Hut in den Händen und studierte ihn eingehend. «Ja, Sir. Aber bis heute hatte ich keine Ahnung, was man in Orange Walk über ihn redet. Sie wissen, ich fahre an meinen freien Tagen mit Mister Racky nach Saint Ives Cove. Wenn ich geahnt hätte, was alle über ihn sagen, hätte ich keine Angst gehabt, Sir. Und ich wollte meine Arbeit hier behalten. Ich brauchte das Geld.» Dann wiederholte er, was er bereits drei Mal gesagt hatte. «Mister Racky sagte, Sie würden dafür sorgen, daß ich ins Gefängnis komme. Ich bin ein Jahr älter als Mister Racky, Sir.»

«Ich weiß, ich weiß», sagte ich ungeduldig; und da ich den Eindruck hatte, daß Peter Strenge von mir erwartete, setzte ich hinzu: «Besser, du packst deine Sachen und gehst nach Hause. Du kannst nicht weiter hier arbeiten, das ist dir wohl klar.»

Die Feindseligkeit in seinem Gesicht vertiefte sich auf erschreckende Weise. Dann antwortete er: «Und wenn Sie mich umbrächten, ich würde keinen Tag länger auf Cold Point arbeiten, Sir.»

Ich drehte mich um und ging schnellen Schrittes zum Haus zurück, ließ ihn einfach auf der Straße stehen. Anscheinend war er vorhin, im Schutz der Dämmerung, noch einmal da und hat seine Sachen abgeholt.

Racky saß in seinem Zimmer und las. Er hatte Pflaster auf dem Kinn und der Wange.

«Ich habe Peter entlassen», verkündete ich. «Er hat dich geschlagen, nicht wahr?»

Er sah auf. Sein linkes Auge war geschwollen, aber noch nicht blau.

«Das schon. Aber ich habe ihm auch eins verpaßt. Und außerdem hatte ich es wahrscheinlich verdient.»

Ich lehnte mich gegen den Tisch. «Weshalb?» fragte ich gleichgültig.

«Oh, ich hatte seit langem was gegen ihn in der Hand. Er hatte Angst, ich würde es dir erzählen.»

«Und nun hattest du ihm gedroht, es mir zu sagen?»

«Ach was. Er sagte, er wolle kündigen, und ich nannte ihn einen Waschlappen.»

«Warum wollte er kündigen? Ich dachte, die Arbeit macht ihm Spaß?»

«Nun, die Arbeit gefiel ihm, aber ich glaube, mit mir kam er nicht zurecht.» In Rackys Blick lag ein Hauch von Gereiztheit. Ich lehnte immer noch gegen den Tisch.

«Aber ich hatte den Eindruck, ihr kämet gut miteinander aus», sagte ich.

«Na ja. Er hatte wahrscheinlich nur Angst, seinen Job zu verlieren. Ich wußte was über ihn. Aber er war trotzdem ein guter Kerl. Ich mochte ihn.» Er hielt inne. «Ist er schon weg?» Ein seltsames Zittern schlich sich in seine Stimme, als er diese Worte sagte, und ich begriff, daß Rackys bislang unfehlbare Schauspielkunst der Situation zum ersten Mal nicht gerecht wurde. Es brachte ihn aus der Fassung, Peter verloren zu haben.

«Ja, er ist fort», entgegnete ich knapp. «Und er wird nicht wiederkommen.» Als Racky, der den ungewohnten Tonfall in meiner Stimme bemerkte, mit schwacher Verwunderung in den kindlichen Augen aufblickte, wußte ich, daß dies der richtige Augenblick gewesen wäre, weiterzubohren und zu fragen: «Was hattest du gegen ihn in der Hand?» Doch als hätte er diesen Punkt in meinem Denken den Bruchteil einer Sekunde früher entdeckt als ich, beraubte er mich meiner Überlegenheit, indem er aufsprang, ein lautes Lied anstimmte und all seine Kleider auf einmal abstreifte. Dann stand er nackt vor mir, aus vollem Halse singend, und als er in die Badehose schlüpfte, wurde mir klar, daß ich nie imstande wäre, ihm zu sagen, was ich sagen mußte.

Er blieb den ganzen Nachmittag beim Haus: Eine Weile las er in seinem Zimmer, und die meiste Zeit verbrachte er unten auf dem Sprungbrett. Das ist ungewöhnlich für ihn; wenn ich nur wüßte, was in seinem Kopf vorgeht. Je näher der Abend kam, um so besessener wurde ich von dem Gedanken an mein Problem. Ich ging im Zimmer auf und ab, blieb an einem Ende stehen, um aus dem Fenster auf das Meer zu blicken, und am anderen, um im Spiegel mein Gesicht zu betrachten. Als hätte mir das helfen können! Dann genehmigte ich mir einen Drink. Und noch einen. Ich dachte, ich könnte es vielleicht beim Abendessen tun, gestärkt vom Whiskey. Doch nein. Bald wird er schlafen gehen. Es ist nicht so, daß ich vorhätte, ihn mit den Anschuldigungen zu konfrontieren. Ich weiß, daß ich das niemals fertigbrächte. Aber ich muß mir etwas einfallen lassen, um ihn von seinen Ausflügen abzuhalten, und ich muß einen Grund dafür haben, damit er nie auf die Idee kommt, daß ich es weiß.

Wir sorgen uns um die Zukunft unserer Kinder. Es ist zwar lächerlich, aber nur wenig fühlbarer lächerlich als alles andere im Leben. Ein Zeitabschnitt ist zu Ende gegangen; Tage, die mich glücklich machen, auch wenn sie jetzt der Vergangenheit angehören. Ich nehme an, diese Zeit war das, worauf ich mein Leben lang gewartet hatte: der Lohn, den ich unbewußt, doch zuversichtlich erwartete, als Gegenleistung dafür, daß die Existenz mich über all die Jahre hinweg so fest im Griff hatte.

Dieser Abend erscheint nur deshalb so lang her, weil ich mir seine Einzelheiten so oft ins Gedächtnis zurückrief, daß sie die Gestalt einer Legende angenommen haben. In Wirklichkeit war mein Problem, ohne daß ich es ahnte, bereits gelöst. Da ich den roten Faden in dem wirren Muster, das sich mir darbot, nicht sah, bildete ich mir dummerweise ein, ich müßte mir das Hirn zermartern, um die richtigen Worte für das Gespräch mit Racky zu finden. Doch er war derjenige, der zu mir kam. Gerade als ich an jenem Abend zu einem einsamen Spaziergang aufbrechen wollte, von dem ich mir Hilfe bei der Entdekkung der Formel versprach, erschien er an meiner Tür.

«Gehst du spazieren?» fragte er, als er den Gehstock in meiner Hand sah.

Die Aussicht, gleich nachdem ich mit ihm gesprochen hatte, verschwinden zu können, machte die Sache leichter. «Ja», sagte ich. «Aber zuerst habe ich noch etwas mit dir zu besprechen.»

«Klar. Worum geht's?» Ich blickte ihn nicht an, denn ich wollte nicht das wachsame Funkeln sehen, das ich in diesem Augenblick in seinen Augen vermutete. Ich zeichnete beim Sprechen mit dem Stock die Muster der Kacheln auf dem Fußboden nach. «Racky, hättest du Lust, wieder in die Schule zu gehen?»

«Machst du Witze? Du weißt, daß ich die Schule hasse!»

Ich warf ihm einen Blick zu. «Nein, ich mache keine Witze. Sieh mich nicht so entgeistert an. Es würde dir wahrscheinlich Spaß machen, unter Jungen deines Alters zu sein.» (Das war nicht das Argument, das ich hatte benutzen wollen.)

«Schon möglich, daß es mir Spaß machen würde, aber dazu muß ich nicht in die Schule. Ich war lange genug in der Schule.»

Ich ging zur Tür und sagte steif: «Ich wollte nur deine Meinung hören.»

Er lachte. «Nein danke!»

«Das heißt nicht, daß du nicht gehst», sagte ich über die Schulter hinweg, während ich das Haus verließ.

Unterwegs stieß ich den Gehstock heftig auf den Asphalt der Straße, stand dann auf der Brücke und hatte dramatische Visionen von allen möglichen schrecklichen

Ereignissen, einschließlich unserer Rückkehr in die Vereinigten Staaten, eines schweren Fahrradunfalls, der Racky für Monate ans Bett fesselte, bis hin zu der Möglichkeit, den Dingen freien Lauf zu lassen, was zweifellos bedeutete, daß ich ihn hin und wieder im Staatsgefängnis würde besuchen müssen, um ihm Essen zu bringen – und es konnte noch schlimmer kommen. «Doch nichts von alledem wird geschehen», sagte ich mir, und ich wußte, daß ich wertvolle Zeit verschwendete; er durfte morgen nicht nach Orange Walk fahren.

Ich kehrte langsam zurück. Es war Neumond, und es ging nur eine schwache Brise. Als ich zum Haus kam und versuchte, leise über den Aschenpfad zu schleichen, um den wachsamen Ernest nicht zu wecken und ihm erklären zu müssen, daß nur ich es sei, sah ich, daß in Rackys Zimmer kein Licht brannte. Abgesehen von der kleinen Lampe auf meinem Nachttisch war das Haus dunkel. Statt hineinzugehen, schritt ich um das ganze Gebäude herum, stieß gegen Buschwerk, verklebte mir das Gesicht mit Spinnweben und gelangte schließlich auf die Terrasse, wo ich eine Zeitlang im schwachen Luftzug sitzen blieb. Weit draußen auf dem Meer hörte ich, wie sich die Wellen seufzend am Riff brachen. Hier unten war nur hin und wieder ein träges Glucksen und Gurgeln des Wassers zu hören. Die Ebbe war ungewöhnlich niedrig. Mechanisch rauchte ich drei Zigaretten; jeder Gedanke war aus meinem Kopf verschwunden. Dann, als der Mund bitter war vom Rauch, trat ich ins Haus.

Mein Zimmer war stickig. Ich warf die Kleider auf einen Stuhl und sah zum Nachttisch, um mich zu vergewissern, daß die Karaffe mit dem Wasser da war. Dann stockte mir der Atem. Das obere Laken des Bettes war bis zum Fußende heruntergezogen. Auf der einen Seite, eine dunkle Masse auf dem weißen Laken, lag Racky schlafend auf der Seite – nackt.

Eine lange Zeit verharrte ich reglos und sah ihn an, wahrscheinlich mit angehaltenem Atem, denn ich erinnere mich, daß mir plötzlich schwindlig war. Und flüsterte leise, während mein Blick der Biegung des Armes folgte, Schultern, Rücken, Schenkel, Bein: «Ein Kind. Ein Kind.» Das Schicksal ist, wenn man es aufmerksam von nahem betrachtet, vollkommen wertfrei. Es zu erkennen und sich der Klarheit der Vision bewußt zu sein füllt den geistigen Horizont gänzlich aus. Schließlich löschte ich das Licht und legte mich vorsichtig hin. Die Nacht war vollkommen finster.

Er lag bewegungslos bis zum Morgengrauen. Wahrscheinlich werde ich nie erfahren, ob er wirklich die ganze Zeit schlief oder nicht. Natürlich ist das unmöglich, und doch lag er so ruhig. Warm und fest, aber still wie der Tod. Dunkelheit und Schweigen umhüllten uns wie Blei. Als der Gesang der Vögel begann, versank ich in einen leichten Schlummer; später wachte ich im Sonnenschein auf, und er war verschwunden.

Ich entdeckte ihn unten am Wasser, wo er ganz allein am Sprungbrett herumturnte; zum ersten Mal hatte er auf seine Badehose verzichtet, ohne daß ich es vorgeschlagen hatte. Wir blieben den ganzen Tag zusammen auf der Terrasse und in den Felsen, unterhielten uns, schwammen und lagen einfach faul in der Sonne. Er kehrte auch nicht in sein Zimmer zurück, als die Nacht anbrach. Statt dessen brachten wir, nachdem die Diener das Haus verlassen hatten, drei Flaschen Champagner herein und stellten den Sektkübel auf den Nachttisch.

So kam es, daß ich imstande war, das heikle Thema anzuschneiden, das mich noch immer beunruhigte. Das neue Einvernehmen zwischen uns nutzend, brachte ich meine Bitte auf die einfachste, natürlichste Art vor.

«Racky, würdest du mir einen großen Gefallen tun, wenn ich dich darum bäte?»

Er lag auf dem Rücken, die Hände hinter dem Kopf verschränkt. Mir schien es, als sei sein Blick vorsichtig, nicht ganz aufrichtig.

«Ich denke schon», sagte er. «Was ist es?»

«Würdest du ein paar Tage zu Hause bleiben – sagen wir, eine Woche? Mir zuliebe? Wir könnten zusammen ausfahren, so weit du willst. Würdest du das für mich tun?»

«Klar», sagte er und lächelte.

Ich spielte auf Zeit, aber ich war verzweifelt.

Etwa eine Woche später – nur wenn man nicht vollkommen glücklich ist, achtet man genau auf die Zeit, es kann also mehr oder weniger gewesen sein – saßen wir beim Frühstück. Isiah wartete mit dem Kaffee im Schatten.

«Ich habe gesehen, daß du neulich einen Brief von Onkel Charley bekommen hast», sagte Racky. «Meinst du nicht, wir sollten ihn einladen?»

Mein Herz begann heftig zu schlagen. «Hierher? Er fände es schrecklich», antwortete ich obenhin. «Außerdem haben wir keinen Platz. Wo sollte er schlafen?» Schon als ich meine Worte hörte, wußte ich, daß es die falschen waren, daß ich nicht wirklich an der Unterhaltung beteiligt war. Wieder spürte ich die Faszination der völligen Hilflosigkeit, die sich einstellt, wenn man plötzlich zum bewußten Betrachter der Entwicklung des eigenen Schicksals wird.

«In meinem Zimmer», sagte Racky. «Es steht leer.»

In diesem Augenblick sah ich mehr von dem roten Faden, als ich mir je hätte vorstellen können. «Unsinn», sagte ich, «das ist kein Ort für Onkel Charley.»

Racky schien eine glänzende Idee zu haben. «Vielleicht, wenn ich ihm schreibe und ihn einlade», schlug er vor und machte Isiah ein Zeichen, ihm nachzuschenken.

«Unsinn», wiederholte ich und sah, wie sich mehr von dem roten Faden offenbarte, so wie ein Abzug im Entwickler stetig an Konturen gewinnt.

Isiah füllte Rackys Tasse und trat wieder zurück in den Schatten. Racky trank langsam, scheinbar genießerisch seinen Kaffee.

«Nun, es käme auf einen Versuch an. Er würde sich freuen», grübelte er.

Aus irgendeinem Grund wußte ich an dieser Stelle, was ich sagen mußte, und während ich es sagte, wußte ich, was ich tun würde.

«Ich hatte gedacht, wir könnten nächste Woche für ein paar Tage nach Havanna fliegen.»

Er wirkte vorsichtig interessiert, und dann flog ein breites Grinsen über sein Gesicht. «Prima!» rief er. «Warum bis nächste Woche warten?»

Am nächsten Morgen winkten die Diener uns zum Abschied, während wir in McCoighs Wagen über den

Aschenpfad glitten. Am selben Abend gegen sechs hoben wir von der Startbahn des Flughafens ab. Racky war in Hochstimmung; er unterhielt sich den ganzen Weg bis Camagüey mit der Stewardeß.

Auch von Havanna war er begeistert. Wir saßen in der Bar des Nacional und diskutierten weiter über die Möglichkeit, C. zu uns auf die Insel einzuladen. Nur mit großer Mühe konnte ich Racky schließlich davon überzeugen, daß es nicht ratsam wäre, ihm zu schreiben.

Wir beschlossen, gleich hier in Vedado ein Appartement für Racky zu suchen. Er schien nicht gewillt, nach Cold Point zurückzukommen. Wir beschlossen auch, daß er mehr Geld brauchen würde als ich, wenn er in Havanna leben wollte. Ich habe bereits begonnen, den größeren Teil von Hopes Vermögen in Form eines Trustfonds, den ich bis zu seiner Volljährigkeit für ihn verwalten werde, auf ihn zu übertragen. Immerhin war es das Geld seiner Mutter.

Wir kauften ein neues Kabriolett, und er fuhr mich hinaus nach Rancho Boyeros, als ich abfliegen mußte. Ein Kubaner namens Claudio mit sehr weißen Zähnen, den Racky am Morgen im Schwimmbad kennengelernt hatte, saß zwischen uns.

Wir warteten an der Landebahn. Schließlich löste ein Beamter die Kette, um die Passagiere durchzulassen. «Wenn du dich langweilst, komm nach Havanna», sagte Racky und kniff mich in den Arm.

Die beiden standen zusammen hinter der Absperrung und winkten, und ihre Hemden flatterten im Wind, als das Flugzeug anrollte.

Der Wind weht mir um den Kopf. Zwischen den größeren Wellen gibt es Tausende von leise plätschernden und gurgelnden Lauten, wenn sich das Wasser aus den Löchern und Felsspalten zurückzieht; und das Gefühl, halb schwebend, halb untergetaucht im Wasser zu sein, läßt mich nicht los, obgleich die Sonne auf mein Gesicht brennt. Ich sitze hier, ich lese, ich warte auf das angenehme Gefühl der Sättigung, das einem guten Essen folgt und langsam, während die Stunden vergehen, in die noch köstlichere, kaum wahrnehmbare Empfindung übergeht, die schließlich das Erwachen des Appetits begleitet.

Tatsächlich bin ich vollkommen glücklich hier, denn ich halte es immer noch nicht für sehr wahrscheinlich, daß in naher Zukunft dramatische Ereignisse diese Insel heimsuchen werden.

MS Ferncape *(New York – Casablanca)*, 1947

Wie oft um Mitternacht

Wie oft um Mitternacht, überlegte sie, hatte sie die Jalousien hochgezogen, das große Fenster geöffnet und sich hinausgelehnt, um über die sanft flimmernde Stadt zu den höchsten Türmen zu starren? Dort drüben, hinter einer unverkennbaren Formation von Gebäuden, lag sein Haus und ganz oben, im sechsten Stockwerk, seine Wohnung. Im Sommer sah sie oft lange über die Dächer und seufzte, und während der heißesten Wochen rückte sie ihr Bett direkt unter das Fenster. Dann löschte sie alle Lichter, saß auf dem Bett und kämmte ihr Haar im schimmernden Halbdunkel der nächtlichen Stadt, oder manchmal sogar im Mondschein, was natürlich perfekt war. Im Winter aber mußte sie mit einem raschen Blick und einer kurzen Träumerei vorliebnehmen, bevor sie quer durchs Zimmer ins Bett eilte.

Jetzt war Winter. Sie ging in östlicher Richtung durch die Stadt, eine der oberen Vierziger entlang. Diese Gegend war ihr wegen der eigenartig gebauten Häuser, die nicht ganz das Pflaster berührten, immer irgendwie geheimnisvoll erschienen. Alle Häuser unmittelbar nördlich des Grand Central waren so gebaut, um die Erschütterungen abzufangen, hatte Van ihr erklärt; und es gab lange Gitter in den Bürgersteigen, durch die man, besonders bei Nacht, eine andere Welt sehen konnte: Eisenbahngleise und manchmal einen Zug, der langsam vorüberzog. Wenn es schneite, so wie jetzt, sank der Schnee durch die Gitter und bedeckte die Schwellen; dann kamen sie noch deutlicher zum Vorschein.

Van arbeitete in diesem Viertel. Er war Manager eines großen Buchladens und einer Leihbücherei auf der Madison Avenue. Und er wohnte auch hier, nur etwas weiter östlich, zwischen der Third und der Second Avenue. Seine Wohnung war nicht ideal, weder ihre Ausstattung noch die Lage (denn die unmittelbare Nachbarschaft war zweifellos ein Slum), doch mit ihrer Hilfe hatte er sie bewohnbar gemacht, und sie pflegte zu sagen: «New York und Paris sind so: keine klare Abgrenzung von Vierteln.»

Jedenfalls hatten sie bereits einen Mietvertrag unterschrieben für eine Wohnung unweit von Gramercy Park, die am ersten März frei werden sollte. Dies war von größter Bedeutung, da sie vorhatten, am Valentinstag zu heiraten. Beide waren alles andere als sentimentale Gemüter, und aus diesem Grund fand June es ein wenig gewagt, als sie ihren Freunden beim Cocktail ankündigten: «Es ist der Valentinstag.»

Ihr Vater, der dafür bekannt war, immer das Vernünftige zu tun, hatte ihnen zwei Wochen auf den Bermudas geschenkt. «Weiß Gott, warum», sagte Van. «Er kann mich nicht ausstehen.»

«Ich begreife nicht, wie du so etwas sagen kannst», protestierte June. «Dad war immer ausgesucht höflich dir gegenüber.»

«Stimmt», sagte Van, doch ohne Überzeugung.

Sie überquerte die Lexington Avenue. Der Himmel sah aus, als würde er von grau-violetten Neonlampen in seinem Innern erleuchtet. Die oberen Stockwerke der

Häuser verloren sich in der Wolke, die der fallende Schnee bildete. Und die Geräusche des Hafens kamen nicht vom Fluß vor ihr, sondern von oben, als bahnten sich die Schlepper vorsichtig einen Weg um die Spitzen der Türme. «So war New York eigentlich gedacht», grübelte sie – nicht die Sommer mit blühenden Essigbäumen, überfüllten Feuerleitern und spritzenden Hydranten. Sondern dieses feuchte, neutrale Klima, in dem das Wasser alles einzuhüllen schien. Sie blieb einen Augenblick in der Mitte des Blocks stehen und lauschte den Nebelhörnern; es gab eine ganze Reihe davon. Ganz weit entfernt war ein sehr leises, gedämpftes, das sagte: «Mmmmm! Mmmmm!»

«Das muß im Sund sein», dachte sie. Dann ging sie weiter.

In ihrer Manteltasche hatte sie die Schlüssel, denn dies würde ein besonderer Abend werden. Nicht, daß es einen offenen Hinweis darauf gegeben hätte, das war nicht nötig. Es war in ihrem Gespräch deutlich geworden, gestern nachmittag, als sie ihn im Buchladen besuchte. Sie hatten einige Augenblicke plaudernd im hinteren Teil des Ladens zwischen den Schreibtischen gestanden, und dann hatte er ihr die Schlüssel zugesteckt. Das war gewiß das Aufregendste, was je zwischen ihnen geschehen war – dieser Übergang der Schlüssel von seiner Hand in die ihre. Mit dieser Geste gab er etwas auf, von dem sie wußte, daß es ihm sehr wichtig war – seine Privatsphäre. Er sollte nicht denken, daß sie sich dessen nicht vollkommen bewußt war, und daher sagte sie mit leiser Stimme: «Du kannst sie mir ruhig anvertrauen, glaube ich» und lachte gleich danach, damit die Bemerkung nicht lächerlich klang. Er hatte sie geküßt, und dann waren sie zehn Minuten Kaffee trinken gegangen.

Als sie an der Theke saßen, hatte er ihr erzählt, wie er am Abend zuvor einen Mann beim Bücherstehlen erwischt hatte. (Der Buchladen hatte bis spät nachts geöffnet; offenbar machte er seiner Lage wegen abends ebensoviel Umsatz wie tagsüber.) Van hatte gerade eins der Schaufenster mit neuen Büchern dekoriert; er stand draußen auf der Straße und blickte hinein. Er hatte einen Mann in einem langen Mantel bemerkt, der vor dem Regal mit technischen Werken stand. «Ich hatte ihn von Anfang an im Auge. Man hat ein Gespür dafür, weißt du. Man erkennt sie. Er sah mich durch das Fenster an. Wahrscheinlich hielt er mich für einen Passanten. Ich hatte ebenfalls meinen Mantel an.» Der Mann schaute sich hastig im Laden um; er wollte sichergehen, daß niemand ihn beobachtete. Dann griff er nach oben ins Regal, nahm ein Buch heraus und ließ es in seiner Manteltasche verschwinden. Van lief schnell zur nächsten Ecke, klopfte dem Verkehrspolizisten auf die Schulter und sagte: «Könnten Sie einen Augenblick in meinen Laden kommen? Ich möchte, daß Sie einen Mann verhaften.» Sie ergriffen ihn, durchsuchten seinen Mantel und stellten fest, daß er bereits drei Bücher gestohlen hatte.

Van sagte immer: «In einem Buchladen bekommt man die komischsten Dinge zu sehen», und oft waren sie wirklich komisch. Doch diese Geschichte erschien June eher vage bedrohlich als amüsant. Nicht, weil es um einen Diebstahl ging, das gewiß nicht. Es war nicht der erste Fall, von dem er ihr erzählte. Vielleicht lag es daran, daß sie nichts mehr haßte, als hinterrücks beobachtet zu werden, und ohne es eigentlich zu wollen, schlug sie sich auf die Seite des Diebes, denn sie fand, daß Van nicht fair mit ihm umgegangen war. Sie war der Ansicht, er hätte hineingehen und ihm sagen sollen: «Ich habe Sie beobachtet. Ich habe alles gesehen. Nun gebe ich Ihnen eine letzte Chance. Stellen Sie alles, was Sie genommen haben, wieder hin, und dann hauen Sie ab und lassen sich hier nie wieder blicken!» Sich aus dem Dunkel auf den Mann zu stürzen, nachdem man ihn bespitzelt hatte, erschien ihr etwas unsportlich. Aber sie wußte, daß es absurd war. Van war niemals unfair zu jemandem; dies war seine Art, mit der Affäre umzugehen, und sie war typisch für ihn: Er ließ sich auf keine Auseinandersetzung ein. Sie wußte nie, daß er sich über sie geärgert hatte, bis alles vorbei war und er ihr lächelnd gestand: «Junge, war ich letzten Freitag sauer!»

Sie überquerte die Third Avenue. Bisher war der Schnee auf dem Boden geschmolzen, doch die Luft wurde kälter, und die Bürgersteige färbten sich silbrig. Die Schlüssel klimperten in ihrer Manteltasche; sie zog den Handschuh aus und tastete nach ihnen. Auch sie waren kalt. Als sie aus dem Haus ging, hatte sie ihren Eltern gesagt: «Ich gehe mit Van aus. Wahrscheinlich komme ich erst sehr spät nach Hause.» Sie hatten nur «Ja» gesagt. Doch sie glaubte, einen Blick gegenseitigen Einverständnisses zwischen ihnen aufgeschnappt zu haben. Es war in Ordnung: In zehn Tagen würden sie heiraten. Während der letzten zwei Jahre war sie viele Abende die sechs steilen Treppen hinaufgestiegen, um eine Stunde mit ihm zu verbringen, und doch, sagte sie sich mit einem obskuren Stolz, war nie etwas zwischen ihnen geschehen, was in den Augen ihrer Eltern nicht «anständig» gewesen wäre.

Sie war vor seinem Haus angekommen; es hatte eine graue Steinfassade und eine Menge Schmiedeeisen um die Eingangstür. Eine Frau, die wie eine Puertorikanerin aussah, kam heraus. Als sie bemerkte, daß June eine Topfpflanze unter dem Arm trug, hielt sie ihr die Tür auf. June bedankte sich und trat ein. Es war ein Gummibaum, den sie für Vans Wohnung gekauft hatte. Er schien nicht viel Wert auf Pflanzen zu legen, oder auch, wie sie fürchtete, ganz allgemein auf die Einrichtung seiner Wohnung. Sie hatte stets gehofft, einen Sinn für Ästhetik in ihm zu erwecken, und fand, daß sie im vergangenen Jahr bemerkenswerte Fortschritte erzielt hatte. Praktisch waren alle Accessoires in seiner Wohnung Gegenstände, die sie entweder selbst gekauft oder ausgesucht hatte.

Sie wußte genau, wie viele Stufen jede Treppe hatte: neunzehn die erste und fünfzehn jede weitere. Das Treppenhaus war schwarzweiß gekachelt wie ein Badezimmer, und heute abend waren Fußboden und Treppen – gleichsam, um diesen Eindruck zu verstärken – völlig durchnäßt von geschmolzenem Schnee, den die Leute hereingetragen hatten. Es roch nach durchweichten Schuhabstreifern, nassen Gummistiefeln und feuchten Kleidern. Im dritten Stock blockierte ein großer Kinderwagen aus schwarzem Lederimitat den Korridor zwischen den Treppen. Sie runzelte die Stirn und dachte an die feuerpolizeilichen Sicherheitsvorschriften.

Da sie nicht außer Atem geraten wollte, stieg sie die Treppen langsam hinauf. Nicht, weil Van da wäre, wenn sie ankam – dazu war es noch zu früh –, doch Atemlosigkeit erzeugte in ihr stets eine falsche Art von Erregung, die sie besonders heute abend vermeiden wollte. Sie drehte den Schlüssel im Schloß und trat ein. Es war ein seltsames Gefühl, allein die Tür aufzuschließen und allein in der Diele zu stehen, um den besonderen Geruch der Wohnung in sich aufzunehmen: eine Mischung, in der sie Möbelpolitur, Rasiercreme und Holzrauch zu entdecken meinte. Holzrauch mit Sicherheit, denn er besaß einen offenen Kamin. Sie war es gewesen, die ihn überredet hatte, einen Kamin einbauen zu lassen. Und es war nicht halb so teuer gewesen, wie er angenommen hatte: Da er im obersten Stockwerk wohnte, mußte der Abzug nur durch die Decke geführt werden. Viele Male hatte er zu ihr gesagt: «Das war eine vernünftige Idee von dir!» – als seien die anderen nicht so gut gewesen! Sie hatten allen Möbeln im Wohnzimmer die Beine abgesägt, damit sie kleiner erschienen und dem Raum mehr Großzügigkeit verliehen; sie hatten jede Wand in einem anderen Grauton gestrichen und sie durch Konsolen, von denen Efeu rankte, abgesetzt; sie hatten den großen Kaffeetisch aus Glas gekauft. Mit all diesen Dingen war die Wohnung gemütlicher geworden, und sämtliche Ideen dazu stammten von ihr.

Sie schloß die Tür und trat in die Küche. In der Wohnung war es ein wenig kühl; sie zündete den Gasherd an. Dann wickelte sie den Gummibaum aus dem nassen braunen Papier und stellte den Topf aufrecht auf den Tisch. Die Pflanze hing irgendwie zur Seite. Sie versuchte sie aufzurichten, doch vergeblich. Der Motor des Kühlfachs summte. Sie nahm zwei Eisbehälter heraus und kippte die Würfel in eine Schale. Dann griff sie in das oberste Regal des Schranks und nahm eine fast volle Flasche Johnny Walker heraus, die sie zusammen mit zwei hohen Gläsern auf das große Lacktablett stellte. Die Luft im Raum war plötzlich furchtbar stickig; sie schaltete den Gasherd ab. Dann suchte sie überall nach Zeitungen, um ein Feuer anzuzünden. Es gab nur wenige, aber in der Küche fand sie ein paar alte Illustrierte. Sie drehte das Zeitungspapier zu dünnen Rollen zusammen und schichtete sie auf den Kaminbock. Darunter schob sie zusammengeknüllte Seiten aus den Illustrierten und legte die wenigen vorhandenen Holzspäne zum Anzünden obendrauf. Mit den Scheiten würde sie warten, bis die Späne Feuer gefangen hatten. Als das Feuer vorbereitet, doch noch nicht entzündet war, sah sie aus dem Fenster. Der Schnee fiel jetzt dichter als bei ihrer Ankunft. Sie zog die schweren Wollvorhänge zu; sie bedeckten die ganze Wand, und auch sie waren ihre Idee gewesen. Van hatte sich Jalousien machen lassen wollen. Sie hatte versucht ihm klarzumachen, wie häßlich das aussähe, doch obgleich er zugab, daß die schwarzweißen Vorhänge elegant wirkten, würde er nie eingestehen, daß Jalousien häßlich waren. «Vielleicht hast du für diesen Raum recht», sagte er. «Für jeden Raum auf der Welt», wollte sie erklären, doch dann besann sie sich eines Besseren; immerhin hatte er nachgegeben.

Es war nicht so, daß Van einen wirklich schlechten Geschmack hatte. Er verfügte über eine natürliche Empfindsamkeit und große Intelligenz; das zeigte sich, sobald er über die Bücher sprach, die er gelesen hatte (und er las eine Menge, wenn im Laden nichts zu tun war). Doch sein

Sinn für Ästhetik war nie wirklich geweckt worden. Natürlich brachte sie das nicht zur Sprache – sie machte lediglich diskrete Vorschläge, und es stand ihm frei, sie anzunehmen oder zu verwerfen, ganz nach Belieben. Meistens jedoch, wenn sie ihre kleinen Hinweise in strategisch günstigen Augenblicken fallenließ, griff er sie auf.

Auf dem Kaminsims standen zwei große, mit Engeln verzierte Kandelaber aus Gips; sie hatte sie selbst den ganzen Weg von Matamoros Izúcar, Mexiko, bis hierher geschleppt. Ursprünglich hatte sie sechs davon eingepackt, doch alle waren zerbrochen, bis auf diese beiden, die nicht ganz zusammenpaßten, da der eine etwas größer war als der andere. (Sie gehörten zu den wenigen Dingen, gegen die Van immer noch aufbegehrte; er war nicht sicher, ob sie ihm gefielen, nicht einmal nach so langer Zeit.) In jeden paßten sechs Kerzen. Sie ging zum Tisch und nahm zwölf gelbe Wachskerzen aus der Schublade. Oft brachte sie ihm ein ganzes Dutzend auf einmal mit. «Wo soll ich die verdammten Dinger bloß unterbringen?» jammerte er. Sie holte ein Messer aus der Küche und begann, das Ende der Kerzen zurechtzuschneiden, damit sie in die Halterungen paßten. «Wahrscheinlich wird er mittendrin auftauchen», dachte sie bei sich. Sie wollte alles fertig haben, bevor er kam. Nervös warf sie die Wachsreste in den Kamim. Sie hatte das Gefühl, daß er nicht einfach so heraufkommen würde; es sähe ihm ähnlicher, unten aus der Halle anzurufen. Zumindest hoffte sie, daß er das tun würde. Die Zeit, die er benötigte, um die Treppen hinaufzusteigen, konnte für die Wirkung des Raums ungeheuer wichtig sein. Sie steckte die letzte Kerze in den buntbemalten Ständer und seufzte erleichtert. Es waren langsam brennende Kerzen; sie beschloß, alle anzuzünden, bevor sie die Kandelaber wieder auf den Kaminsims stellte. Sie sahen wunderbar aus dort oben. Sie trat zurück, um diese Pracht zu bewundern, und beobachtete einen Augenblick lang das träge Spiel der Schatten auf der Wand. Sie schaltete das elektrische Licht im Zimmer aus. Zusammen mit dem Feuer im Kamin wäre die Wirkung atemberaubend.

Ungestüm beschloß sie, etwas Gewagtes zu tun. Möglicherweise würde es Van zuerst verärgern, aber sie würde es trotzdem tun. Sie lief zum anderen Ende des Raums und begann fieberhaft, den Diwan über den Fußboden zum Kamin zu schieben. Es wäre so gemütlich, vor dem prasselnden Feuer zu sitzen, besonders bei all dem Schnee draußen. Die Kissen fielen herunter, und eine Möbelrolle verhedderte sich im Haar des Läufers aus Ziegenfell, den sie ihm zum Geburtstag geschenkt hatte. Sie stieß ihn zur Seite und fuhr fort, den Diwan zu verrücken. Er sah absurd aus, hier mitten im Zimmer, und sie wuchtete ein Ende herum, so daß er im rechten Winkel zum Kamin vor der Wand stand. Nachdem sie die Kissen wieder draufgelegt hatte, trat sie zurück, um ihr Werk anzusehen; sie beschloß, es so zu lassen. Dann mußten die anderen Möbel arrangiert werden. In diesem Moment war das ganze Zimmer in Unordnung.

«Ich bin sicher, daß er jeden Moment die Tür aufschließen wird», dachte sie. Sie schaltete die Deckenlampe wieder an und verrückte hastig Stühle, Stehlampen und Tische. Das letzte Möbelstück, das sie umstellen mußte, war eine kleine Kommode; sie hatte ihm dabei geholfen, sie abzuschmirgeln. Sie trug die Kommode gerade durch den Raum, als sich eine Schublade löste und zu Boden fiel. Alle Briefe, die Van in den letzten Monaten erhalten hatte, lagen in einem ziemlich kompakten Haufen zu ihren Füßen. «Verflixt und zugenäht!» sagte sie laut, und noch während sie es sagte, hallte das gräßliche, metallische Geräusch der Klingel in der Küche durch die Wohnung. Sie stellte die Kommode ab und eilte hinaus, um den Türdrücker zu betätigen. Dann lief sie, ohne ihn zu drücken, ins Wohnzimmer zurück und kniete sich auf den Boden, um hastig alle Briefe einzusammeln und sie in die Schublade zu stopfen. Doch vor dem Mißgeschick waren sie sorgfältig in der kleinen Schublade verstaut gewesen und jetzt nicht; das Resultat war, daß die Schublade überfüllt war und sich nicht schließen ließ. Wieder sprach sie laut vor sich hin. «Oh, mein Gott!» Und sie sagte es, weil ihr plötzlich ohne jeden Grund einfiel, daß Van glauben könnte, sie habe seine Briefe gelesen. Jetzt kam es nur noch darauf an, die Kommode in die andere Ecke zu bringen; dann würde sie versuchen, die Schublade zu schließen. Als sie das Möbelstück hochhob, klingelte es erneut, hartnäckig. Sie rannte in die Küche, und diesmal drückte sie mit ganzer Kraft auf den Türöffner. Dann hastete sie zurück und trug die Kommode in die Ecke. Sie versuchte die Schublade zu schließen und merkte, daß es nicht ging. Einem plötzlichen Geistesblitz folgend drehte sie das schmale Möbelstück um, so daß die Schublade zur Wand zeigte. Sie trat zum Kamin und hielt ein Streichholz an das Papier. In der Zwischenzeit konnte er höchstens im dritten Stock angelangt sein; es gab noch drei weitere.

Sie schaltete das Licht wieder aus, trat in die Diele und warf einen Blick in den Spiegel, löschte auch hier das Licht und ging zur Tür. Die Hand auf dem Türgriff stand sie mit angehaltenem Atem da und bemerkte, daß ihr Herz viel zu schnell schlug. Es war genau das, was sie nicht wollte. Sie hatte gehofft, ihn in eine kleine Welt absoluten Friedens eintreten zu lassen. Und jetzt hatte sie sich von dieser idiotischen Schublade aus der Fassung bringen lassen. Sie öffnete die Tür einen Spaltbreit und lauschte. Einen Moment später trat sie in den Hausflur und horchte erneut. Sie ging zur Treppe. «Van?» rief sie und war sogleich zornig über sich.

Zwei Stockwerke tiefer antwortete eine Männerstimme: «Riley?»

«Was?» rief sie.

«Ich bin auf der Suche nach Riley!»

«Sie haben die falsche Klingel gedrückt», rief sie laut, wobei sie dennoch jedes Wort sehr deutlich artikulierte.

Sie ging hinein und schloß die Tür, hielt den Griff fest und legte einen Moment lang die Stirn gegen die Tür. Jetzt schlug ihr Herz noch heftiger. Sie kehrte zu der Kommode in der Ecke zurück. «Am besten bringe ich es ein für allemal in Ordnung», dachte sie. Sonst würde sie ständig daran denken müssen. Sie drehte die Kommode um, nahm alle Briefe heraus und legte sie sorgfältig in vier gleich großen Stapeln in die Schublade zurück. Selbst jetzt ließ sie sich nur mit Mühe schließen, aber es ging. Als dies erledigt war, trat sie ans Fenster und hob den Vorhang. Es schien viel kälter zu werden. Der Wind hatte aufgefrischt; er blies von Osten. Der Himmel war nicht mehr violett. Er war schwarz. Sie konnte den

Schnee an der Straßenlaterne vorbeiwirbeln sehen. Sie fragte sich, ob ein Blizzard bevorstand. Morgen war Sonntag. Sie würde einfach über Nacht hierbleiben. Natürlich gäbe es am Morgen, wenn ihre Eltern aufstanden und merkten, daß sie nicht heimgekommen war, einen schrecklichen Augenblick, aber sie wäre nicht dabei, und sie konnte es ihnen später erklären. Und welch idealer kleiner Urlaub es wäre: Eine Nacht und einen Tag hier oben im Schnee, von allem und jedem abgeschnitten, außer von Van. Während sie die Straße beobachtete, gewann sie allmählich die Überzeugung, daß der Sturm die ganze Nacht anhalten würde. Sie blickte ins Zimmer zurück. Es war ein unvergleichlicher Genuß, die Wärme hier mit der feindseligen Nacht draußen zu vergleichen. Sie ließ den Vorhang fallen und ging zum Kamin. Die Holzspäne brannten lichterloh, und mehr waren nicht da. Sie legte zwei kleine Holzscheite darauf. Bald prasselten sie mit derartiger Energie, daß sie es für besser hielt, das Gitter davorzustellen. Sie saß auf dem Diwan und schaute im Schein des Feuers und der Kerzen auf ihre Beine. Lächelnd lehnte sie sich in die Kissen zurück. Ihr Herz raste nicht mehr. Sie war beinahe ruhig. Draußen heulte der Wind, ihr erschien der Klang stets melancholisch. Selbst heute nacht.

Plötzlich fand sie es unverzeihlich, ihren Eltern nicht Bescheid zu sagen, daß sie über Nacht blieb. Sie ging ins Schlafzimmer, legte sich aufs Bett und stellte das Telephon auf ihren Bauch. Es machte lächerliche Bewegungen, als sie wählte. Ihre Mutter hob ab, nicht ihr Vater. «Gott sei Dank», dachte sie und ließ den Kopf in die Kissen zurückfallen. Ihre Mutter hatte geschlafen; sie klang nicht sehr erfreut über den Anruf. «Ich hoffe, es ist alles in Ordnung mit dir», sagte sie. Sie sprachen über den Sturm. «Ja, es ist schrecklich draußen», sagte June. «Oh, nein, ich bin bei Van. Wir haben den Kamin an. Ich bleibe hier. Die ganze Nacht.» Es folgte eine kurze Pause. «Nun, ich finde das ziemlich töricht von dir», hörte sie ihre Mutter sagen. June ließ sie eine Weile reden. Dann fiel sie ihr mit einem Anflug von Ungeduld ins Wort. «Ich kann das jetzt nicht besprechen. Du verstehst.» Die Stimme ihrer Mutter war schrill. »Nein, ich verstehe *nicht*!» schrie sie. Sie nahm die Sache ernster, als June gedacht hatte. «Ich kann jetzt nicht reden», sagte June, «wir sehen uns morgen.» Sie sagte gute Nacht, legte auf und lag einen Augenblick ganz still. Dann nahm sie das Telephon und stellte es auf den Nachttisch, blieb aber noch liegen. Als sie sich hatte sagen hören: «Wir haben den Kamin an», war ein Schrekken durch sie gefahren. Es war, als machte sie sich durch das Aussprechen der Lüge ihre Existenz bewußt. Van war nicht gekommen. Warum hatte sie so sorgfältig vorgegeben, er sei da? Sie konnte nur versucht haben, sich selbst zu beruhigen. Wieder schlug ihr Herz heftig. Und schließlich tat sie das, was sie aus ihrem Denken zu verbannen versucht hatte, seit sie hier war: Sie sah auf die Uhr.

Kurz nach Mitternacht. Es war nicht zu leugnen; er hatte sich bereits sehr verspätet. Eine Erklärung seinerseits war jetzt unumgänglich. Irgend etwas mußte passiert sein, und es konnte nur etwas Schlimmes sein. «Lächerlich!» rief sie wutentbrannt, sprang auf und ging in die Küche. Die Eiswürfel waren zum großen Teil geschmolzen; sie goß das kalte Wasser zwischen ihren gespreizten Fingern in den Ausguß und schüttelte den Rest mißmutig in der Schüssel, als wollte sie damit den Groll unterdrücken, der sich in ihr ausbreitete. «Mal sehen, was er für eine Ausrede hat», sagte sie sich. Wenn er kam, konnte sie nur so tun, als hätte sie seine Verspätung nicht bemerkt.

Sie ließ einige Eiswürfel in eines der Gläser fallen, goß etwas Scotch darüber, rührte um und ging ins Wohnzimmer. Das Feuer brannte triumphierend; das ganze Zimmer tanzte im Schein der Flammen. Sie setzte sich auf das Sofa und stürzte ihren Drink hinunter, ein wenig zu hastig für die völlig entspannte junge Frau, die sie darzustellen versuchte.

Nachdem sie das Glas bis auf den letzten Tropfen geleert hatte, zwang sie sich, zehn Minuten still sitzen zu bleiben, den Blick fest auf die Uhr gerichtet. Dann ging sie hinaus und machte sich noch einen Drink, einen etwas stärkeren. Sie trank ihn, während sie nachdenklich in der Mitte des Zimmers im Kreis herum ging. Sie kämpfte gegen den absurden Impuls, ihren Mantel überzuziehen und in den Straßen nach ihm zu suchen. «Alte Frau», sagte sie sich. Alte Menschen reagierten so – sie erwarteten immer irgendwelche Tragödien. Als sie mit dem zweiten Drink fertig war, gelang es ihr, sich davon zu überzeugen, daß die mathematische Wahrscheinlichkeit, nach der Van an diesem Abend seinen ersten schweren Unfall hatte, außerordentlich gering war. Diese moralische Gewißheit erzeugte ein Gefühl von Fröhlichkeit, das sich in dem Wunsch nach einem weiteren Drink äußerte. Kaum hatte sie ihn fertig, wurde sie von einer noch stärkeren Angst gepackt. Wenn es unwahrscheinlich war, daß er einen Unfall gehabt hatte, so war es völlig undenkbar, daß er sich von einer unvorhergesehenen Arbeit so lange hatte aufhalten lassen; auf alle Fälle hätte er sie angerufen. Noch unvorstellbarer, daß er ihr Rendezvous vergessen hatte. Blieb als letzte Möglichkeit nur, daß er es bewußt ignorierte, was natürlich absurd war. Sie warf ein neues Holzscheit ins Feuer. Wieder trat sie zum Fenster und spähte zwischen den Vorhängen auf die leere Straße hinunter. Der Wind war zum Sturm geworden. Trotz des geschlossenen Fensters fühlte sie jede Bö im Gesicht. Sie horchte auf die Geräusche des Verkehrs und hörte nichts; selbst die Schiffe schienen verstummt. Nur das Rauschen des Windes war geblieben – das und das feine Zischen des Schnees, der gegen die Scheiben trieb. Sie brach in Tränen aus; sie wußte nicht, ob aus Selbstmitleid, Ärger und verletztem Stolz, aus Einsamkeit oder einfach Nervosität.

Während sie am Fenster stand und die Tränen ihren Blick verschleierten, fiel ihr ein, welche Ironie es wäre, wenn er jetzt hereinkäme und sie so fände: angetrunken, schluchzend, das Make-up gewiß völlig ruiniert. Ein Geräusch hinter ihr brachte den Tränenfluß abrupt zum Versiegen. Sie ließ den Vorhang los und drehte sich zum Zimmer um; durch ihre Tränen hindurch sah sie nichts als schimmernde Lichtschleier. Heftig kniff sie die Augenlider zusammen: Ein Holzscheit war auseinandergebrochen. Das kleinere Stück lag vor dem Kamin und qualmte. Sie ging hinüber und beförderte es mit einem Fußtritt ins Feuer. Dann schlich sie auf Zehenspitzen zur Tür und legte die Kette vor. Kaum hatte sie das getan, erfaßte sie Panik. Es war nichts weniger als ein Symbol der Angst – sie merkte es, als sie auf die Messingglieder der Kette zwischen Rahmen und Tür hinunterstarrte. Doch einmal vorgelegt, hatte sie nicht den Mut, sie wieder zu lösen.

Noch immer auf Zehenspitzen kehrte sie ins Wohnzimmer zurück, legte sich auf das Sofa und vergrub ihr Gesicht in den Kissen. Sie weinte nicht mehr – sie fühlte sich zu leer und ängstlich, um irgend etwas anderes zu tun, als still dazuliegen. Doch nach einer Weile richtete sie sich auf und sah sich langsam im Zimmer um. Die Kerzen waren halb heruntergebrannt; sie betrachtete sie, den Efeu, der aus kleinen Töpfen an der Wand herabhing, das weiße Ziegenfell zu ihren Füßen, die gestreiften Vorhänge. Alles ihr Werk. «Van, Van», sagte sie leise. Sie stand unsicher auf und tastete sich ins Badezimmer. Das helle Licht schmerzte in den Augen. Innen an der Tür hing Vans alter Bademantel aus Flanell. Er war ihr zu groß, doch sie zog ihn trotzdem an, krempelte die Ärmel auf, schlug den Kragen hoch und zog den Gürtel eng um die Taille. Im Wohnzimmer legte sie sich wieder aufs Sofa zwischen die Kissen. Von Zeit zu Zeit rieb sie die Wange am Wollstoff des Ärmels unter ihrem Gesicht. Sie starrte ins Feuer.

Van war im Zimmer. Draußen wurde es hell – eine seltsame graue Morgendämmerung. Sie setzte sich auf, fühlte sich benommen. «Van», sagte sie. Er bewegte sich langsam durch den Raum auf das Fenster zu. Und die Vorhänge waren zurückgezogen. Da war das Rechteck trüben weißen Himmels, und Van ging darauf zu. Sie rief ihn noch einmal. Wenn er sie gehört hatte, schenkte er ihr keine Beachtung. Sie lehnte sich zurück und beobachtete ihn. Hin und wieder drehte er langsam den Kopf von einer Seite zur anderen; die Geste erweckte in ihr aufs neue den Wunsch zu weinen, doch diesmal nicht um sich selbst. Es war ganz natürlich, daß er da war, im fahlen Licht des frühen Morgens langsam durch das Zimmer glitt und seinen Kopf von einer Seite zur anderen bewegte. Plötzlich sagte sie sich, daß er etwas suchte, daß er es finden würde, und sie begann vor Kälte zu zittern. «Er *hat* es gefunden», dachte sie, «aber er tut, als hätte er es nicht gefunden, weil er weiß, daß ich ihn beobachte.» Und noch während der Gedanke in ihrem Kopf Gestalt annahm, sah sie, wie er nach oben griff und sich aus dem Fenster schwang. Sie schrie, sprang vom Sofa auf und rannte durchs Zimmer. Als sie zum Fenster kam, war nichts zu sehen als das weite blasse Panorama einer Stadt im Morgengrauen, erschreckend deutlich bis ins kleinste Detail. Sie stand da und sah hinaus. Ringsum waren nur leere Straßen. Oder waren es Kanäle? Eine fremde Stadt.

Das leise Knistern einer verlöschenden Kerze weckte sie auf. Mehrere waren bereits niedergebrannt. Die Schatten an der Decke flatterten wie Fledermäuse. Der Raum war kalt, und die Vorhänge vor dem geschlossenen Fenster blähten sich im Wind. Sie lag vollkommen still. Vom Kamin vernahm sie das pulvrige, leicht metallische Geräusch eines abkühlenden Holzscheits, das zerfiel. Lange Zeit rührte sie sich nicht. Dann sprang sie auf, schaltete alle Lampen an, ging ins Schlafzimmer und starrte einen Augenblick auf das Telephon. Der Anblick beruhigte sie ein wenig. Sie zog den Bademantel aus und öffnete die Tür zum Bad, um ihn aufzuhängen. Sie kannte alle seine Gepäckstücke genau; der kleine Handkoffer fehlte. Langsam öffnete sich ihr Mund. Sie dachte nicht daran, ihn mit der Hand zu bedecken.

Sie schlüpfte in den Mantel und löste die Kette von der Haustür. Im Flur zog es von allen Seiten. Sie stürzte die sechs Stockwerke hinunter und kam zur Eingangstür. Der Schnee hatte Verwehungen gebildet, bedeckte die Stufen. Sie trat hinaus.

Es war bitter kalt im Wind, doch nur vereinzelt fiel eine Schneeflocke. Sie stand da. Die Straße verriet nicht, was zu tun war. Sie begann, durch den tiefen Schnee zu stapfen, in östlicher Richtung. Ein Taxi, das mit rhythmisch klappernden Schneeketten vorsichtig die Second Avenue hinunterfuhr, begegnete ihr an der Ecke. Sie hielt es an, stieg ein.

«Zum Fluß», sagte sie und zeigte geradeaus.

«Welche Straße?»

«Irgendeine, die bis hinunter führt.»

Sie waren im Nu da. Sie stieg aus, bezahlte den Fahrer und ging langsam bis zum Ende des Pflasters. Dort blieb sie stehen und sah hinaus. Die Dämmerung war jetzt richtig angebrochen, doch war sie ganz anders als diejenige, die sie durch das Fenster gesehen hatte. Der Wind raubte ihr den Atem, das Wasser draußen ging hoch. Vor dem Winterhimmel auf der anderen Seite des Flusses standen Fabriken. Weiter flußab schwammen die Lichter eines kleinen Bootes in der Mitte des Stroms. Sie ballte die Fäuste. Eine schreckliche Angst hatte sie überkommen. Sie zitterte, doch sie spürte die Kälte nicht. Abrupt wandte sie sich um. Der Fahrer stand auf der Straße und blies in seine Hände. Und er beobachtete sie aufmerksam.

«Sie warten doch nicht auf mich, oder?» sagte sie. (War das ihre Stimme?)

«Doch, *Ma'am*», antwortete er fest.

«Ich habe Sie nicht darum gebeten.» (Wenn ihr ganzes Leben in Trümmern vor ihr lag, wie kam es, daß ihre Stimme von derartiger Rauheit, einer solch entschiedenen Selbstsicherheit erfüllt war?)

«Das stimmt.» Er streifte die Handschuhe wieder über. «Lassen Sie sich Zeit», sagte er.

Sie drehte ihm den Rücken zu und sah auf das stetig sich verändernde Wasser. Plötzlich kam sie sich lächerlich vor. Sie ging zum Taxi, stieg ein und nannte dem Fahrer ihre Adresse.

Der Portier schlief noch, als sie klingelte, und als sie dann endlich im Haus war, mußte sie fast fünf Minuten warten, bis der Liftboy den Aufzug aus dem Keller geholt hatte. Sie schlich auf Zehenspitzen durch die Wohnung in ihr Zimmer und schloß die Tür hinter sich. Als sie sich ausgezogen hatte, öffnete sie ohne hinauszusehen das große Fenster und legte sich ins Bett. Der kalte Wind wehte durchs Zimmer.

Tanger, 1947

In Paso Rojo

Als die alte Señora Sanchez starb, beschlossen ihre beiden Töchter, Lucha und Chalía, ihren Bruder auf seiner Ranch zu besuchen. Aus Rücksicht auf die Mutter waren sie übereingekommen, nie zu heiraten, solange diese lebte, und nun, da sie nicht mehr war und sie beide knapp über vierzig, schien die Möglichkeit einer Hochzeit in der Familie so unwahrscheinlich wie eh und je. Das würden sie jedoch vermutlich nicht einmal vor sich selbst zugeben. Voller Verständnis für seine Schwestern schlug Don Federico vor, daß sie für ein paar Wochen nach Paso Rojo kamen.

Lucha traf in schwarzer Seide ein. Für sie gehörte der Tod zu jenen Phänomenen, die mit einer gewissen Regelmäßigkeit ins Leben treten und daher der äußerlichen Einhaltung gewisser Regeln bedurften. Ansonsten hatte sich ihr Leben nicht im geringsten verändert, bis auf die Tatsache, daß sie sich auf der Ranch an neue Dienstboten gewöhnen mußte.

«Indios, arme Dinger, Tiere, die über die Gabe der Sprache verfügen», sagte sie am ersten Abend zu Don Federico, als sie beim Kaffee saßen. Ein barfüßiges Mädchen hatte soeben die Dessertteller abgeräumt.

Don Federico lächelte. «Sie sind gute Menschen», sagte er behutsam. Es hieß, er lebe schon so lange auf der Ranch, daß seine Ansprüche gesunken seien; obgleich er stets einen Monat oder mehr im Jahr in der Hauptstadt verbrachte, schenkte er dem gesellschaftlichen Leben dort immer weniger Beachtung.

«Die Ranch frißt langsam seine Seele auf», pflegte Lucha zu Señora Sanchez zu sagen.

Nur einmal hatte die alte Dame darauf geantwortet: «Wenn seine Seele gefressen werden soll, dann laß die Ranch das tun.»

Sie sah sich in dem primitiven Eßzimmer mit der vertrockneten Dekoration aus Palmzweigen und Blättern um. «Er liebt es, weil alles ihm gehört», dachte sie, «und einiges davon hätte niemals ihm gehört, wenn er sich nicht bewußt angepaßt hätte.» Das war kein Gedanke, den sie so einfach akzeptieren konnte. Sie wußte, daß die Ranch ihn glücklich, tolerant und weise gemacht hatte; ihr erschien es traurig, daß er dies nicht sein konnte, ohne seine kultivierten Umgangsformen zu verlieren. Und die hatte er zweifellos eingebüßt. Er hatte die Haut eines Bauern – gebräunt und überall runzlig. Er sprach die bedächtige Sprache von Männern, die lange unter freiem Himmel gelebt haben. Und im Tonfall seiner Stimme klang die Geduld an, die daher rührt, daß man mehr mit Tieren als mit Menschen spricht. Lucha war eine kluge Frau. Trotzdem bereitete es ihr ein gewisses Maß an Kummer, daß ihr kleiner Bruder, der in einem früheren Abschnitt seines Lebens als bester Tänzer des Country Clubs galt, nun zu jenem hageren, ruhigen Mann mit dem traurigen Gesicht geworden war, der ihr gegenübersaß.

«Du hast dich sehr verändert», sagte sie plötzlich und schüttelte langsam den Kopf.

«Ja, man verändert sich hier. Aber es ist ein guter Ort.»

«Gut, ja. Aber so traurig», wandte sie ein.

Er lachte. «Traurig? Überhaupt nicht! Man gewöhnt sich an die Ruhe. Und dann entdeckt man, daß es gar nicht ruhig ist. Aber du veränderst dich nie, wie? Chalía ist anders geworden. Ist es dir aufgefallen?»

«Oh, Chalía war schon immer verrückt. Sie verändert sich auch nicht.»

«O doch. Sie ist sehr verändert.» Er sah an der rauchenden Öllampe vorbei in die Dunkelheit. «Wo ist sie? Warum trinkt sie keinen Kaffee?»

«Sie kann nicht schlafen. Sie trinkt nie Kaffee.»

«Vielleicht werden unsere Nächte ihr Schlaf bringen», sagte Don Federico.

Chalía saß in der sanften nächtlichen Brise auf der oberen Veranda. Die Ranch lag in einer großen Lichtung, die den umliegenden Dschungel in gebührendem Abstand hielt, doch die Affen riefen hin und her, als gäbe es weder Lichtung noch Ranch. Sie hatte beschlossen, noch nicht zu Bett zu gehen – auf diese Weise mußte sie weniger Dunkelheit ertragen, falls sie nicht schlafen konnte. Die Zeilen eines Gedichtes, das sie vor zwei Tagen im Zug gelesen hatte, gingen ihr durch den Kopf. «*Aveces la noche*... Manchmal nimmt die Nacht dich mit, umhüllt dich, trägt dich fort und verläßt dich, in Schlaf gebadet, am Saum des Morgens.» Diese Zeilen waren tröstlich. Doch was dann kam, war schrecklich. «Und manchmal zieht die Nacht ohne dich vorbei.» Sie versuchte, vom Bild des frischen, sonnendurchfluteten Morgen zu einer vollkommen anderen Vorstellung zu wechseln, dem Kellner im Strandclub von Puntarenas, aber sie wußte, daß der andere Gedanke da im Dunkeln auf sie lauerte.

Auf der Reise von der Hauptstadt hierher hatte sie Reithosen und ein Khakihemd mit offenem Kragen getragen, und sie hatte Lucha angekündigt, daß sie vorhabe, während des gesamten Aufenthalts in Paso Rojo so herumzulaufen. Sie und Lucha hatten auf dem Bahnhof einen Streit gehabt.

«Jeder weiß, daß Mamá gestorben ist», sagte Lucha, «und diejenigen, die nicht empört sind, werden sich über dich lustig machen.»

Mit unterdrückter Wut in der Stimme hatte Chalía zurückgegeben: «Du hast jeden gefragt, nehme ich an.»

Während sich ihr Zug durch die Berge in Richtung *tierra caliente* schlängelte, sagte sie plötzlich und gänzlich unvermittelt: «Schwarz steht mir nicht.» Was Lucha aber am meisten aufbrachte, war die Tatsache, daß sie in Puntarenas karmesinroten Nagellack kaufte, mit dem sie im Hotelzimmer sorgfältig ihre Nägel lackierte.

«Das geht nicht, Chalía!» rief sie entsetzt. «Das hast du noch nie getan! Warum jetzt?»

Chalía lachte leichtfertig. «Ach, nur eine Laune!» antwortete sie und spreizte die verschönten Finger.

Laute Schritte kamen die Treppe herauf und die Veranda entlang, die leicht erbebte. Ihre Schwester rief: «Chalía?»

Sie zögerte einen Augenblick und antwortete: «Ja.»

«Du sitzt im Dunkeln! Warte, ich bringe dir eine Lampe aus dem Zimmer. Was für eine Idee!»

«Die Insekten werden uns auffressen», wandte Chalía

ein. Sie hatte keine Lust, sich ihre Stimmung verderben zu lassen, auch wenn diese nicht besonders gut war.

«Federico sagt nein!» rief Lucha von drinnen. «Er sagt, es gäbe keine Insekten. Jedenfalls keine, die stechen.»

Kurz darauf erschien sie mit einer kleinen Lampe, die sie auf den Tisch an der Wand stellte. Sie setzte sich in eine Hängematte und schaukelte leise summend sacht hin und her. Chalía runzelte die Stirn, doch sie schien es nicht zu merken.

«Was für eine Hitze!» sagte Lucha schließlich.

«Streng dich nicht so sehr an», schlug Chalía vor.

Sie schwiegen. Bald verwandelte sich die Brise in einen starken Wind, der von den fernen Bergen kam, doch auch er war heiß wie der Atem eines großen Tieres. Die Lampe flackerte, drohte zu verlöschen. Lucha stand auf und drehte sie herunter. Als Chalía den Kopf wandte, um ihr zuzusehen, fiel ihr etwas auf, und sie richtete den Blick schnell auf die Wand. Etwas Riesiges, Schwarzes, Flüchtiges hatte sich einen Augenblick vorher dort gezeigt; jetzt war es verschwunden. Sie betrachtete die Stelle aufmerksam. Die Wand hatte einen Verputz aus kleinen Steinen, die weiß übertüncht waren, so daß die Oberfläche uneben und voller großer Löcher war. Plötzlich erhob sie sich, trat vor die Wand und musterte sie eindringlich. Alle Löcher, die kleinen wie die großen, waren mit weißlichen Trichtern gefüllt. Sie konnte die langen, beweglichen Beine der Spinnen, die darin lebten, aus einigen Trichtern herausragen sehen.

«Lucha, diese Wand ist voller Ungeheuer!» rief sie. Ein Käfer flog in die Nähe der Lampe, besann sich eines

Besseren und setzte sich auf die Wand. Eine Spinne kam hervor, packte ihn und verschwand mit ihrer Beute in der Wand.

«Schau nicht hin», riet Lucha, aber sie warf einen ängstlichen Blick auf den Boden neben ihren Füßen.

Chalía rückte ihr Bett in die Mitte des Zimmers und stellte den kleinen Tisch daneben. Sie löschte die Lampe und streckte sich auf der harten Matratze aus. Der Lärm der nächtlichen Insekten war unerträglich – ein unablässiger wilder Schrei über dem Rauschen des Windes. Die ganze Vegetation draußen war vertrocknet. Unzählige kratzende Geräusche entstanden, wenn der Wind hindurchfegte. Hin und wieder riefen die Affen einander aus verschiedenen Richtungen. Gelegentlich stieß ein Nachtvogel seinen Schrei aus, doch er wurde verschluckt vom endlosen Gesang der Insekten und dem Geräusch des Windes über dem heißen Land. Und es war vollkommen dunkel.

Vielleicht eine Stunde später zündete sie die Lampe neben dem Bett an, stand auf und setzte sich im Nachthemd auf die Veranda. Sie stellte die Lampe dorthin, wo sie zuvor gestanden hatte, neben die Wand, und drehte den Stuhl so, daß sie diese im Blick hatte. Sie saß da und beobachtete die Wand bis tief in die Nacht.

Im Morgengrauen war es kühl; überall, nah und fern, brüllten Rinder. Sobald der Himmel ganz hell war, wurde das Frühstück serviert. Aus der Küche drang das Durcheinander weiblicher Stimmen. Im Eßzimmer hing der Geruch von Kerosin und Orangen. Ein großer Teller mit dicken Scheiben blasser Ananas stand mitten auf dem Tisch. Don Federico saß am Kopfende, mit dem Rücken zur Wand. Hinter ihm war eine kleine von Kerzen erleuchtete Nische, dort stand die Heilige Jungfrau in einem blauen und silbernen Gewand.

«Hast du gut geschlafen?» fragte Don Federico Lucha.

«Ah, wunderbar!»

«Und du?» fragte er, an Chalía gewandt.

«Ich schlafe nie gut», antwortete sie.

Eine verirrte Henne lief von der Terrasse in den Raum und wurde vom Dienstmädchen verscheucht. Draußen vor der Tür stand eine Gruppe von Indiokindern Wache um ein Viereck aus Wäscheleinen. Ein rotes Sortiment von Fleischstücken war darüber drapiert: in Streifen geschnittenes Muskelfleisch und verschlungene Eingeweide. Wenn ein Geier herabstieß, sprangen die Kinder auf, schrien im Chor und verjagten ihn. Chalía runzelte die Stirn über den Lärm. Don Federico lächelte.

«Alles euch zu Ehren», sagte er. «Wir haben gestern eine Kuh geschlachtet. Morgen ist alles weg.»

«Doch nicht die Geier!» rief Lucha.

«Nein, nein. Alle Cowboys und auch die Dienstboten nehmen etwas mit nach Hause zu ihren Familien. Und verdrücken selbst eine Menge.»

«Du bist zu großzügig», sagte Chalía. «Es ist schlecht für sie. Es macht sie unzufrieden und lustlos. Aber wenn du es ihnen nicht gibst, würden sie es stehlen, nehme ich an.»

Don Federico schob den Stuhl zurück. «Niemand hat mir hier je etwas gestohlen.» Er stand auf und ging hinaus.

Gleich nach dem Frühstück, wenn es noch früh war und die Sonne nicht zu hoch am Himmel stand, machte er gewöhnlich einen zweistündigen Inspektionsritt über das Gelände der Ranch. Da er die *vaqueros*, die für die verschiedenen Bezirke verantwortlich waren, am liebsten unerwartet besuchte, nahm er jedesmal einen anderen Weg. Dies erklärte er Lucha, während er sein Pferd außerhalb des hohen Stacheldrahtzaunes, der das Haus umgab, losband. «Nicht, weil ich erwarte, etwas Unrechtes zu finden. Sondern weil es die beste Möglichkeit ist, stets alles in Ordnung zu halten.»

Wie Chalía beurteilte auch Lucha die Fähigkeit der Indios, irgend etwas richtig zu machen, eher skeptisch. «Eine wirklich gute Idee», sagte sie. «Ich bin sicher, daß du viel zu nachsichtig mit diesen Jungen bist. Sie brauchen eine starke Hand und kein Mitleid.»

Von den hohen Bäumen, die hinter dem Haus wuchsen, schrien unaufhörlich die roten und blauen Makaos; endlos zogen sie ihre elliptischen Bahnen am Himmel. Lucha blickte zu ihnen auf und sah, wie Chalía auf der Veranda ihr Khakihemd in die Reithose steckte.

«Warte, Rico! Ich will mitkommen», rief sie und eilte ins Zimmer.

Lucha wandte sich ihrem Bruder zu. «Du wirst sie doch nicht mitnehmen? Das geht nicht! Mamá...»

Don Federico unterbrach sie, um nicht anhören zu müssen, was ihn schmerzte. «Ihr habt frische Luft und Bewegung nötig. Kommt alle beide mit!»

Lucha schwieg einen Augenblick und starrte ihn entgeistert an. Dann sagte sie: «Das könnte ich nicht!» und wandte sich ab, um das Tor zu öffnen. Mehrere Cowboys hoch zu Roß kamen langsam von der Pferdekoppel auf das Haus zu. Chalía erschien auf der Terrasse und lief zum Tor, wo Lucha stand und sie musterte.

«Du reitest also aus», sagte Lucha. Ihre Stimme war ausdruckslos.

«Ja, kommst du mit? Wahrscheinlich nicht, wie ich dich kenne. Wir sind bald wieder da, nicht wahr, Rico?»

Don Federico schenkte ihr keine Beachtung und sagte zu Lucha: «Es wäre gut, wenn du mitkämst.»

Als sie nicht antwortete, sondern durch das Tor ging und es schloß, befahl er einem der Cowboys, abzusitzen und Chalía in den Sattel zu helfen. Sie saß aufrecht auf dem Pferd und strahlte den jungen Mann an.

«Jetzt kannst du nicht mit. Du hast kein Pferd», rief sie und zog die Zügel so heftig an, daß das Tier vollkommen still stand.

«Ja, Señora. Ich werde mit den Señores kommen.» Seine Stimme war archaisch und respektvoll, es war die Stimme der einfachen Indios. Ihre sanfte, höfliche Art ärgerte sie jedes Mal, denn sie glaubte irrigerweise, einen Hauch von Spott darin zu entdecken. «Wie Papageien, denen man zwei Zeilen Góngora beigebracht hat!» lachte sie, wenn die Sprache darauf kam. Jetzt ärgerte sie sich noch mehr, weil er sie mit Señora angesprochen hatte. «Dieser Dummkopf!» dachte sie. «Er müßte doch wissen, daß ich nicht verheiratet bin.» Doch als sie wieder auf den Cowboy hinabsah, bemerkte sie seine weißen Zähne und sein sehr junges Gesicht. Sie lächelte, sagte: «Wie heiß es schon ist!» und öffnete den obersten Knopf ihrer Bluse.

Der Junge lief zur Pferdekoppel und kehrte wenige

Sekunden später auf einem größeren und nervöseren Tier zurück. Dies belustigte die übrigen Cowboys, die lachten und ihre Pferde in Bewegung setzten. Don Federico und Chalía ritten Seite an Seite, und der Junge folgte ihnen; abwechselnd pfiff er ein Liedchen und redete beschwichtigend auf sein bockiges Pferd ein.

Die Gruppe überquerte etwa eine Meile offenen Geländes, das zwischen dem Haus und dem Dschungel lag. Dann, als die Pferde zum Fluß hinabstiegen, streifte hohes Gras die Beine der Reiter. Der Fluß war bis auf ein dünnes Rinnsal ausgetrocknet. Sie folgten dem Flußbett stromabwärts; die Vegetation an den Ufern gewann immer mehr an Höhe. Chalía hatte sich, ehe sie losgeritten waren, die Nägel frisch lackiert und war in bester Laune. Sie diskutierte mit Don Federico über die Verwaltung der Ranch. Vor allem Ausgaben und Verdienstspannen interessierten sie, obgleich sie von Preisen nicht allzuviel verstand. Sie hatte einen riesigen, weichen Strohhut aufgesetzt, dessen Krempe beim Reiten gegen die Schultern schlug. Alle paar Minuten drehte sie sich um, winkte dem Cowboy, der immer noch hinter ihnen ritt, und rief: «*Muchacho!* Du bist doch nicht verlorengegangen?»

Plötzlich teilte sich der Fluß und führte auf beiden Seiten einer großen Insel vorbei, die sich vor ihnen erhob und deren höhere Stellen eine feste Wand aus Schlingpflanzen und Gebüsch bildeten. Am Fuß der riesigen Bäume, zwischen ein paar Felsbrocken, befand sich etwa ein Dutzend Rinder. Sie wirkten ziemlich klein, wie sie mit untergeschlagenen Beinen im Schlamm lagen oder auf der Suche nach tieferem Schatten umherwanderten. Don

Federico galoppierte plötzlich nach vorn und beriet sich laut mit den anderen *vaqueros*. Fast im gleichen Augenblick zog Chalía die Zügel an und brachte ihr Pferd zum Stehen. Der Junge hatte sie schnell eingeholt. Als er neben ihr war, rief sie: «Heiß, nicht wahr?»

Die Männer zogen weiter. Er ritt um sie herum. «Ja, Señora. Aber das liegt daran, daß wir in der Sonne sind. Da drüben» – er zeigte auf die Insel – «gibt es Schatten. Wir sind bald da.»

Sie sagte nichts, nahm jedoch ihren Hut ab und fächelte sich mit der Krempe Luft zu. Während sie die Hand auf und ab bewegte, beobachtete sie ihre Fingernägel. «Was für eine gräßliche Farbe», murmelte sie.

«Wie bitte, Señora?»

«Nichts.» Sie hielt inne. «Ah, was für eine Hitze!»

«Kommen Sie, Señora. Sollen wir weiterreiten?»

Verärgert zerknüllte sie die Spitze des Sombreros. «Ich bin keine Señora», sagte sie bestimmt und sah den Männern nach, die auf die Kühe zuritten und sie aus ihrer Lethargie aufscheuchten. Der Junge lächelte. Sie fuhr fort: «Ich bin eine Señorita. Das ist nicht dasselbe. Oder glaubst du vielleicht, es sei dasselbe?»

Der Junge war verwirrt; er kannte den Grund für ihren plötzlichen Gefühlsausbruch nicht. «Ja, Señorita», sagte er höflich, ohne Überzeugung. Und setzte dann mit größerer Sicherheit hinzu: «Ich bin Roberto Paz, zu Ihren Diensten.»

Die Sonne brannte von oben auf sie nieder und wurde vom Glimmer in den Steinen zu ihren Füßen reflektiert. Chalía öffnete einen weiteren Knopf ihrer Bluse.

«Es ist heiß. Werden sie bald wiederkommen?»

«Nein, Señorita. Sie kehren über die Straße zurück. Sollen wir weiter?» Er wandte sein Pferd auf die Insel vor ihnen.

«Ich will nicht dahin, wo die Kühe sind», sagte Chalía mißmutig. «Sie haben *garrapatas*. *Garrapatas* beißen sich unter der Haut fest.»

Roberto lachte nachsichtig. «Solange Sie auf dem Pferd bleiben, werden die *garrapatas* Sie nicht belästigen, Señorita.»

«Aber ich will absteigen und mich ausruhen. Ich bin so müde!» Der Unmut über die Hitze verwandelte sich in pure Erschöpfung, als sie die Worte aussprach. So kam es, daß die Gereiztheit, die sie ihm gegenüber empfand, zu einem allgemeinen Zustand des Selbstmitleids und der Niedergeschlagenheit wurde, der sie wie ein plötzlicher Schmerz überfiel. *«Ay, madre mía!»* Einen Augenblick verharrte sie so, während sie ihr Pferd langsam zu den Bäumen am Ufer des Flußbettes lenkte.

Roberto sah verwirrt in die Richtung, welche die anderen eingeschlagen hatten. Alle waren hinter der Spitze der Insel verschwunden; die Rinder beruhigten sich wieder. «Die Señorita soll nicht weinen.»

Sie antwortete nicht. Da sie die Zügel locker ließ, trabte das Pferd rascher auf den Wald zu. Als es den Schatten am Flußufer erreichte, schloß der Junge schnell auf. «Señorita!» rief er.

Sie seufzte und blickte zu ihm auf, den Hut noch immer in der Hand. «Ich bin sehr müde», wiederholte sie. «Ich möchte absteigen und mich etwas ausruhen!»

Ein Pfad führte in den Wald hinein. Roberto ritt voran, um ihr den Weg zu zeigen und mit seiner Machete vereinzelte Schlingpflanzen und Zweige abzuhacken. Chalía folgte ihm, matt im Sattel sitzend, beschwichtigt durch den abrupten Eintritt in die grüne Welt der Stille und relativen Kühle.

Etwa eine Viertelstunde lang ritten sie langsam durch den Wald bergauf und sprachen kein Wort. Als sie an ein Tor gelangten, stieß Roberto es ohne abzusteigen auf und wartete, bis Chalía es passiert hatte. Sie ritt an ihm vorbei, lächelte und sagte: «Wie schön es hier ist.»

Er antwortete, ziemlich schroff, wie sie fand: «Ja, Señorita.»

Weiter vorn lichtete sich die Vegetation, und dahinter erstreckte sich ein weites, offenes, leicht welliges Stück Land, hie und da wie absichtlich von riesigen Ceibas mit weißen Stämmen geschmückt. Ein heißer Wind wehte über diese Hochebene, und der Schrei der Zikaden hing in der Luft. Chalía zügelte ihr Pferd und sprang ab. Die kleinen, distelähnlichen Pflanzen, die den Boden bedeckten, knirschten unter ihren Stiefeln. Sie setzte sich vorsichtig in den Schatten am Rand des offenen Geländes.

Roberto band die Pferde an einen Baum und betrachtete sie mit dem wachsamen, feindseligen Blick des Indios, der vor etwas steht, das er nicht begreift.

«Setz dich. Hier», sagte sie.

Starr gehorchte er, saß mit ausgestreckten Beinen und kerzengeradem Rücken auf der Erde. Sie legte die Hand auf seine Schulter. *«Qué calor!»* murmelte sie.

Sie erwartete nicht, daß er antwortete, doch er tat es, und seine Stimme klang weit entfernt. «Das ist nicht meine Schuld, Señorita.»

Sie legte einen Arm um seinen Nacken und spürte, wie sich seine Muskeln anspannten. Sie rieb ihr Gesicht an seiner Brust; er bewegte sich nicht, sagte nichts. Mit geschlossenen Augen, den Kopf fest an ihn gepreßt, hatte sie das Gefühl, als hinge sie nur durch den schrillen, unaufhörlichen Schrei der Zikaden am Bewußtsein. Sie blieb so sitzen, lehnte sich immer schwerer gegen ihn. Er stützte sich mit beiden Händen auf den Boden. Sein Gesicht war zu einer undurchdringlichen Maske geworden; er schien an nichts zu denken, schien gar nicht da zu sein.

Schwer atmend hob sie den Kopf, um ihn anzusehen, merkte jedoch, daß sie nicht den Mut hatte, ihm in die Augen zu blicken. Statt dessen starrte sie auf seine Kehle und flüsterte schließlich: «Es ist egal, was du von mir denkst. Ich will dich nur so festhalten.»

Er drehte steif den Kopf von ihrem Gesicht weg, sah über das Land auf die Berge. Schroff sagte er: «Mein Bruder könnte vorbeikommen. Wir müssen zurück zum Fluß.»

Sie versuchte, ihr Gesicht an seiner Brust zu vergraben, sich noch einmal diesem köstlichen Gefühl hinzugeben. Ohne jede Vorwarnung bewegte er sich und sprang auf, so daß sie fiel und mit dem Gesicht auf den Boden schlug.

Dieser überraschende kleine Sturz veränderte ihre Laune schlagartig. Sie sprang auf, stürmte blindlings auf das nächststehende der beiden Pferde zu, saß einen Augenblick später im Sattel, und bevor er rufen konnte: «Es ist das schlechte Pferd!» hatte sie ihm schon die Sporen gegeben. Es warf heftig den Kopf zurück; mit einem mächtigen Satz galoppierte es los. Bei der ersten Bewegung merkte sie dumpf, daß sich etwas verändert hatte, daß es nicht dasselbe Pferd war, doch in ihrer Erregung dachte sie nicht weiter darüber nach. Es machte sie trunken, im heißen Wind über die Ebene zu preschen. Roberto blieb zurück.

«Idiota!» schrie sie in die Luft. *«Idiota! Idiota!»*, aus vollem Hals. Vor ihr flatterte, von den stampfenden Hufen zu Tode erschreckt, ein mächtiger Geier unbeholfen in den Himmel auf.

Der Sattel, der für einen weniger forschen Ritt festgezurrt worden war, begann zu verrutschen. Sie griff mit einer Hand nach dem Sattelknopf und mit der anderen nach ihrem Hemd, riß es mit einem kräftigen Ruck von oben bis unten auf. Ein überwältigendes Gefühl des Triumphes packte sie, als sie an sich herabsah und im Licht der Sonne die weiße Haut erblickte.

Seitlich in der Ferne konnte sie ein paar undeutliche Palmen erkennen, die sich über einer Stelle mit niedriger Vegetation erhoben. Sie schloß die Augen: Die Palmen sahen aus wie schimmernde grüne Spinnen. Die harten Stöße nahmen ihr den Atem. Die Sonne war zu heiß. Der Sattel rutschte immer mehr weg, sie konnte ihn nicht zurechtrücken. Das Pferd schien sich ihrer Gegenwart überhaupt nicht bewußt zu sein. Sie zerrte an den Zügeln, so heftig sie konnte, ohne nach hinten zu kippen, doch es hatte keinerlei Wirkung auf das Tier, das seinen rasenden Galopp fortsetzte, keinem Weg folgte und einige Bäume nur um Haaresbreite verfehlte.

«Wo werde ich in einer Stunde sein?» fragte sie sich. «Tot vielleicht?» Der Gedanke an den Tod schreckte sie nicht wie andere Menschen. Sie fürchtete sich vor der Nacht, weil sie nicht einschlafen konnte, aber sie fürchtete weder Leben noch Tod, weil sie sich keinem von beiden zugehörig fühlte. Nur andere Menschen lebten und starben, hatten ihr Leben und ihren Tod. Sie, die in sich selbst ruhte, existierte nur als sie selbst, nicht als Teil von etwas anderem. Menschen, Tiere, Blumen und Steine waren Objekte; sie alle gehörten der Welt draußen an. Und es war allein ihre jeweilige Kombination, die feindliche oder freundliche Muster erzeugte. Manchmal starrte sie minutenlang auf ihre Hände oder Füße und versuchte, gegen ein unbestimmtes Gefühl anzukämpfen, das sie ihr vermittelten – das Gefühl, ebenfalls der Welt draußen anzugehören. Doch das beunruhigte sie nicht besonders. Sie nahm Eindrücke auf, akzeptierte sie fraglos; sie konnte höchstens dagegen angehen, wenn ihr Wohlbefinden allzusehr gestört wurde.

In der heißen Morgensonne vorwärtsgerissen zu werden vermittelte ihr das Gefühl, daß fast ihr ganzes Ich der inneren Welt entglitten war, daß nur ein kleiner Teil von ihr noch sie selbst war. Dieser letzte Rest war voll von Staunen und Ungläubigkeit; das einzige Unbehagen lag darin, die Realität der großen weißen Baumstämme akzeptieren zu müssen, die noch immer an ihr vorbeistreiften.

Mehrere Male versuchte sie, sich an einen anderen Ort zu versetzen: in ihren Rosengarten zu Hause, in den Speisesaal des Hotels in Puntarenas und – als letzte Zuflucht gar, die sich als durchführbar erweisen konnte, da es dort ebenfalls unangenehm gewesen war – in ihr Bett auf der Ranch und die Dunkelheit ringsum.

Mit einem großen Sprung setzte das Pferd über einen Graben. Der Sattel glitt ab und hing nach unten. Da sie keinen Sattelknopf mehr zum Festhalten hatte, klammerte sie sich, so gut es ging, mit den Beinen an den Flanken fest und riß unablässig an den Zügeln. Plötzlich verlangsamte das Tier seinen Galopp und drang abrupt in ein dichtes Gebüsch ein. Dort verlief ein Fußpfad; sie vermutete, daß es der war, den sie genommen hatten, als sie vom Fluß kamen. Sie saß teilnahmslos auf dem Pferd und fragte sich, wo es hinwollte.

Schließlich kam es, wie sie erwartet hatte, am Flußbett heraus und trottete zurück zur Ranch. Die Sonne stand im Zenit, als sie die Pferdekoppel erreichten. Das Tier blieb stehen und wartete auf Einlaß, doch anscheinend war niemand da. Erschöpft glitt sie zu Boden und merkte, daß sie kaum stehen konnte, so sehr zitterten ihre Beine. Sie war wütend und schämte sich. Während sie zum Haus humpelte, hoffte sie verzweifelt, daß Lucha sie nicht sah. Offenbar waren nur ein paar Indiomädchen im Haus. Sie schleppte sich nach oben und schloß sich in ihrem Zimmer ein. Jemand hatte das Bett an die Wand gerückt, doch sie hatte nicht die Kraft, es wieder in die Mitte zu schieben, wo sie es haben wollte.

Als Don Federico und die anderen zurückkehrten, ging Lucha, die unten gelesen hatte, zum Tor. «Wo ist Chalía?» rief sie.

«Sie war müde. Einer der Jungen hat sie vor einer Weile zurückgebracht», antwortete er. «Es war gut so. Wir sind fast bis nach Cañas geritten.»

Chalía nahm ihr Mittagessen im Bett ein und schlief

fest bis zum späten Nachmittag. Als sie aus dem Zimmer auf die Veranda trat, wischte eine Frau den Staub von den Schaukelstühlen und stellte sie in einer Reihe gegen die Wand.

«Wo ist meine Schwester?» fragte Chalía.

«Mit dem Señor ins Dorf gefahren», antwortete die Frau. Sie ging zur Treppe und begann die einzelnen Stufen zu fegen, während sie langsam rückwärts hinabstieg.

Chalía setzte sich in einen Stuhl, legte die Füße auf das Geländer der Veranda und dachte, noch während sie es tat, daß Lucha diese Haltung mißbilligt hätte, wenn sie dagewesen wäre. Genau unter ihr machte der Fluß eine Biegung. Es war der einzige Abschnitt, der vom Haus aus sichtbar war; durch das Blattwerk konnte sie ein Stück vom Ufer erkennen. Ein großer Brotfruchtbaum breitete seine Äste bis fast ans andere Ufer des Stromes aus. In der Biegung hatte sich ein Becken gebildet, genau da, wo der Baumstamm dem schlammigen Ufer entwuchs. Ein Indio erschien aus dem Unterholz und entledigte sich in aller Ruhe seiner Hose, dann seines Hemdes. Einen Augenblick blieb er vollkommen nackt stehen und sah auf das Wasser; dann ging er hinein und begann zu planschen und zu schwimmen. Als er sein Bad beendet hatte, blieb er wieder am Ufer stehen und strich sein blauschwarzes Haar zurück. Chalía war verwirrt, denn sie wußte, daß kaum ein Indio die Unverfrorenheit besaß, im Blickfeld der oberen Veranda nackt zu baden. Während sie ihn mit einer seltsamen, unerwarteten Ahnung beobachtete, erkannte sie ihn – es war Roberto, der sich ihrer Gegenwart durchaus bewußt war.

«Er weiß, daß Rico weggefahren ist und daß ihn von unten niemand sehen kann», dachte sie und beschloß, ihrem Bruder davon zu erzählen. Der Gedanke, sich an dem Jungen zu rächen, erfüllte sie mit einer köstlichen Erregung. Sie beobachtete seine langsamen Bewegungen beim Anziehen. Nur mit seinem Hemd bekleidet setzte er sich auf einen Felsen und kämmte sein Haar. Die späte Nachmittagssonne fiel durch die Blätter und verlieh seiner braunen Haut einen orangefarbenen Schimmer. Als er schließlich fortgegangen war, ohne auch nur einen Blick auf das Haus zu werfen, stand sie auf und trat in ihr Zimmer. Sie schob das Bett in die Mitte und begann es zu umkreisen; je länger sie im Zimmer umherlief, desto unruhiger wurde sie.

Sie hörte die Tür des Lastwagens zufallen und einen Augenblick später Stimmen von unten. Mit den Fingern an den Schläfen, wie immer, wenn ihr Herz heftig schlug, ging sie auf die Veranda und die Treppe hinunter. Don Federico war im Magazin, das er morgens und abends je eine halbe Stunde lang aufmachte. Chalía trat durch die Tür, ihr Mund öffnete sich, und sie spürte, wie die Worte jeden Moment aus ihr hervorbrechen würden. Zwei Kinder schoben Kupfermünzen über die Theke und zeigten auf die Bonbons, die sie haben wollten. Neben der Lampe sah sich eine Frau einen Stoffballen an. Don Federico stand auf einer Leiter und holte einen zweiten Ballen herunter. Chalías Mund schloß sich langsam. Sie warf einen Blick auf den Tisch ihres Bruders neben der Tür, wo er seine Bücher und das Geld aufbewahrte. In einer offenen Zigarrenkiste, die beinahe ihre Hand berührte, lag ein Bündel schmutziger Banknoten. Ehe sie sich versah, war sie wieder in ihrem Zimmer. Sie schloß die Tür und entdeckte, daß sie vier Zehn-Colon-Scheine in der Hand hielt. Sie stopfte sie in die Tasche ihrer Reithosen.

Am Abend lachten alle über sie, weil sie den ganzen Nachmittag geschlafen hatte, und prophezeiten ihr, daß sie nun nachts wach liegen würde.

Sie war mit ihrem Essen beschäftigt. «Um so schlimmer», sagte sie, ohne aufzusehen.

«Ich habe ein kleines Konzert für heute abend arrangiert«, sagte Don Federico. Lucha war begeistert. Er fuhr fort: «Die Cowboys haben Freunde aus Bagaces zu Gast, und Raul ist mit seiner *marimba* fertig.»

Nach dem Abendessen versammelten sich die Männer und Jungen. Gelächter erklang, und im Dunkel der Terrasse wurden die Gitarren gestimmt. Die beiden Schwestern setzten sich ganz ans Ende der Terrasse, unweit des Eßzimmers, Don Federico war bei den *vaqueros* in der Mitte, und die Diener standen am anderen Ende aufgereiht, in der Nähe der Küche. Nachdem verschiedene Männer Lieder auf der Gitarre zum besten gegeben hatten, begannen Raul und sein Freund, die *marimba* zu spielen. Roberto saß zwischen den anderen Cowboys, die kein Instrument spielten, auf der Erde.

«Ich schlage vor, wir tanzen!» rief Don Federico, sprang auf und griff nach Lucha. Einen Moment lang bewegten sie sich zusammen am Ende der Terrasse, doch niemand tat es ihnen nach.

«A bailar!» rief Don Federico und lachte.

Unter lautem Gekicher begannen mehrere Mädchen

schüchtern miteinander zu tanzen. Keiner der Männer rührte sich vom Fleck. Die *marimba*-Spieler wiederholten immer dasselbe Stück. Don Federico tanzte mit Chalía, die steif war von dem morgendlichen Ausritt; nach kurzer Zeit entschuldigte sie sich und verließ die Gesellschaft. Statt oben schlafen zu gehen, lief sie durchs Haus und kam zur vorderen Terrasse. Dort setzte sie sich hin und betrachtete die große, mondbeschienene Lichtung. In der Nacht lauerte die Ewigkeit. Sie konnte sie spüren, gleich hinter dem Tor. Nur das monotone Geklimper der Musik hielt das Haus in den Schranken der Zeit, bewahrte es davor, verschluckt zu werden. Während sie dem fröhlichen Treiben lauschte, hatte sie den Eindruck, daß die Männer sich stärker beteiligten. «Wahrscheinlich hat Rico ihnen eine Flasche Rum spendiert», dachte sie wütend.

Schließlich klang es, als tanzte jedermann. Ihre Neugier ließ sich kaum noch unterdrücken; sie war im Begriff, aufzustehen und zur hinteren Terrasse zurückzugehen, als am anderen Ende eine Gestalt auftauchte. Niemand brauchte ihr zu sagen, daß es Roberto war. Er kam geräuschlos auf sie zu; als er vor ihr war, schien er zu zögern, dann hockte er sich neben ihren Stuhl und sah zu ihr auf. Sie hatte recht gehabt: Er roch nach Rum.

«Guten Abend, Señorita.»

Am liebsten hätte sie geschwiegen. Trotzdem sagte sie: «Guten Abend.» Sie steckte die Hand in die Tasche, sagte sich, daß sie die Sache schnell und sauber hinter sich bringen müsse.

Als er neben ihr hockte und sein Gesicht im Mondschein glänzte, beugte sie sich vor und strich ihm mit der Hand über das glatte Haar. Sie legte die Finger auf seinen Nacken, beugte sich noch tiefer und küßte ihn auf den Mund. Der Geschmack von Rum war sehr stark. Er rührte sich nicht. Sie flüsterte ihm leise ins Ohr: «Roberto, ich liebe dich. Ich habe ein Geschenk für dich. Vierzig *colones*. Hier.»

Er wandte schnell den Kopf und sagte laut: «Wo?»

Sie steckte ihm die Scheine zu, umfaßte seinen Kopf aufs neue und flüsterte weiter: «Schsch! Zu niemandem ein Wort. Ich muß jetzt gehen. Morgen abend gebe ich dir mehr.» Dann ließ sie ihn los.

Er stand auf und bewegte sich zum Tor. Sie ging sofort nach oben ins Bett, und als sie einschlief, spielte noch immer die Musik.

Viel später wachte sie auf und zündete die Lampe an. Es war halb fünf. Bald würde es hell werden. Sie fühlte sich voll ungewohnter Energie, zog sich an, löschte die Lampe und verließ das Haus. Schnell zog sie das Tor hinter sich zu. In der Koppel bewegten sich die Pferde. Sie ging an ihnen vorbei und bog in die Straße zum Dorf ein. Es war eine sehr ruhige Stunde: Die nächtlichen Insekten waren verstummt, und die Vögel hatten ihr morgendliches Gezwitscher noch nicht begonnen. Der Mond stand tief, so daß er die meiste Zeit hinter den Bäumen verborgen blieb. Vor ihr flackerte die Venus wie ein kleiner Mond. Sie ging schnell, nur hin und wieder spürte sie einen Stich in der Hüfte.

Beim Anblick des dunklen Etwas, das vor ihr auf der

Straße lag, blieb sie stehen. Es bewegte sich nicht. Sie beobachtete es aufmerksam, trat vorsichtig näher, bereit, in entgegengesetzter Richtung davonzulaufen. Als ihre Augen sich an seine Umrisse gewöhnt hatten, erkannte sie, daß es ein Mann war, der vollkommen reglos dalag. Und als sie näher kam, wußte sie, daß es Roberto war. Sie berührte seinen Arm mit ihrem Fuß. Er regte sich nicht. Sie bückte sich und legte ihre Hand auf seine Brust. Er atmete schwer, und die Ausdünstung des Alkohols war überwältigend. Sie richtete sich auf und trat ihm leicht gegen den Kopf. Tief aus seinem Inneren stieg ein leises Stöhnen auf. Auch dies, sagte sie sich, muß schnell gehen. Sie fühlte sich auf wunderbare Weise leicht und stark, als sie seinen Körper mit den Füßen langsam auf die rechte Straßenseite schob. Dort fiel das Gelände steil ab, etwa zwanzig Fuß tief. Als sie ihn bis zum Rand geschafft hatte, wartete sie eine Weile und betrachtete sein Gesicht im Licht des Mondes. Der Mund war leicht geöffnet, und die weißen Zähne sahen schimmernd unter den Lippen hervor. Sie strich ihm ein paarmal mit der Hand über die Stirn und rollte ihn dann mit einem leichten Schubs über den Rand. Er fiel schwer und machte ein seltsames, tierisches Geräusch, als er aufschlug.

Sie lief eilig zur Ranch zurück. Als sie ankam, wurde es gerade hell. Sie trat in die Küche und bestellte ihr Frühstück. «Ich bin früh auf», sagte sie. Sie verbrachte den ganzen Tag in der Nähe des Hauses, las und unterhielt sich mit Lucha. Sie fand, daß Don Federico beunruhigt wirkte, als er an diesem Morgen das Magazin schloß und zu seinem Inspektionsritt aufbrach. Als er zurückkehrte, fiel es ihr wieder auf; beim Mittagessen sprach sie ihn darauf an.

«Es ist nichts», sagte er. «Mit meinen Büchern stimmt etwas nicht.»

«Und du bist immer so gut in Mathematik gewesen», sagte Chalía.

Am Nachmittag brachten einige Cowboys Roberto zur Ranch. Sie hörte die Aufregung in der Küche und das Geschrei der Diener: *«Ay, Dios»*. Sie ging hinaus. Er war bei Bewußtsein, lag auf dem Boden, und alle Indios starrten ihn an.

«Was ist los?» fragte sie.

Einer der Cowboys lachte. «Nichts Schlimmes. Er hat zuviel...» – er machte eine Geste, als trinke er aus einer Flasche – «und ist den Abhang hinuntergestürzt. Nur Prellungen, glaube ich.»

Nach dem Abendessen bat Don Federico Chalía und Lucha in sein kleines Privatbüro. Er wirkte erschöpft und sprach langsamer als gewöhnlich. Als Chalía eintrat, sah sie, daß Roberto im Zimmer stand. Er schaute sie nicht an. Lucha und Chalía nahmen Platz; Don Federico und Roberto blieben stehen.

«Es ist das erste Mal, daß mir jemand so etwas antut», sagte Don Federico und starrte, die Hände hinter dem Rücken verschränkt, auf den Läufer am Boden. «Roberto hat mich bestohlen. Das Geld ist verschwunden. Einiges davon war in seiner Tasche, mehr als er im Monat verdient. Ich weiß, daß er es gestohlen hat, weil er gestern kein Geld hatte und weil» – damit wandte er sich an Chalía – «er nur eine Lüge als Rechtfertigung hat. Er sagt, er hätte es von dir. Hast du Roberto gestern Geld gegeben?»

Chalía sah verwundert aus. «Nein», sagte sie. «Ich dachte daran, ihm einen *colón* zu geben, als er mich gestern morgen nach dem Ausritt nach Hause brachte. Doch dann hielt ich es für besser zu warten, bis wir in die Stadt zurückkehren. War es viel? Er ist noch ein Junge.»

Don Federico sagte: «Es waren vierzig *colones*. Aber es ist dasselbe, als wären es vierzig *centavos*. Diebstahl...»

Chalía fiel ihm ins Wort. «Rico!» rief sie. «Vierzig *colones*! Das ist eine Menge. Hat er viel davon ausgegeben? Du könntest es ihm nach und nach vom Gehalt abziehen.» Sie wußte, daß ihr Bruder genauso reagieren würde, wie er es dann einen Augenblick später tat.

«Niemals! Er wird uns noch heute abend verlassen. Und sein Bruder geht mit.»

Im trüben Lampenlicht konnte Chalía den großen violetten Fleck auf Robertos Stirn sehen. Er hielt den Kopf gesenkt und sah nicht auf, nicht einmal, als Lucha und sie sich auf ein Zeichen ihres Bruders erhoben und das Zimmer verließen. Sie gingen nach oben und setzten sich auf die Veranda.

«Was für Barbaren!» sagte Lucha angewidert. «Eines Tages wird der arme Rico vielleicht noch dahinterkommen, wie man sie behandeln muß. Ich fürchte nur, daß ihn vorher einer von ihnen umbringt.»

Chalía schaukelte hin und her und fächelte sich träge Luft zu. «Noch ein paar Lektionen wie diese, und er wird sich ändern», sagte sie. «Was für eine Hitze!»

Sie hörten Don Federicos Stimme unten beim Tor.

«Adiós!» sagte er mit Bestimmtheit. Dann kamen ein paar gedämpfte Antworten, und das Tor wurde geschlossen. Schließlich erschien Don Federico bei seinen Schwestern auf der Veranda. Traurig setzte er sich hin.

«Es gefällt mir nicht, sie bei Nacht und ohne Pferde davonzuschicken», sagte er und schüttelte den Kopf. «Aber dieser Roberto ist ein übler Bursche. Es war besser, ihn so schnell wie möglich loszuwerden. Juan ist gut, aber natürlich mußte ich auch ihn entlassen.»

«Claro, claro», sagte Lucha abwesend. Plötzlich drehte sie sich besorgt zu ihrem Bruder um. «Ich hoffe, du hast nicht vergessen, ihm das Geld abzunehmen, das er noch in der Tasche hatte.»

«Nein, nein», versicherte er ihr, doch der Klang seiner Stimme verriet ihr, daß er es dem Jungen gelassen hatte.

Don Federico und Lucha sagten gute Nacht und gingen schlafen. Chalía blieb noch eine Weile sitzen und betrachtete aus dem Augenwinkel die Wand mit den Spinnen. Dann gähnte sie und nahm die Lampe mit ins Zimmer. Wieder hatte das Dienstmädchen das Bett an die Wand geschoben. Chalía zuckte die Achseln, ließ es stehen und legte sich hinein. Sie blies die Lampe aus, horchte eine Weile auf die nächtlichen Geräusche und schlief dann friedlich ein, während sie noch darüber nachdachte, wie erstaunlich schnell sie sich an das Leben in Paso Rojo gewöhnt und sogar – wie sie sich jetzt eingestehen mußte – begonnen hatte, es zu genießen.

Ocho Rios, Jamaica 1947

Pastor Dowe in Tacaté

Seine erste Predigt in Tacaté hielt Pastor Dowe an einem strahlenden Sonntagmorgen kurz nach Beginn der Regenzeit. An die hundert Indios hatten sich versammelt, und einige waren sogar aus Balaché im Tal gekommen. Sie saßen ruhig auf der Erde, während er etwa eine Stunde lang in ihrem Dialekt zu ihnen redete. Nicht einmal die Kinder wurden ungeduldig; solange er sprach, herrschte vollkommene Stille. Doch er konnte sehen, daß ihre Aufmerksamkeit eher Respekt als wirklichem Interesse entsprang. Da er ein gewissenhafter Mann war, stimmte ihn diese Entdeckung traurig.

Als er mit seiner Predigt fertig war, die er unter das Motto «Die Bedeutung Jesu» gestellt hatte, erhoben sie sich langsam und begannen davonzuschlendern, ganz offensichtlich mit anderen Dingen beschäftigt. Pastor Dowe war verwirrt. Dr. Ramos von der Universität hatte ihm versichert, seine Dialektkenntnisse reichten aus, um sicherzustellen, daß die künftigen Pfarrkinder seine Predigten verstehen konnten, und er hatte keine Schwierigkeiten gehabt, sich mit den Indios zu unterhalten, die ihn von San Gerónimo hier herauf begleitet hatten. Bekümmert stand er auf dem kleinen strohgedeckten Podium mitten auf dem offenen Platz vor seinem Haus und sah zu, wie die Frauen und Männer langsam in unterschiedliche Richtungen davongingen. Er hatte den Eindruck, ihnen gar nichts vermittelt zu haben.

Plötzlich überwältigte ihn das Verlangen, die Menschen zurückzuhalten, und er rief ihnen nach. Höflich wandten sie dem Pavillon, wo er stand, die Gesichter zu, blieben stehen und schauten ihn weiter an, ohne sich zu bewegen. Mehrere kleine Kinder spielten bereits ein neues Spiel und flitzten leise im Hintergrund hin und her. Der Pastor warf einen Blick auf seine Armbanduhr und wandte sich an Nicolás, der ihm als einer der intelligentesten und einflußreichsten Männer im Dorf vorgestellt worden war. Er forderte ihn auf, zu ihm auf das Podium zu kommen.

Als Nicolás neben ihm stand, beschloß er, ihn mit einigen Fragen zu prüfen. «Nicolás», sagte er mit seiner trockenen, leisen Stimme. «Was habe ich euch heute erzählt?»

Nicolás hustete und sah über die Köpfe der Versammelten hinweg auf ein riesiges Schwein, das unter einem Mangobaum im Schlamm wühlte. Dann sagte er: «Don Jesucristo.»

«Ja», stimmte Pastor Dowe ermutigend zu. «*Bai*, Don Jesucristo und was?»

«Ein guter Mann», antwortete Nicolás gleichgültig.

«Ja, ja, aber was noch?» Pastor Dowe war ungeduldig; er sprach bereits in einer höheren Stimmlage.

Nicolás schwieg. Schließlich sagte er: «Jetzt gehe ich» und stieg vorsichtig vom Podium herunter. Die anderen hoben ihre Sachen vom Boden auf und gingen langsam davon. Einen Augenblick lang war Pastor Dowe wütend. Dann nahm er sein Notizheft und seine Bibel und ging ins Haus.

Beim Mittagessen stand Mateo, der ihn bediente und

den er von Ocosingo mitgebracht hatte, an die Wand gelehnt da und lächelte.

«Señor», begann er. «Nicolás sagt, sie kommen nicht wieder, um Sie zu hören, ohne Musik.»

«Musik!» rief Pastor Dowe und stieß seinen Teller weg. «Lächerlich! Was für Musik? Wir haben keine Musik!»

«Er sagt, der Pater in Yalacatín hätte immer gesungen.»

«Lächerlich!» wiederholte der Pastor. «Erstens kann ich nicht singen, und zweitens hat man von so etwas noch nie gehört. *Inaudito!*»

«Sí, verdad?» stimmte Mateo zu.

In seinem winzigen Schlafzimmer bekam der Pastor kaum Luft, so stickig war es, selbst bei Nacht. Aber es war das einzige Zimmer mit einem kleinen Fenster nach draußen, und er konnte die Tür zu dem lauten Patio schließen, wo sich tagsüber sämtliche Diener versammelten, um ihrer Arbeit nachzugehen und sich zu unterhalten. Er lag unter dem geschlossenen Baldachin seines Moskitonetzes und horchte auf das Bellen der Hunde im Dorf. Er dachte an Nicolás. Offensichtlich hatte Nicolás die Rolle eines Vermittlers zwischen dem Dorf und der Mission übernommen. Die schmalen Lippen des Pastors bewegten sich. «Ein Querulant», murmelte er bei sich. «Morgen spreche ich mit ihm.»

Am nächsten Morgen stand er in aller Frühe vor Nicolás' Hütte. Jedes Haus in Tacaté hatte seinen eigenen kleinen Tempel: ein paar Baumstämme mit einem Strohdach, das den Gaben aus Früchten und gekochten Speisen als Schutz diente. Der Pastor achtete darauf, dem Tempel nicht zu nahe zu kommen. Er kam sich ohnehin schon wie ein Paria vor, und Dr. Ramos hatte ihn gewarnt, sich in derlei Dinge einzumischen. Er rief.

Ein kleines, etwa siebenjähriges Mädchen erschien in der Tür des Hauses. Sie sah ihn einen Augenblick wild aus riesigen, runden Augen an, dann schrie sie auf und verschwand wieder in der Dunkelheit des Eingangs. Der Pastor wartete und rief dann erneut.

Plötzlich kam von hinten ein Mann um die Hütte herum und sagte, Nicolás sei bald zurück. Kurz darauf tauchte das kleine Mädchen wieder in der Tür auf; diesmal lächelte es schüchtern. Der Pastor sah sie streng an. Sie schien ihm zu alt, um nackt herumzulaufen. Er wandte den Blick ab und inspizierte die dicken roten Blütenblätter einer Bananenstaude in der Nähe. Als er wieder hinsah, war sie herausgekommen und stand jetzt, immer noch lächelnd, neben ihm. Er erhob sich und ging gesenkten Blickes zur Straße, als sei er tief in Gedanken versunken.

In diesem Augenblick kam Nicolás durch das Tor. Der Pastor stieß mit ihm zusammen und entschuldigte sich.

«Gut», grunzte Nicolás. «Was?»

Sein Gast wußte nicht so recht, wie er beginnen sollte. Er nahm sich vor, freundlich zu sein.

«Ich bin ein guter Mensch», lächelte er.

«Ja», sagte Nicolás. «Don Jesucristo ist ein guter Mann.»

«Nein, nein, nein», rief Pastor Dowe.

Nicolás sah höflich-verwirrt aus, sagte aber nichts.

Da er spürte, daß seine Sprachkenntnisse dieser Situation nicht gewachsen waren, beschloß der Pastor klugerweise, noch einmal von vorn anzufangen. «Hachakyum hat die Welt gemacht. Ist das richtig?»

Nicolás nickte zustimmend und hockte sich vor dem Pastor auf die Erde. Er sah zu ihm auf, die Augen wegen der Sonne zu schmalen Schlitzen verengt.

«Hachakyum hat den Himmel gemacht», der Pastor zeigte darauf, «die Berge, die Bäume, diese Menschen dort. Richtig?»

Wieder neigte Nicolás zustimmend den Kopf.

«Hachakyum ist gut. Hachakyum hat dich gemacht. Ja?»

Endlich antwortete Nicolás: «Alles, was du sagst, ist wahr.»

Der Pastor gestattete sich ein zufriedenes Lächeln und fuhr fort. «Hachakyum hat alle Menschen und Dinge gemacht, weil er mächtig und gut ist.»

Nicolás runzelte die Stirn. «Nein!» sagte er. «Das ist nicht wahr. Hachakyum hat nicht alle Menschen gemacht. Er hat nicht dich gemacht. Er hat keine Waffen und keinen Don Jesucristo gemacht. Viele Dinge hat er nicht gemacht.»

Der Pastor schloß einen Augenblick die Augen, suchte nach Kraft. «Gut», sagte er schließlich geduldig. «Wer hat die anderen Dinge gemacht? Wer hat mich gemacht? Bitte, sag es mir.»

Nicolás zögerte keinen Augenblick. «Metzabok.»

«Aber wer ist Metzabok?» rief der Pastor, und in seiner Stimme schwang ein Anflug von Verstimmung mit. Als Wort für Gott hatte er nur Hachakyum gekannt.

«Metzabok macht alle Dinge, die nicht hierhergehören», sagte Nicolás.

Der Pastor stand auf, zog ein Taschentuch hervor und wischte sich über die Stirn. «Du haßt mich», sagte er und sah auf den Indio hinab. Das Wort war zu hart, doch er wußte nicht, wie er es anders sagen sollte.

Nicolás stand schnell auf und berührte den Arm des Pastors mit seiner Hand. «Nein. Das ist nicht wahr. Du bist ein guter Mann. Alle mögen dich.»

Pastor Dowe zuckte unwillkürlich zurück. Die Berührung der braunen Hand war ihm irgendwie unangenehm. Flehentlich musterte er das Gesicht des Indios und sagte: «Aber Hachakyum hat mich trotzdem nicht gemacht?»

«Nein.» Es folgte ein langes Schweigen.

«Wirst du das nächste Mal zu meinem Haus kommen, um mir zuzuhören?»

Nicolás sah verlegen aus. «Jeder hat seine Arbeit zu tun», sagte er.

«Mateo sagt, ihr wollt Musik», begann der Pastor.

Nicolás zuckte die Achseln. «Für mich ist es nicht wichtig. Aber die anderen werden kommen, wenn du Musik hast. Ja, das stimmt. Sie mögen Musik.»

«Aber *welche* Musik?» rief der Pastor verzweifelt.

«Sie sagen, du hast eine *bitrola.*»

Der Pastor wandte den Blick ab und dachte: «Vor diesen Leuten kann man aber auch nichts geheimhalten.» Unter den vielen Haushaltsgegenständen und anderen Dingen, die seine verstorbene Frau hinterlassen hatte, war auch ein kleines tragbares Grammophon gewesen. Er hatte es irgendwo im Abstellraum verstaut, zusammen mit den leeren Koffern und der Winterbekleidung.

«Sag ihnen, ich werde die *bitrola* spielen», murmelte er und ging durch das Tor.

Das kleine Mädchen lief ihm nach und sah zu, wie er die Straße hinaufging.

Auf dem Weg durch das Dorf dachte der Pastor traurig darüber nach, daß er ganz allein war in diesem entlegenen Ort, vollkommen allein in seinem Kampf, diesen Menschen die Wahrheit zu verkünden. Er tröstete sich mit dem Gedanken, daß Einsamkeit nur im Bewußtsein des einzelnen existiert; objektiv gesehen ist der Mensch stets Teil von etwas.

Als er zu Hause ankam, schickte er Mateo zum Abstellraum, um nach dem tragbaren Grammophon zu suchen. Nach einer Weile trug der Junge es herein, staubte es ab und blieb daneben stehen, als der Pastor die Kiste aufmachte. Darin lag die Kurbel. Er nahm sie heraus und zog die Spiralfeder auf. Im Deckel befanden sich einige Schallplatten. Die ersten, die er inspizierte, waren «Let's Do It», «Crazy Rhythm» und «Strike up the Band», die er als Begleitmusik für seine Predigten sämtlich für ungeeignet befand. Er suchte weiter. Es gab eine Aufnahme von Al Jolsons «Sonny Boy» und eine zerkratzte Version von «She's Funny That Way». Als er die Hüllen betrachtete, fiel ihm ein, wie die Musik jeder dieser Platten geklungen hatte. Leider hatte sich Mrs. Dowe nichts aus Kirchenmusik gemacht; sie pflegte sie als «Trauermusik» zu bezeichnen.

«Jetzt sitzen wir hier, ohne Musik», seufzte er.

Mateo war überrascht. «Es spielt nicht?»

«Ich kann ihnen doch keine Tanzmusik vorsetzen, Mateo.»

«*Cómo no*, Señor. Sie wird ihnen sehr gefallen.»

«Nein, Mateo!» sagte der Pastor gebieterisch und legte

«Crazy Rhythm» auf, um seinen Standpunkt zu verdeutlichen. Als die ersten dünnen, metallischen Klänge aus dem Apparat kamen, nahm Mateos Gesicht einen an Verzückung grenzenden, bewundernden Ausdruck an. *«Qué bonito!»* sagte er ehrfürchtig. Pastor Dowe nahm den Tonarm ab, und der hüpfende Rhythmus verstummte.

«Unmöglich», sagte er entschieden und klappte den Deckel zu.

Trotzdem erinnerte er sich am Samstag daran, daß er Nicolás versprochen hatte, während des Gottesdienstes Musik zu spielen. Daher beschloß er, Mateo das Grammophon zum Pavillon hinaustragen zu lassen, um es zur Hand zu haben, falls das Verlangen danach zu stark wurde. Das war eine kluge Vorkehrung, denn am nächsten Morgen, als die Dorfbewohner kamen, sprachen sie über nichts anderes als die Musik, die sie hören würden.

Das Thema seiner Predigt lautete: «Die Kraft des Glaubens». Als er etwa zehn Minuten gesprochen hatte, stand Nicolás, der direkt vor ihm gehockt hatte, ruhig auf und hob die Hand. Pastor Dowe runzelte die Stirn und unterbrach seine Predigt.

Nicolás erklärte: «Jetzt Musik, dann Reden. Dann Musik, dann Reden.» Er drehte sich um und sah die anderen an. «So ist es recht.» Zustimmendes Gemurmel erhob sich, und jeder beugte sich in seiner Hockstellung vor, um die Musik aus dem Pavillon besser hören zu können.

Der Pastor seufzte und stellte den Apparat auf den Tisch, wobei er die Bibel, die darauf lag, hinunterwarf. «Natürlich», sagte er sich mit einem Anflug von Bitterkeit. Die erste Platte, die ihm in die Hände fiel, war «Crazy Rhythm». Als die Musik erklang, brach ein Kind in der Nähe seinen eintönigen, papageienhaften Singsang ab, blieb still sitzen und starrte verzückt auf das Podium. Alle verharrten reglos, bis das Stück zu Ende war. Dann gab es laute Zustimmung. «Jetzt mehr Reden», sagte Nicolás; er schien sehr zufrieden zu sein.

Der Pastor setzte seine Predigt fort. Er sprach etwas unkonzentriert, denn die Musik hatte seinen Gedankenfluß gestört, und nicht einmal ein Blick auf seine Notizen verriet ihm, wie weit er vor der Unterbrechung gekommen war. Während er fortfuhr, sah er auf die Menschen hinunter, die unmittelbar vor ihm saßen. Neben Nicolás bemerkte er das kleine Mädchen, das ihn von der Türschwelle aus beobachtet hatte, und er war dankbar, daß sie ein kurzes Kleid trug, das ihre Blöße bedeckte. Sie starrte ihn mit einem Ausdruck an, den er als faszinierte Bewunderung interpretierte.

Als er das Gefühl bekam, daß seine Zuhörer wieder anfingen, unruhig zu werden (obgleich er einräumen mußte, daß sie es nie offen gezeigt hätten), legte er «Sonny Boy» auf. Es war unschwer zu erkennen, daß diese Wahl weniger Zustimmung fand. Der allgemeine Ausdruck gespannter Erwartung zu Beginn der Musik verwandelte sich rasch in eine routinemäßige Aufmerksamkeit von geringerer Intensität. Als das Stück zu Ende war, erhob sich Nicolás wieder, hob feierlich die Hand und sagte: «Gut. Aber die andere Musik ist schöner.»

Der Pastor trug eine kurze Zusammenfassung vor, spielte noch einmal «Crazy Rhythm» und verkündete, der Gottesdienst sei beendet.

So wurde «Crazy Rhythm» zu einem integralen Bestandteil von Pastor Dowes wöchentlichem Gottesdienst. Nach einigen Monaten war die alte Platte dermaßen abgenutzt, daß er beschloß, sie während jeder Predigt nur noch einmal zu spielen. Seine Gemeinde nahm diesen Akt der Sparsamkeit mit Unwillen auf. Sie benutzte Nicolás als Wortführer, um sich zu beschweren.

«Aber die Musik ist alt. Es wird keine mehr geben, wenn wir sie ganz verbrauchen», erklärte der Pastor.

Nicolás lächelte ungläubig. «Das sagst du. Aber du willst nicht, daß wir sie haben.»

Am folgenden Tag, als der Pastor im Schatten des Patio saß und las, meldete Mateo ihm Nicolás, der durch die Küche gekommen war und sich dort, wie es schien, mit den Dienstboten unterhalten hatte. Mittlerweile hatte der Pastor gelernt, Nicolás Gesichtsausdruck zu deuten. Was er jetzt vor sich sah, ließ neue Forderungen erwarten.

Nicolás sah ihn respektvoll an. «Señor», begann er. «Wir mögen dich, weil du uns Musik gegeben hast, als wir dich darum baten. Jetzt sind wir gute Freunde. Wir wollen, daß du uns Salz gibst.»

«Salz?» rief der Pastor ungläubig. «Wozu?»

Nicolás lachte gutmütig; er ließ erkennen, daß er glaubte, der Pastor mache einen Witz. Dann streckte er die Zunge heraus und tat, als leckte er. «Zum Essen.»

«Ach, ja», murmelte der Pastor und erinnerte sich, daß Steinsalz für die Indios ein kostbarer Luxus war.

«Aber wir haben kein Salz», sagte er schnell.

«Oh, doch, Señor. Dort!» Nicolás zeigte auf die Küche.

Der Pastor erhob sich. Er war entschlossen, diesem

Feilschen ein Ende zu setzen, da er es als gefährliches Element in seiner offiziellen Beziehung zum Dorf ansah. Er bedeutete Nicolás, ihm zu folgen, trat in die Küche und rief: «Quintina, zeig mir unser Salz.»

Mehrere seiner Dienstboten, unter ihnen Mateo, standen im Raum. Es war Mateo, der einen niedrigen Schrank öffnete und einen großen Haufen gräulicher Kuchen offenbarte, die auf dem Boden gestapelt waren. Der Pastor war erstaunt. «So viele Kilo Salz!» rief er. *«Cómo se hace?»*

Mateo erklärte ihm gelassen, daß sie es den ganzen Weg von Ocosingo mitgebracht hatten. «Für uns», setzte er hinzu und sah die anderen an.

Pastor Dowe bemerkte es und hoffte, es sei als Hinweis gemeint und würde als solcher erkannt werden. «Natürlich», sagte er, an Nicolás gewandt. «Das ist für mein Haus.»

Nicolás wirkte unbeeindruckt. «Du hast genug für alle im Dorf», verkündete er. «In zwei Sonntagen kannst du mehr aus Ocosingo bekommen. Alle werden sehr froh sein. Alle werden kommen, wenn du predigst. Du gibst ihnen Salz und machst Musik.»

Pastor Dowe spürte, wie er leicht zu zittern begann. Er wußte, daß er aufgeregt war, daher gab er sich Mühe, seine Stimme natürlich klingen zu lassen.

«Ich werde es mir überlegen, Nicolás», sagte er. «Auf Wiedersehen.»

Es war klar, daß Nicolás diese Worte keineswegs als Verabschiedung auffaßte. «Auf Wiedersehen!» antwortete er und lehnte sich gegen die Wand. Dann rief er: «Marta!» Das kleine Mädchen, dessen Anwesenheit im

Raum dem Pastor erst jetzt bewußt wurde, löste sich aus dem Schatten einer Ecke. Sie hielt etwas im Arm, das aussah wie eine große Puppe, und ging sehr besorgt damit um. Als der Pastor in den hellen Patio hinaustrat, kam ihm das Bild irgendwie merkwürdig vor, und er kehrte um und warf mit gerunzelter Stirn einen Blick in die Küche. Einen Augenblick blieb er gedankenversunken in der Tür stehen und starrte auf die kleine Marta. Die in ein zerschlissenes Tuch gewickelte Puppe, die das Mädchen zärtlich in den Armen hielt, vollführte krampfartige Bewegungen.

Die schlechte Laune des Pastors war unübersehbar; wahrscheinlich hätte er sie unter keinen Umständen zu verbergen vermocht. «Was ist das?» fragte er ärgerlich. Wie zur Antwort zuckte das Bündel wieder und streifte einen Teil des Tuches ab, mit dem es bedeckt war. Der Pastor sah etwas, das ihm wie eine Karikatur des großen bösen Wolfs erschien, der unter der Nachtmütze der Großmutter hervorblinzelt. Wieder rief der Pastor: «Was ist das?»

Nicolás wandte sich belustigt von seiner Unterhaltung ab und forderte Marta auf, es hochzuhalten, damit der Señor es sehen könne. Sie gehorchte, streifte das Tuch ab und brachte einen lebendigen jungen Alligator zum Vorschein, der, da er mehr oder weniger auf dem Rücken gehalten wurde, sich dieser Behandlung instinktiv durch rhythmisches Strampeln mit den kleinen schwarzen Füßen zu entziehen versuchte. Sein ziemlich langes Maul jedoch schien zu lächeln.

«Um Gottes willen!» rief der Pastor auf englisch. Das Spektakel erschien ihm auf seltsame Weise skandalös. Es lag eine verborgene Obszönität im Anblick des unruhigen kleinen Reptils, dessen Kopf in ein Tuch gewickelt war. Doch Marta hielt es immer noch hoch, damit er es ansehen konnte. Er berührte die weichen Schuppen auf dem Bauch, zog die Hand zurück und sagte: «Seine Kiefer sollten zusammengebunden werden. Er wird sie sonst beißen.»

Mateo lachte. «Sie ist zu schnell», und dann wiederholte er seine Worte im Dialekt für Nicolás, der zustimmend nickte und ebenfalls lachte. Der Pastor strich Marta über den Kopf, während sie das Tier wieder an sich drückte und zärtlich wiegte.

Nicolás' Blick ruhte auf ihm. «Gefällt dir Marta?»

Der Pastor dachte an das Salz. «Ja, ja», sagte er mit dem unechten Enthusiasmus eines Mannes, der mit seinen Gedanken woanders war. Er ging in sein Schlafzimmer und schloß die Tür. Nachmittags auf dem schmalen Bett zu liegen war genauso wie nachts: das gleiche Gebell der Hunde im Dorf. Heute hörte man darüber hinaus, wie der Wind am Fenster entlangstrich. Selbst der Baldachin des Moskitonetzes schaukelte gelegentlich sacht hin und her, wenn ein Lüftchen durchs Zimmer strich. Der Pastor überlegte, ob er Nicolás nachgeben sollte oder nicht. Als er sehr schläfrig wurde, dachte er: «Um welches Prinzips willen sollte ich es ihnen eigentlich vorenthalten? Sie wollen Musik. Sie wollen Salz. Sie werden lernen, Gott zu wollen.» Dieser Gedanke beruhigte ihn, und er schlief über dem Lärm des Hundegebells und dem Heulen des Windes am Fenster ein.

Während der Nacht wälzten sich die Wolken von den Bergen hinab ins Tal, und als die Dämmerung anbrach, blieben sie dort, von den hohen Bäumen aufgespießt. Der Gesang der wenigen Vögel klang, als käme er von der Decke eines großen Saales. Die feuchte Luft war von Holzrauch erfüllt, doch aus dem Dorf drangen keine Geräusche; eine Wolkenwand schnitt es von der Missionsstation ab.

Von seinem Bett aus hörte der Pastor statt des Windes draußen einzelne Wassertropfen aus der Dachrinne ins Gebüsch fallen. Eine Weile blieb er noch liegen, eingelullt von den gedämpften Stimmen der schwatzenden Dienstboten in der Küche. Dann trat er ans Fenster und sah ins Grau. Selbst die nächststehenden Bäume waren unsichtbar, und ein dumpfer Erdgeruch hing in der Luft. Er zog sich an, fröstelte, als die feuchten Kleider seine Haut berührten. Auf dem Tisch lag eine Zeitung:

BARCELONA BOMBARDEADA POR
DOSCIENTOS AVIONES

Als er sich rasierte und versuchte, mit dem lauwarmen, von Holzasche getrübten Wasser, das Quintina ihm hingestellt hatte, Schaum zu schlagen, schoß ihm der Gedanke durch den Kopf, daß er den Menschen von Tacaté und dem erstickenden Gefühl, in uralten Zeiten verloren zu sein, gern entflohen wäre. Es würde gut tun, sich von dieser unendlichen Traurigkeit zu befreien, wenigstens für ein paar Stunden.

Er nahm ein üppigeres Frühstück ein als sonst und ging hinaus zu dem überdachten Podium, wo er sich in die Feuchtigkeit setzte. Er begann, den achtundsiebzigsten Psalm zu lesen, den er als Grundlage für seine Predigt benutzen wollte. Beim Lesen blickte er auf die Leere, die vor ihm lag. Wo sonst der Mangobaum stand, war nur das weiße Nichts, als fiele das Land hinter dem Podium tausend Fuß oder mehr in die Tiefe.

«Er spaltete die Felsen in der Wüste und tränkte sie mit Wasser aus der Tiefe.» Aus dem Haus drang Quintinas Kichern. «Wahrscheinlich jagt Mateo sie im Patio», dachte der Pastor; klugerweise hatte er vor langer Zeit aufgehört, von einem Indio das Verhalten eines erwachsenen Menschen zu erwarten. Alle paar Sekunden erklang auf der anderen Seite des Pavillons das hysterische Kollern eines Truthahns. Der Pastor legte die offene Bibel auf den Tisch, hielt sich die Ohren zu und las weiter: «Er ließ wehen den Ostwind unter dem Himmel und erregte durch seine Stärke den Südwind.»

Er ertappte sich bei dem Gedanken, daß solche Stellen im Dialekt sehr heidnisch klingen würden. Er nahm die Hände von den Ohren und dachte nach. «Aber für sie muß alles heidnisch klingen. Alles, was ich sage, wird auf dem Weg zu ihnen zu etwas anderem.» Dies war ein Gedanke, den Pastor Dowe stets zu unterdrücken versucht hatte. Entschlossen starrte er auf den Text und las weiter. Das Kichern im Haus wurde lauter; jetzt hörte er auch Mateo. «Da er Ungeziefer unter sie schickte, das sie fraß, und Frösche, die ihnen Verderben brachten.» Die Tür zum Patio öffnete sich, und der Pastor hörte Mateo husten, als dieser hinaussah. «Bestimmt hat er Tuberkulose», sagte sich der Pastor, als der Indio wiederholt ausspuckte. Er schloß die Bibel, nahm die Brille ab und tastete auf dem Tisch nach dem Etui. Da er es nicht fand, stand er auf, und als er einen Schritt nach vorne tat, zertrat er es unter dem Absatz. Mitfühlend bückte er sich und hob es auf.

Die Scharniere waren zerbrochen und die Metallteile unter dem Kunstlederüberzug verbogen. Mateo hätte es wieder einigermaßen in die alte Form hämmern können, doch Pastor Dowe zog vor zu denken: «Alles hat seinen Tod.» Er hatte das Etui elf Jahre lang besessen, und nun dachte er an die gemeinsame Zeit: an den sonnigen Nachmittag, als er es in einer schmalen Seitenstraße mitten in Havanna gekauft hatte; an die mühsamen Jahre in den Bergen Südbrasiliens; an den Tag damals in Chile, als er das Etui aus dem Busfenster hatte fallen lassen und alle Fahrgäste ausgestiegen waren, um ihm beim Suchen zu helfen; an das deprimierende Jahr in Chicago, als er es aus irgendeinem Grund die meiste Zeit in der Schreibtischschublade gelassen hatte und die Brille lose in der Manteltasche trug. Er erinnerte sich an einige der Zeitungsausschnitte, die er in dem Etui aufbewahrt, und an die vielen kleinen Zettel, auf denen er Ideen festgehalten hatte. Zärtlich sah er auf das Etui hinunter und dachte: «Und so sind das der Ort und die Zeit und die Umstände seines Todes.» Irgendwie war er froh, Zeuge seines Endes zu sein; es war beruhigend, es zu kennen. Einen Moment lang betrachtete er das Etui voller Traurigkeit. Dann schleuderte er es hinaus in die weiße Leere, als wäre der Abgrund tatsächlich da. Mit der Bibel unter dem Arm schritt er zur Tür und drängte sich ohne ein Wort an Mateo vorbei. Doch als er in sein Zimmer trat, beschlich ihn das Gefühl, daß Mateo ihn sonderbar angesehen hatte, als wüßte er etwas und wartete, ob der Pastor es auch entdeckte.

In dem stickigen kleinen Zimmer hatte der Pastor ein noch stärkeres Verlangen, eine Zeitlang allein zu sein. Er wechselte die Schuhe, griff nach seinem Gehstock und trat hinaus in den Nebel. Bei diesem Wetter konnte er nur einen Pfad nehmen, und der führte bergab durchs Dorf. Mit äußerster Vorsicht tappte er über die Steine. Zwar konnte er den Boden unter den Füßen erkennen und auch die Stelle, wo er den Gehstock aufsetzte, doch sonst war auf allen Seiten weißes Nichts. So dahinzugehen, dachte er, war, als versuchte man einen Text zu lesen, von dem immer nur ein einziger Buchstabe sichtbar ist. Der Holzrauch hing durchdringend in der unbewegten Luft.

Etwa eine halbe Stunde lang ging Pastor Dowe so weiter, setzte vorsichtig einen Fuß vor den anderen. Die Leere, die ihn umgab, das Fehlen jeglicher visueller Reize war weniger dazu angetan, seine Gedanken zu beflügeln als seine Empfindungen abzustumpfen. Das Gehen über die Steine war mühsam, aber auf seltsame Art entspannend. Eine der wenigen Ideen, die ihm dabei durch den Kopf gingen, war, daß es angenehm wäre, sich ungesehen durch das Dorf bewegen zu können, und er hielt dies für möglich, denn selbst auf zehn Fuß Entfernung war er unsichtbar. Er könnte zwischen den Hütten entlanggehen und die Säuglinge schreien hören, und wenn er das Dorf auf der anderen Seite verließ, würde niemand wissen, daß er dagewesen war. Welchen Weg er danach einschlagen würde, wußte er nicht.

Plötzlich wurde der Pfad unwegsamer und führte im Zickzack den steilen Abhang einer Schlucht hinab. Er war unten angelangt, bevor er auch nur einmal den Kopf gehoben hatte. «Ah», sagte er und blieb stehen.

Der Nebel war jetzt über ihm, eine große graue Steppdecke aus Wolken. Er sah die riesigen Bäume, die um ihn standen, und hörte, wie sie langsam in einem feierlichen, unsteten Chor auf die Blätter der wildwachsenden Cocapflanzen tropften.

«Auf dem Weg ins Dorf gibt es keine solche Stelle», überlegte der Pastor. Er war ein wenig ärgerlich, aber mehr verwundert, sich neben diesen Bäumen wiederzufinden, die wie Elefanten aussahen und größer waren als alle anderen Bäume, die er in dieser Gegend je gesehen hatte.

Mechanisch wandte er sich um und stieg den Pfad wieder hinauf. Verglichen mit der überwältigenden Schwermut der Landschaft, die jetzt sichtbar vor ihm lag, bot der Nebel dort oben Trost und Schutz. Er hielt einen Moment inne, um zurückzuschauen auf die dicken dornigen Baumstämme und das Wirrwarr der Vegetation dahinter. Bei einem leisen Geräusch in seinem Rücken wandte er den Kopf.

Zwei Indios trotteten den Pfad hinunter auf ihn zu. Als sie ihn erreichten, blieben sie stehen und sahen ihn mit einer derartigen Erwartung in den dunklen Gesichtern an, daß Pastor Dowe glaubte, sie würden etwas sagen. Statt dessen stieß der vordere einen grunzenden Laut aus und machte dem anderen ein Zeichen, ihm zu folgen. Es gab keine Möglichkeit, dem Pastor auszuweichen, und sie stießen heftig gegen ihn, als sie vorbeigingen. Ohne sich noch einmal umzusehen, eilten sie weiter und verschwanden zwischen den grünen Cocablättern.

Dieses ungewöhnliche Verhalten der beiden Eingeborenen verwirrte ihn ein wenig; spontan beschloß er, nach einer Erklärung zu suchen. Er ging ihnen nach.

Bald hatte er die Stelle, wo er vor wenigen Minuten umgekehrt war, hinter sich gelassen. Er war im Wald; der Geruch der Pflanzen war fast unerträglich – ein Geruch nach lebender und toter Vegetation in einer Welt, in der sich langsames Werden und langsames Vergehen nebeneinander vollziehen und untrennbar verbunden sind. Einmal blieb er stehen und horchte auf Schritte. Offensichtlich waren die Indios ihm weit voraus; trotzdem setzte er seinen Marsch fort. Da der Pfad ziemlich breit und gut ausgehauen war, kam er nur selten mit einer herabhängenden Ranke oder einem hervorstehenden Ast in Berührung.

Die Posen der Bäume und Schlingpflanzen erweckten den Eindruck, daß sie mitten in einer wütenden Bewegung festgehalten worden waren, und bildeten eine eintönige Folge von gefolterten *tableaux vivants*. Es war, als würde ihr verzweifelter Kampf um Luft unterbrochen, sobald er hinsah, und sogleich wieder aufgenommen, wenn er den Blick abwandte. Während er sie noch betrachtete, kam er zu dem Schluß, daß es genau dieser undefinierbare Zug von Heimlichkeit war, der die Gegend so gespenstig machte. Hin und wieder schwebte leise ein blutroter Schmetterling durch das Halbdunkel über ihm von einem Baumstamm zum anderen. Sie waren alle gleich; es schien ihm, als müsse es stets dasselbe Insekt sein. Mehrmals kam er am weißen Gitterwerk großer Spinnweben vorbei, die zwischen die Pflanzen gestreut waren wie auf den dunklen Hintergrund gemalte Tore. Doch alle Spinnweben wirkten unbewohnt.

Noch immer fielen große, träge Wassertropfen von oben herab; selbst bei starkem Regen hätte der Boden nicht feuchter sein können.

Der Pastor litt an Astigmatismus, und da ihm vom Betrachten so vieler Details ein wenig schwindlig wurde, sah er beim Weitergehen starr geradeaus und wandte den Blick nur ab, wenn er Pflanzen umgehen mußte, die über den Weg wuchsen. Der Waldboden war jetzt eben. Plötzlich merkte er, daß die Luft von schwachen Geräuschen erfüllt war. Er blieb stehen und erkannte das leise Glucksen, das ein tiefer Strom gelegentlich erzeugt, wenn das Wasser die Ufer bespült. Fast genau vor ihm war der Fluß, schwarz, breit, und trotz der Nähe erzeugte die starke Strömung kaum ein Geräusch. Ein paar Schritte weiter lag ein großer abgestorbener Baum quer über dem Pfad, von einem orangefarbenen Pilz bedeckt. Der Blick des Pastors folgte dem Stamm nach links; an dem sich verjüngenden Ende, ihm gegenüber, saßen die beiden Indios. Sie beobachteten ihn interessiert, und er wußte, daß sie auf ihn gewartet hatten. Er ging auf sie zu und grüßte. Feierlich erwiderten sie den Gruß, ohne die glänzenden Augen von seinem Gesicht zu nehmen.

Als hätten sie sich abgesprochen, standen beide im gleichen Moment auf und traten an den Rand des Wassers, auf das sie hinuntersahen. Der eine wandte sich zu dem Pastor um und sagte einfach: «Komm.» Als er um den Baumstamm herumging, sah er, daß sie vor einem langen Bambusfloß standen, das am schlammigen Ufer festgemacht war. Sie hoben es an und senkten das eine Ende auf den Strom.

«Wo fahrt ihr hin?» fragte der Pastor. Zur Antwort

hoben beide ihre kurzen braunen Arme und deuteten langsam flußabwärts. Derjenige, der zuvor gesprochen hatte, wiederholte: «Komm.» Die Neugier des Pastors war geweckt; er betrachtete mißtrauisch das zerbrechliche Floß und dann wieder die beiden Männer. Zugleich hatte er das Gefühl, es wäre angenehmer, mit ihnen zu fahren, als durch den Wald zurückzulaufen. Ungeduldig fragte er erneut: «Wohin fahrt ihr? Tacaté?»

«Tacaté», sagte der andere, der bisher nicht gesprochen hatte.

«Ist es stark?» fragte der Pastor und bückte sich, um ein Stück Bambus zu berühren. Es war nur eine Formalität; er vertraute darauf, daß die Indios sich mit den Materialien des Dschungels auskannten.

«Stark», sagte der erste. «Komm.»

Der Pastor warf einen Blick zurück in den tropfenden Wald, bestieg das Floß und kauerte sich am Heck auf den Boden. Schnell sprangen die anderen an Bord und stießen das fragile Floß mit einem Stock vom Ufer ab.

Dann begann eine Reise, die Pastor Dowe fast vom ersten Augenblick an bereute. Schon als das Floß rasch um die erste Biegung des Stromes glitt, wünschte er, er wäre zurückgeblieben und in diesem Moment auf dem Weg durch die Schlucht. Und während sie weiter den stillen Strom hinunterschossen, machte er sich Vorwürfe, daß er, ohne zu wissen, warum, auf das Floß gestiegen war. Mit jeder Biegung des tunnelähnlichen Flusses spürte er, wie er sich weiter von der Welt entfernte. Er ertappte sich bei dem lächerlichen Versuch, das Floß aufzuhalten: viel zu schnell bewegte es sich über die Oberfläche des schwarzen Wassers, entfernte sich von der Welt – oder meinte er: von Gott? Eine Gegend wie diese schien jenseits von Gottes Gerichtsbarkeit zu liegen. Als er bei diesem Gedanken angelangt war, schloß er die Augen. Es war absurd, ganz und gar unmöglich – auf jeden Fall inakzeptabel –, und doch war es ihm eingefallen und ging ihm nicht mehr aus dem Sinn. «Gott ist stets mit mir», murmelte er leise, doch die Formel zeitigte keine Wirkung. Schnell öffnete er die Augen und sah die beiden Männer an. Sie betrachteten ihn, doch er hatte das Gefühl, daß er für sie unsichtbar war; sie sahen nur die kleinen Wellen auf der Wasseroberfläche hinter ihm, die sich schnell ausbreiteten, und die unregelmäßig gewölbte Kuppel der Vegetation, unter der sie dahinfuhren.

Der Pastor zog den Gehstock hervor und gestikulierte damit, während er fragte: «Wohin fahren wir?» Wieder zeigten beide über ihre Schultern vage in die Luft, als sei die Frage ganz belanglos, und ihr Gesichtsausdruck blieb unverändert. Nicht willens, auch nur einen weiteren Baum zu passieren, tauchte der Pastor mechanisch den Gehstock ins Wasser, als könnte er die rasche Fahrt des Floßes damit aufhalten; einen Moment später zog er ihn heraus und legte ihn tropfend auf den Boden. Schon dieser flüchtige Kontakt mit dem dunklen Strom war ihm zuwider. Er versuchte sich einzureden, daß es keinen Grund für seinen unerwarteten spirituellen Zusammenbruch gab, doch zugleich schien ihm, als spürte er, wie sich die innersten Fibern seines Bewußtseins beruhigten. Die Reise flußabwärts war ein ungeheures Loslassen, und er kämpfte mit aller Macht dagegen an. «Vergib mir, o Herr, ich verlasse dich. Vergib mir, daß ich dich verlasse.» Seine Fingernägel gruben sich in die Handflächen, während er betete.

Und so saß er in quälendem Schweigen, während sie durch den Wald und dann auf einen großen See glitten, wo der graue Himmel wieder sichtbar wurde. Hier verlangsamte das Floß seine Fahrt, und die Indios trieben es mit den Händen auf das Ufer zu, wo das Wasser seicht war. Dort stakte der eine es mit dem Bambusstock weiter. Der Pastor bemerkte weder die großen Flächen von Wasserhyazinthen noch das seidene Geräusch, das sie erzeugten, wenn sie am Floß vorbeistrichen. Hier draußen war hin und wieder ein Vogelschrei unter den niedrig hängenden Wolken oder ein plötzliches Rascheln im Gras am Ufer zu hören. Dennoch blieb der Pastor in sich versunken und spürte mehr, als daß er dachte: «Nun ist es vollbracht. Ich bin ins andere Land übergetreten.» Und er war so sehr mit dieser instinktiven Gewißheit beschäftigt, daß er weder wahrnahm, wie sie sich der hohen Felsböschung näherten, die schroff aus dem Wasser ragte, noch wie sich das Floß auf den Strand einer kleinen Bucht daneben schob. Als er aufsah, standen beide Indios im Sand, und der eine sagte wieder: «Komm.» Sie halfen ihm nicht an Land; er schaffte es allein und mit einiger Anstrengung, obwohl er sich dessen nicht bewußt war.

Als er ausgestiegen war, führten sie ihn am Fuß des Felsens entlang vom Wasser weg. Sie folgten einem kurvenreichen Pfad, der durch das Unterholz geschlagen war, und gelangten dann genau an den Fuß der Steilwand.

Es gab dort zwei Höhlen, eine kleine, die sich links von

ihnen öffnete, und eine breitere und höhere weiter rechts. Vor der kleineren blieben sie stehen. «Geh hinein», forderten sie den Pastor auf. Im Innern war es nicht besonders hell, und er konnte kaum etwas sehen. Die beiden blieben am Eingang stehen. «Hier lebt dein Gott», sagte der eine. «Sprich mit ihm.»

Der Pastor kniete nieder. «O Vater, erhöre mich. Laß meine Stimme zu dir gelangen. Ich bitte dich in Jesu Namen...» «Sprich in unserer Sprache», rief der Indio ihm zu. Der Pastor strengte sich an und begann ein stockendes Gebet in ihrem Dialekt. Draußen erklang zufriedenes Grunzen. Die Konzentration, die vonnöten war, um seine Gedanken in die ihm noch immer fremde Sprache zu übertragen, diente dazu, sein Bewußtsein ein wenig zu erhellen. Und die angenehme Parallele zwischen diesem Gebet und jenen, die er für seine Gemeinde sprach, half ihm, seine Ruhe wiederzufinden. Während er zu sprechen fortfuhr, von Satz zu Satz flüssiger, spürte er, wie ihn eine gewaltige Kraft durchströmte. Zuversichtlich hob er den Kopf und setzte sein Gebet fort, den Blick auf die Mauer vor sich gerichtet. Im selben Augenblick hörte er einen Schrei: «Metzabok hört dich. Sag ihm noch mehr.»

Die Lippen des Pastors hörten auf, sich zu bewegen, und zum ersten Mal erblickten seine Augen die auf das Felsgestein gemalte rote Hand und die Holzkohle, die überall verstreute Asche, Blütenblätter und hölzernen Löffel. Doch er verspürte keine Furcht; das war vorbei. Wichtig war nur noch das Gefühl der Stärke und des Glücks. Sein spiritueller Zustand wurde zum physischen Faktum. Daß er Metzabok angebetet hatte, war natürlich ebenfalls eine Tatsache, doch seine Reue blieb ein rein geistiger Akt. Ohne den Gedanken auszusprechen kam er zu dem Schluß, daß ihm vergeben würde, wenn er Gott später darum bat.

Um seine Zuschauer draußen zufriedenzustellen hängte er noch einige formelhafte Sprüche an sein Gebet, stand dann auf und trat ins Tageslicht. Zum ersten Mal bemerkte er eine gewisse Lebendigkeit in den Gesichtszügen der beiden Männer. Einer von ihnen sagte: «Metzabok ist sehr glücklich.» Der andere sagte: «Warte.» Dann eilten beide zur größeren der beiden Höhlen und verschwanden darin. Der Pastor setzte sich auf einen Felsbrocken und stützte das Kinn auf die Hand, die den Knauf seines Gehstocks hielt. Er war noch immer erfüllt von dem triumphalen Gefühl, zu sich zurückgefunden zu haben.

Ungefähr eine Viertelstunde lang hörte er sie in der Höhle murmeln. Kurz darauf kamen sie mit noch immer ernsten Gesichtern heraus. Von Neugier geplagt, riskierte der Pastor eine Frage. Er zeigte mit dem Finger auf die größere Höhle und sagte: «Hachakyum lebt hier?» Beide nickten. Er wollte fortfahren und fragen, ob Hachakyum es billigte, daß er mit Metzabok gesprochen hatte, doch er spürte, daß diese Frage unklug wäre; außerdem war er sicher, daß die Antwort positiv ausfiele.

Bei Einbruch der Dämmerung kamen sie im Dorf an, nachdem sie den ganzen Weg zu Fuß zurückgelegt hatten. Die Indios waren viel zu schnell gegangen für Pastor Dowe, und sie hielten nur einmal an, um ein paar Sapotes zu essen, die sie unter den Bäumen gefunden hatten. Er bat sie, ihn zu Nicolás' Haus zu bringen. Als sie die Hütte erreichten, nieselte es. Der Pastor setzte sich vor die Tür unter den Schutz des überhängenden Daches aus Bambus. Er fühlte sich am Ende seiner Kräfte; es war der anstrengendste Tag seines Lebens gewesen, und er war noch nicht zu Hause.

Als Nicolás auftauchte, rannten seine beiden Begleiter davon. Offensichtlich wußte er schon von dem Besuch in der Höhle. Dem Pastor kam es vor, als habe er sein Gesicht noch nie so ausdrucksvoll oder freundlich gesehen. *«Utz, utz»*, sagte Nicolás. «Gut, gut. Du mußt essen und schlafen.»

Nach einem Mahl aus Früchten und Maiskuchen fühlte sich der Pastor besser. Die Hütte war voller Rauch vom Feuer in der Ecke. Er streckte sich auf einer niedrigen Hängematte aus, von der kleinen Marta, die hin und wieder beiläufig an einem Seil zog, in sachter Bewegung gehalten. Ein tiefes Verlangen nach Schlaf hatte ihn erfaßt, doch sein Gastgeber schien in einer gesprächigen Stimmung zu sein, und er wollte davon profitieren. Gerade als er zum Sprechen ansetzte, kam Nicolás mit einer rostigen Keksdose aus Blech zu ihm. Er hockte sich neben die Hängematte und sagte mit leiser Stimme: «Ich werde dir meine Sachen zeigen.» Der Pastor war erfreut; dieses Angebot war ein Zeichen höchster Freundschaft. Nicolás öffnete die Dose und nahm ein paar kleine Fetzen bedruckten Tuches, ein altes Röhrchen Chinintabletten, ein zerrissenes Stück Zeitungspapier und vier Kupfermünzen heraus. Er ließ dem Pastor Zeit, alles sorgfältig in Augenschein zu nehmen. Ganz unten lagen viele blaue und orangefarbene Federn, doch Nicolás machte sich nicht die Mühe, sie herauszunehmen. Der Pastor erkannte, daß er die Schätze des Haushalts zu sehen bekam; diese Gegenstände waren kostbare Kunstobjekte. Er betrachtete jeden einzelnen mit großer Ernsthaftigkeit und reichte sie mit einem Ausdruck der Bewunderung zurück.

Schließlich sagte er «Danke» und lehnte sich in der Hängematte zurück. Nicolás gab die Dose den Frauen, die in der Ecke saßen. Als er zum Pastor zurückkehrte, sagte er: «Jetzt schlafen wir.»

«Nicolás», sagte der Pastor. «Ist Metzabok schlecht?»

«*Bai*, Señor. Manchmal sehr schlecht. Wie ein kleines Kind. Wenn er nicht sofort bekommt, was er will, macht er Feuer, Fieber, Krieg. Er kann auch sehr gut sein, wenn er glücklich ist. Du solltest jeden Tag mit ihm sprechen. Dann wirst du ihn kennen.»

«Aber ihr sprecht nie mit ihm.»

«*Bai*, das tun wir. Viele tun es, wenn sie krank sind oder unglücklich. Sie bitten ihn, das Böse wegzunehmen. Ich spreche nie mit ihm.» Nicolás wirkte sehr zufrieden. «Hachakyum ist ein guter Freund von mir, deshalb brauche ich Metzabok nicht. Außerdem ist Metzaboks Wohnung zu weit entfernt – drei Stunden zu Fuß. Ich kann hier mit Hachakyum sprechen.» Der Pastor wußte, daß er auf den kleinen Altar draußen anspielte. Er nickte und schlief ein.

Am frühen Morgen war das Dorf ein lärmendes Chaos: Hunde, Papageien und Kakadus, Säuglinge und Truthähne. Der Pastor lag still in seiner Hängematte und horchte, bevor er offiziell von Nicolás geweckt wurde. «Wir müssen jetzt gehen, Señor», sagte er. «Alle warten auf dich.»

Beunruhigt richtete der Pastor sich halb auf. «Wohin?» rief er.

«Du sprichst und machst Musik.»

«Ja, ja.» Er hatte ganz vergessen, daß heute Sonntag war.

Der Pastor schwieg, als er neben Nicolás den Weg zur Missionsstation hinaufstieg. Das Wetter hatte umgeschlagen, und die Morgensonne war sehr hell. «Diese Erfahrung hat mich gestärkt», dachte er. Sein Kopf war klar; er fühlte sich erstaunlich gesund. Das ungewohnte Gefühl von Energie weckte nostalgische Erinnerungen an die Tage seiner Jugend. «Damals muß ich mich immer so gefühlt haben. Ich kann mich erinnern», dachte er.

An der Missionsstation hatten sich viele Menschen eingefunden, viel mehr, als er je an einem Gottesdienst in Tacaté hatte teilnehmen sehen. Sie sprachen leise miteinander, doch als Nicolás und er erschienen, waren plötzlich alle still. Mateo stand auf dem Podium und wartete neben dem offenen Grammophon auf ihn. Schmerzlich wurde dem Pastor bewußt, daß er keine Predigt für seine Gemeinde vorbereitet hatte. Er ging einen Augenblick ins Haus, kehrte dann zurück, setzte sich in den Pavillon und griff nach der Bibel. Er hatte seine wenigen Notizen im Buch gelassen, das sich von selbst beim achtundsiebzigsten Psalm öffnete. «Ich werde ihnen den Psalm vorlesen», beschloß er. Er wandte sich an Mateo. «Spiel die *disco*», sagte er. Mateo legte «Crazy Rhythm» auf. Der Pastor brachte mit dem Bleistift hastig ein paar Veränderungen im Text an, ersetzte die Namen von Jakob und Ephraim durch die kleinerer lokaler Gottheiten wie Usukan und Sibanaa und veränderte auch die Ortsnamen. Und er schrieb jedes Mal das Wort «Hachakyum» hin, wo «Gott» oder «der Herr» stand. Er war noch nicht fertig, als die Musik zu Ende war. «Spiel sie noch einmal», wies er Mateo an. Die Zuschauer waren entzückt, obwohl die Platte schrecklich verkratzt war. Als die Musik zum zweiten Mal verstummte, stand er auf und begann mit klarer Stimme den Psalm zu paraphrasieren. «Wie die Kinder Sibanaas, die geharnischt den Bogen führten, in den Wald rannten, um sich zu verstecken, als der Feind kam. Sie hielten den Bund Hachakyums nicht und wollten nicht unter seinem Gesetz wandeln.» Die Zuhörer waren elektrisiert. Während er sprach bemerkte er, daß die kleine Marta ihn anstarrte. Sie hatte ihren Alligator losgelassen, und er kroch mit erstaunlicher Geschwindigkeit auf den Tisch zu, an dem er stand. Quintina, Mateo und die beiden Dienstmädchen stapelten auf einer Seite die Salzbrocken auf. Immer wieder kehrten sie in die Küche zurück, um noch mehr zu holen. Er sah ein, daß das, was er sagte, in der Religion seiner Zuhörer absolut keinen Sinn ergab, aber es war eine Geschichte über den Ausbruch göttlichen Mißfallens angesichts eines gottlosen Volkes, und sie genossen es sichtlich. Der Alligator, der sein Tuch hinter sich herzog, war wenige Zentimeter von den Füßen des Pastors entfernt; dort verharrte er reglos, erleichtert, den Armen Martas entronnen zu sein.

Während er noch sprach, fing Mateo an, das Salz auszuteilen, und bald fuhren alle rhythmisch mit der Zunge über die Salzbrocken, lauschten jedoch weiterhin aufmerksam seinen Worten. Als er fast fertig war, gab er Mateo ein Zeichen, die Platte zu spielen, sobald er zu sprechen aufhörte; mit dem letzten Wort senkte er den Arm, und «Crazy Rhythm» erklang aufs neue. Der Alligator kroch eilig zum anderen Ende des Podiums. Pastor Dowe bückte sich und hob ihn auf. Als er einen Schritt nach vorn machte, um ihn Mateo zu übergeben, erhob Nicolás sich vom Boden, nahm Marta bei der Hand und kam mit ihr zum Pavillon.

«Señor», sagte er. «Marta wird mit dir leben. Ich gebe sie dir.»

«Was meinst du?» rief der Pastor mit rauher Stimme. Der Alligator wand sich auf seinem Arm.

«Sie ist deine Frau. Sie wird mit dir leben.»

Pastor Dowes Augen weiteten sich. Einen Moment war er nicht in der Lage, etwas zu sagen. Er machte eine abwehrende Geste und sagte schließlich mehrmals hintereinander «Nein».

Nicolás' Gesicht verfinsterte sich. «Du magst Marta nicht?»

«Doch. Sie ist sehr hübsch.» Der Pastor setzte sich langsam auf seinen Stuhl. «Aber sie ist noch ein Kind.»

Nicolás runzelte ungeduldig die Stirn. «Sie ist schon groß.»

«Nein, Nicolás. Nein, nein, nein!»

Nicolás schob seine Tochter nach vorn, trat einige Schritte zurück und ließ sie neben dem Tisch stehen. «Es ist vollbracht», sagte er streng. «Sie ist deine Frau. Ich habe sie dir gegeben.»

Pastor Dowe warf einen Blick auf die Versammlung und sah unausgesprochene Zustimmung in allen Gesichtern. «Crazy Rhythm» verklang. Alles schwieg. Unter dem Mangobaum entdeckte er eine Frau, die mit einem kleinen, glänzenden Gegenstand spielte. Plötzlich erkannte er sein Brillenetui; die Frau war dabei, den Kunstlederbezug abzureißen. Das blanke Aluminium mit den Dellen schimmerte in der Sonne. Aus irgendeinem Grund ertappte er sich selbst in dieser Situation bei dem Gedanken: «Ich hatte also unrecht. Es ist nicht tot. Sie wird es aufbewahren, so wie Nicolás seine Chinintabletten.»

Er sah auf Marta hinunter. Das Kind starrte ihn vollkommen ausdruckslos an. «Wie eine Katze», dachte er.

Wieder begann er zu protestieren. «Nicolás», rief er mit hoher Stimme. «Das ist unmöglich!» Er spürte eine Hand auf seinem Arm, drehte sich um und bemerkte Mateos warnenden Blick.

Nicolás war bereits wieder auf dem Weg zum Pavillon, sein Gesicht glich einer Gewitterwolke. Als er sprechen wollte, kam ihm der Pastor schnell zuvor. Er hatte beschlossen nachzugeben. «Sie darf heute in der Missionsstation bleiben», sagte er schwach.

«Sie ist deine Frau», sagte Nicolás eindringlich. «Du kannst sie nicht fortschicken. Du mußt sie behalten.»

«Diga que sí», flüsterte Mateo. «Sagen Sie ja, Señor!»

«Ja», hörte der Pastor sich antworten. «Ja. Gut.» Er erhob sich und ging langsam zum Haus, in der einen Hand den Alligator, mit der anderen Marta vor sich her schiebend. Mateo folgte und schloß die Tür hinter ihnen.

«Nimm sie mit in die Küche, Mateo», sagte der Pastor mürrisch und gab Marta das kleine Reptil zurück. Als Mateo mit dem Kind an der Hand durch den Patio ging, rief er ihm nach: «Bring sie zu Quintina und komm dann in mein Zimmer!»

Er setzte sich auf die Bettkante und starrte vor sich hin, ohne etwas zu sehen. Mit jedem Augenblick erschien ihm seine mißliche Lage schrecklicher. Erleichtert hörte er Mateo klopfen. Die Menschen draußen zerstreuten sich langsam. Es kostete ihn große Anstrengung, *«Adelante!»* zu rufen. Als Mateo eingetreten war, sagte der Pastor: «Schließ die Tür.»

«Mateo, wußtest du, daß sie das vorhatten? Daß sie das Kind hierherbringen würden?»

«*Si*, Señor.»

«Du wußtest es! Aber warum hast du nichts gesagt? Warum hast du mir nichts gesagt?»

Mateo zuckte die Achseln und schaute zu Boden. «Ich wußte nicht, daß es Sie stören würde», sagte er. «Außerdem wäre es sowieso zwecklos gewesen.»

«Zwecklos? Weshalb? Du hättest Nicolás daran hindern können», sagte der Pastor, obgleich er das selbst nicht glaubte.

Mateo lachte auf. «Meinen Sie?»

«Mateo, du mußt mir helfen. Wir müssen Nicolás dazu bringen, sie wieder mitzunehmen.»

Mateo schüttelte den Kopf. «Unmöglich. Die Leute hier sind sehr streng. Sie ändern niemals ihre Gesetze.»

«Vielleicht ein Brief an den Verwalter in Ocosingo ...»

«Nein, Señor. Das würde die Sache nur verschlimmern. Sie sind nicht katholisch.» Mateo trat von einem Fuß auf den anderen und lächelte dünn. «Warum behalten Sie die Kleine nicht? Sie ißt nicht viel. Sie kann in der Küche helfen. In zwei Jahren ist sie sehr hübsch.»

Der Pastor sprang auf und machte eine so ausladende und heftige Bewegung, daß das über seinem Kopf aufgerollte Moskitonetz auf ihn herabstürzte. Mateo half ihm, es zu entwirren. Die Luft roch nach Staub aus dem Netz.

«Du verstehst gar nichts», rief Pastor Dowe außer sich. «Mit dir kann ich nicht reden. Mit dir will ich nicht reden. Geh und laß mich in Frieden!» Gehorsam verließ Mateo das Zimmer.

Der Pastor schlug die rechte Faust in die linke Hand, wieder und wieder, während er am Fenster stand und die Landschaft betrachtete, die im grellen Sonnenschein lag. Einige der Frauen aßen unter dem Mangobaum; alle anderen waren den Hügel wieder hinabgestiegen.

Den ganzen Nachmittag lag er auf seinem Bett. Bei Einbruch der Dämmerung faßte er einen Entschluß. Er verriegelte seine Tür und packte soviel an persönlichen Gegenständen wie möglich in seinen kleinsten Koffer. Die Bibel und die Notizbücher legte er obenauf, zusammen mit der Zahnbürste und den Atebrintabletten. Als Quintina das Abendessen ankündigte, bat er sie, es ihm ans Bett zu bringen, und verstaute den fertiggepackten Koffer im Schrank, bevor er ihr die Tür öffnete. Er wartete, bis überall im Haus die Stimmen verklungen waren und er sicher sein konnte, daß alle schliefen. Mit dem nicht allzu schweren Koffer in der Hand schlich er auf Zehenspitzen in den Patio, trat hinaus in die duftende Nacht, überquerte den offenen Platz vor dem Pavillon, ging unter dem Mangobaum hindurch und dann den Pfad nach Tacaté entlang. Er ging eilig, denn er wollte vor Mondaufgang das Dorf hinter sich haben.

Ein Chor von bellenden Hunden empfing ihn, als er in die Dorfstraße einbog. Er begann zu rennen, geradeaus, bis ans andere Ende. Und er rannte weiter, bis er zu einer

Stelle kam, wo der Pfad breiter wurde, sich den Hügel hinabschlängelte und in den Wald mündete. Sein Herz schlug heftig vor Anstrengung. Um sich auszuruhen und um sicherzugehen, daß man ihm nicht folgte, setzte er sich mitten auf den Pfad auf seinen kleinen Koffer. So verharrte er eine lange Zeit und dachte an nichts, während die Nacht fortschritt und der Mond aufging. Er hörte nur den leichten Wind zwischen den Blättern und den Schlingpflanzen. Über ihm taumelten lautlos ein paar Fledermäuse durch die Dunkelheit. Schließlich holte er tief Luft, stand auf und ging weiter.

New York, 1946

Vier Tagereisen vor Santa Cruz

Ramón musterte in Cádiz an. Der erste Hafen, den das Schiff anlief, war Santa Cruz de Tenerife, anderthalb Tagereisen entfernt. Sie erreichten ihn abends, kurz nach Einbruch der Dunkelheit. Die Scheinwerfer am Hafen tauchten die schroffen, kahlen Berge in helles Licht, so daß sie sich grasgrün vor dem schwarzen Himmel abhoben. Ramón stand an der Reling. «Es muß geregnet haben», sagte er zu einem von der Mannschaft, der neben ihm stand. Der Mann grunzte; er sah nicht auf die grünen Berghänge, die im grellen Licht der Scheinwerfer unnatürlich leuchteten, sondern auf die Lichter der Stadt vor ihnen. «Ziemlich grün», fuhr Ramón ein wenig unsicher fort; der Mann grunzte nicht einmal als Antwort.

Sobald das Schiff vor Anker gegangen war, kam ein Schwarm von indischen Händlern mit Spitzen und Stickereiwaren an Bord, um sie Passagieren anzubieten, die nicht an Land gingen. Sie beschränkten sich auf das Erste-Klasse-Deck und machten sich nicht die Mühe, zur dritten hinabzuklettern, wo Ramón als Schiffsjunge in der Passagier-*Cocina* arbeitete. Bisher kam er mit der Arbeit gut zurecht; in Cádiz hatte er schwierigere und anstrengendere Jobs gehabt. Es gab genug zu essen, und wenn es auch nicht besonders gut war, so doch besser als das, was man den Passagieren der dritten Klasse vorsetzte. Da ihm der Wunsch nach Alleinsein nie in den Sinn gekommen war, machte ihm die Notwendigkeit, seine Kabine mit einem Dutzend Schiffskameraden zu teilen, wenig aus. Trotzdem war er seit der Abfahrt von Cádiz todunglücklich. Abgesehen von den Anweisungen in der Küche benahmen sich die Matrosen so, als wäre er nicht vorhanden. Sie warfen ihre schmutzige Wäsche in seine Koje und lagen rauchend auf seiner Pritsche, wenn er am Abend schlafen gehen wollte. Niemals zogen sie ihn in ein Gespräch, und bisher hatte noch keiner, wie abschätzig auch immer, auf seine Anwesenheit reagiert. Er schien Luft für sie zu sein. Selbst für einen nicht besonders egozentrischen Menschen kann ein solcher Zustand unerträglich werden. Ramón hatte in seinem sechzehnjährigen Leben noch keine derartige Situation erlebt; man hatte ihn schlecht behandelt, aber nie völlig übersehen.

Die meisten Männer standen rauchend auf dem Vorschiff, musterten die Hafengegend und deuteten auf diese oder jene Kneipe. Teils aus Trotz, der seinem Kummer entsprang, teils weil er eine Weile allein sein wollte, ging Ramón zum Heck, beugte sich tief über die Reling und starrte in die Dunkelheit hinunter. Er konnte das ununterbrochene Hupen eines am Kai entlangfahrenden Autos hören. Der Ton prallte an den Bergen dahinter ab, die ihn verstärkten und über das Wasser zurückwarfen. Von der anderen Seite kam das gedämpfte Rauschen der Brandung, die gegen den Wellenbrecher anrannte. Er hatte ein wenig Heimweh, und während er so dastand, wurde er obendrein wütend. So konnte es nicht weitergehen, dieser Zustand war unerträglich. Anderthalb Tage waren zuviel, er war entschlossen, auf der Stelle für eine Änderung zu sorgen, und in seinem ungestümen jungen

Kopf tauchte immer wieder das verschwommene Bild eines Kampfes auf – einer regelrechten Schlägerei mit der gesamten Mannschaft, aus der er schließlich als alleiniger Sieger hervorgehen würde.

Es ist angenehm, mit einem leichten Herbstwind im Rücken des Nachts am Kai eines fremden Hafens entlangzuschlendern. Ramón hatte es nicht eilig; vor jedem Café blieb er stehen, um den Gitarren und dem Gejohle zu lauschen, ohne jedoch auf die Frauen zu achten, die in den dunkleren Toreingängen standen und ihn ansprachen. Nach einer Extramahlzeit für sechzig Arbeiter, die hier in Santa Cruz an Bord gekommen waren und nach Südamerika wollten, hatte er die Kombüse aufräumen müssen und war daher der letzte gewesen, der von Bord gegangen war. Jetzt suchte er nach seinen Kameraden. Im Café del Teide entdeckte er mehrere, die bei einer Flasche Rum um einen Tisch saßen. Sie sahen ihn hereinkommen, gaben jedoch kein Zeichen des Erkennens. Alle Stühle waren besetzt. Er steuerte auf ihren Tisch zu, zögerte, als er daran vorbeikam, und ging dann weiter in den rückwärtigen Teil des Cafés. Der Mann hinter der Theke rief ihm zu: «Suchst du was?» Ramón wandte sich ab und setzte sich plötzlich an einen kleinen Tisch. Der Kellner kam und brachte ihm etwas, doch er merkte kaum, was er trank. Er beobachtete den Tisch mit den sechs Männern von seinem Schiff. Wie gebannt folgte sein Blick jeder ihrer Bewegungen: wie sie die kleinen Gläser füllten, den Schnaps hinunterstürzten, sich mit dem Handrücken über den Mund fuhren. Und er lauschte ihren Worten, die von lautem Gelächter unterbrochen wurden. Langsam wuchs sein Groll; er hatte das Gefühl, jeden Augenblick platzen zu müssen, wenn er noch länger hier säße. Er stieß den Stuhl zurück, sprang auf und eilte hinaus auf die Straße. Niemand nahm Notiz von seinem dramatischen Abgang.

Schnell, ohne auf den Weg zu achten, lief er durch die Stadt. Den Blick auf einen imaginären Horizont gerichtet, überquerte er die *plaza*, ging den breiten Paseo de Ronda entlang und gelangte zu den kleinen Gassen hinter der Kathedrale. Je weiter er sich von der Stadtmitte entfernte, um so dichter wurde das Gedränge in den Straßen, bis er schließlich im Strom der dahintreibenden Menge einen Bezirk erreichte, der am Rand der Stadt zu liegen schien und in dem es keine Ladengeschäfte, sondern nur noch Verkaufsbuden gab. Er verlangsamte seinen Schritt und spürte, wie die Nervosität von ihm abfiel. Allmählich nahm er die feilgebotenen Waren und die Menschen ringsum wahr. Schließlich kam er auf die Idee, ein großes Taschentuch zu kaufen. Vor bestimmten Verkaufsbuden waren Drähte gespannt, an denen viele solcher Stofftücher, an den Zipfeln festgeklammert, flatterten; ihre hellen Farben leuchteten im Schein der Karbidlampen. Als Ramón vor der nächsten Bude stehenblieb, um sich eins auszusuchen, fiel ihm am Nachbarstand ein lächelndes Mädchen auf, das ebenfalls ein Tuch kaufte. Er wartete, bis sie eins gefunden hatte, das ihr gefiel, trat dann hastig zu dem Verkäufer, der es einpackte, und sagte: «Haben Sie genau dasselbe noch mal?» Das Mädchen beachtete ihn nicht und steckte ihr Wechselgeld ein. «Ja», sagte der Verkäufer und langte über den Ladentisch, um zwischen den Tüchern zu suchen. Das Mädchen griff nach dem kleinen, in Zeitungspapier gewickelten Päckchen, wandte sich ab und ging die Straße hinab. «Nein, Sie haben es doch nicht!» rief Ramón und rannte hinter ihr her, um sie im Gewühl nicht aus den Augen zu verlieren. Eine Zeitlang folgte er ihr die Hauptverkehrsstraße entlang, bis sie in eine Seitenstraße einbog, die bergauf führte. Hier roch es nach Abwässern, und die Beleuchtung war spärlich. Er beschleunigte seinen Schritt, aus Furcht, sie könnte in einem der Häuser verschwinden, bevor er Gelegenheit gefunden hätte, mit ihr zu sprechen. In einem fernen Winkel seines Bewußtseins hoffte er, sie irgendwie mit ins Café del Teide nehmen zu können. Als er auf gleicher Höhe mit ihr war, sagte er leise, ohne den Kopf zu wenden: «Señorita!» Zu seiner Überraschung blieb sie mitten auf der Straße stehen. Obgleich sie sehr nahe vor ihm stand, konnte er ihr Gesicht nicht deutlich erkennen.

«Was wollen Sie?»

«Mit Ihnen sprechen.»

«Warum?»

Er konnte nicht antworten. «Ich dachte...», stammelte er.

«Was?»

Keiner von beiden sagte etwas, und als sie dann lachte, erinnerte Ramón sich wieder an ihr Gesicht: offen und fröhlich war es, aber kein Kindergesicht. Trotz des Vertrauens, das dieses Bild in ihm erweckte, fragte er: «Warum lachen Sie?»

«Weil ich glaube, daß Sie verrückt sind.»

Er berührte ihren Arm und sagte kühn: «Das werden wir noch sehen.»

«Ich sehe gar nichts. Sie sind ein Seemann. Da drüben

wohne ich.» Sie deutete auf die gegenüberliegende Straßenseite. «Wenn mein Vater Sie sieht, werden Sie den ganzen Weg zu Ihrem Schiff zurück rennen müssen.» Wieder lachte sie. Ramón erschien ihr Lachen wie Musik, leicht beunruhigend.

«Ich wollte Sie nicht belästigen. Nur mit Ihnen reden», sagte er wieder eingeschüchtert.

«Gut. Nun haben wir geredet. *Adiós.*» Sie setzte ihren Weg fort. Ramón folgte ihr. Sie sagte nichts. Wenig später bemerkte er triumphierend: «Sie haben doch gesagt, Sie wohnen dort hinten!»

«Das war eine Lüge», sagte sie obenhin. «Ich lüge immerzu.»

«Ah. Sie lügen immerzu», wiederholte Ramón mit großem Ernst.

Sie gelangten zu einer Straßenlaterne am Fuß einer steilen Treppe. Hier verengte sich die Seitenstraße zu einer Reihe von Steinstufen, die zwischen den Häusern bergauf führten. Während sie langsam hinaufstiegen, änderte sich die Luft. Es roch nach Wein, Küchendünsten und verbrannten Eukalyptusblättern. Hier oben über der Stadt war das Leben gemächlicher. Die Menschen beugten sich über Balkonbrüstungen, saßen plaudernd in dunklen Toreingängen und standen in den Straßen wie Inseln zwischen hin- und herlaufenden Hunden und Kindern.

Das Mädchen blieb stehen und lehnte sich gegen eine Hauswand. Sie war ein wenig außer Atem vom Steigen.

«Müde?» fragte er.

Statt zu antworten, wandte sie sich schnell um und verschwand in einem dunklen Hauseingang. Ein paar

Sekunden lang konnte Ramón sich nicht entscheiden, ob er ihr folgen sollte. Als er endlich auf Zehenspitzen in den trübe beleuchteten Flur schlich, war sie fort. Er ging weiter zum Hinterhof. Ein paar zerlumpte Jungen, die dort herumrannten, blieben stehen und starrten ihn an. Aus einem Radio im Obergeschoß kam Gitarrenmusik. Er blickte hinauf. Es war ein vierstöckiges Haus; fast alle Fenster waren erleuchtet.

Als er zum Hafen zurückkehrte, tauchte eine Frau aus den Schatten des kleinen Parks an der Kathedrale und nahm seinen Arm. Er sah sie an; sie neigte schamlos kokett den Kopf gegen die Schulter und wiederholte unablässig: «Ich mag Seeleute!» Er nahm sie mit zum Café del Teide. Als er sah, daß seine Kameraden gegangen waren, war er enttäuscht. Er spendierte der Frau eine *manzanilla* und verließ die Kneipe, als sie zu trinken begann. Er hatte kein Wort mit ihr gesprochen. Die Nacht erschien ihm plötzlich sehr warm. Er kam zum Blanco y Negro; im Innern spielte eine Band. Zwei oder drei Männer von seinem Schiff waren auf der dunklen Tanzfläche und versuchten, den Mädchen, die müde an ihnen hingen, etwas Leben einzuflößen. Er bestellte nicht einmal einen Drink, sondern eilte zum Schiff zurück. Seine Koje war voller Zeitungen und Kleiderbündel, doch die Kabine war leer, und er hatte ein paar Stunden zum Grübeln und Dösen, ehe die anderen wiederkamen. Im Morgengrauen legte das Schiff ab.

Am nächsten Tag umfuhren sie die Insel – nicht nah genug, um die Küste zu sehen, doch in Sichtweite des großen Bergkegels, der den ganzen Tag neben ihnen als klare Silhouette in der Luft stand. Zwei Tage lang behielt das Schiff seinen südwestlichen Kurs bei. Die See wurde ruhig und tiefblau, und die Sonne brannte grell vom Himmel. Die Mannschaft versammelte sich nicht mehr auf dem Achterdeck; nur am frühen Abend und bei Nacht breiteten sie sich dort aus und sangen mit rauhen Stimmen, während die Sterne über ihnen am Himmel tanzten.

Für Ramón ging das Leben weiter wie bisher. Er konnte keinen Unterschied im Verhalten der Mannschaft erkennen. Immer noch kam es ihm vor, als sei er Luft für sie. Die Zeitschriften, die sie in Santa Cruz gekauft hatten, wurden nie in der Kabine herumgegeben. An den Nachmittagen, wenn die Männer um einen Tisch des Dritte-Klasse-*comedors* saßen und sich Geschichten erzählten, deutete keine Geste darauf hin, daß er da war. Und er hütete sich wohlweislich, selbst etwas zum besten geben zu wollen. Er wartete auf den Glücksfall, der sie zur Anerkennung seiner Existenz zwingen würde.

Am vierten Morgen nach dem Auslaufen von Santa Cruz steckte er den Kopf aus der Kombüse und sah, daß sich mehrere Männer seiner Kabine an der Reling am Heck versammelt hatten. Die Sonne brannte und blendete, und er wußte, daß sie irgend etwas entdeckt hatten. Er sah einen Mann nach achtern deuten. Lässig spazierte er über das Deck, bis er wenige Fuß von der Gruppe entfernt war, und suchte Meer und Horizont nach einem Gegenstand ab – nach irgend etwas anderem als der Masse von rotem Seetang, die ständig auf dem dunklen Wasser vorübertrieb.

«Er kommt näher!»

«Qué fuerza!»

«Er kann nicht mehr!»

«Claro!»

Ramón versuchte über ihren Köpfen oder zwischen ihnen etwas zu erkennen, wenn sie von Zeit zu Zeit ihre Stellung änderten. Er sah nichts. Er war beinahe überzeugt, daß die Männer ihm eine Falle stellten, in der Hoffnung, sich über ihn lustig machen zu können, wenn er es vor Neugier nicht mehr aushielte und fragte: «Was ist denn los?» Daher beschloß er, nichts zu sagen und abzuwarten.

Plötzlich sah er ihn. Es war ein kleiner gelbbrauner Vogel, der unsicher hinter dem Schiff herflog, aber nach jeder verzweifelten Kraftanstrengung, es zu erreichen, wieder zurückfiel und ins Wasser zu stürzen drohte.

«Tausend Meilen vom Land entfernt!»

«Er schafft's. Paß auf! Da kommt er!»

«Nein.»

«Nächstes Mal.»

Bei jedem mühsamen Versuch, das Deck zu erreichen, kam der Vogel den Männern näher, und jedesmal flatterte er, vielleicht aus Furcht vor ihnen, zur schäumenden See hinab und entging dem Maelstrom des Kielwassers immer knapper. Und wenn es schien, als würde das weiße Chaos aus Gischt und Wasser ihn verschlingen, schwang er sich noch einmal schwächlich auf, den Kopf entschlossen dem hellen Schiffskörper zugewandt, der unentwegt vor ihm herzog.

Ramón war fasziniert. Sein erster Gedanke war, den Männern zu sagen, sie sollten ein wenig von der Reling zurücktreten, damit der Vogel den Mut zum Landen aufbrächte. Doch als er den Mund aufmachte, besann er sich eines Besseren, und im selben Augenblick dankte er seinem Schöpfer, daß er geschwiegen hatte. Er konnte sich das Gespött ausmalen, das ihn nachher verfolgt hätte: in der Kabine, bei den Mahlzeiten, während der Nächte an Deck... Irgendwer hätte bestimmt ein schmutziges kleines Spottlied auf Ramón und seinen Vogel gedichtet. Er stand da und schaute, und seine Spannung wuchs ins Unerträgliche.

«Fünf Peseten, daß er untergeht!»

«Zehn, daß er's schafft.»

Plötzlich machte Ramón auf dem Absatz kehrt, rannte leichtfüßig zur Kombüse und kam sogleich wieder heraus. Auf dem Arm trug er das Schiffsmaskottchen, einen massigen Kater, der verwirrt in die unerwartete Helligkeit der Sonne blinzelte. Diesmal ging Ramón schnurstracks zu der Reling, wo die anderen standen. Er setzte das Tier zu ihren Füßen ab.

«Was machst du?» fragte einer.

«Paß auf», antwortete Ramón.

Einen Augenblick sagte niemand etwas. Ramón hielt den Kater an Kopf und Flanken fest und wartete, daß er den flatternden Vogel entdeckte. Doch das war schwierig. Wohin er den Kopf auch dirigierte, der Kater zeigte nicht das geringste Interesse. Sie warteten weiter. Als der Vogel auf Deckhöhe nur noch wenige Fuß vom Schiff entfernt war, zuckte der Kopf des Katers plötzlich, und Ramón wußte, daß der Kontakt hergestellt war. Er ließ ihn los. Der Kater stand vollkommen reglos, nur die Schwanzspitze zuckte leise. Dann machte er einen Schritt auf die Bordkante zu, jede Bewegung des verzweifelt kämpfenden Vogels beobachtend.

«Guckt euch das an!»

«Er sieht ihn!»

«Aber der Vogel sieht ihn nicht.»

«Trotzdem, wenn er das Schiff berührt – meine zehn Peseten gelten!»

Der Vogel schwang sich auf und flog einen Augenblick schneller, bis er direkt über ihren Köpfen war. Sie schauten in die grelle Sonne und versuchten, ihre Augen abzuschirmen. Er flog noch weiter; wenn er jetzt fiele, würde er ein paar Fuß vor ihnen auf Deck landen. Der Kater, der in die Luft starrte, rannte schnell über das Deck, so daß er genau unter dem Vogel war, der sich nun langsam herabsenkte, bis es schien, als könnten sie ihn mit den Händen greifen. Der Kater machte einen vergeblichen Satz in die Luft. Alle schrien auf, doch der Vogel war zu hoch. Plötzlich schwang er sich noch höher; dann hörte er auf, mit den Flügeln zu schlagen. Während er einen Augenblick in der Luft schwebte, glitten sie rasch unter ihm hinweg. Als sie ihre Köpfe wandten, war er nur noch ein winziges gelbes Etwas, das langsam niedersank, und schon hatten sie es aus den Augen verloren.

Beim Mittagessen redeten sie darüber. Nach einigem Hin und Her wurden die Wetten ausbezahlt. Einer der Maschinisten ging in seine Kabine, holte eine Flasche Cognac und ein paar kleine Schnapsgläser, die er vor sich auf den Tisch stellte und nacheinander füllte.

«Willst du einen?» sagte er zu Ramón.

Ramón nahm ein Glas, und der Maschinist verteilte die übrigen.

Tanger, 1949

Eisfelder

Der Zug hatte Verspätung, weil die heißgelaufene Lagerbuchse unter einem der Waggons mitten auf einem großen, flachen, von Schnee bedeckten Feld Feuer fing. Sie hatten etwa eine Stunde dort gestanden. Nach dem Rattern und Kreischen des Zuges löste die plötzliche Stille und das verlegene Hin- und Herrutschen der Leute auf den Sitzen allgemeine Unruhe aus. Einmal war auf dem Gleis nebenan ein anderer Zug vorbeigebraust, dessen Dröhnen schlimmer als Donner war; danach wuchs die Nervosität unter den Passagieren, und sie begannen, sich mit leisen Stimmen gereizt zu unterhalten.

Donald hatte mit den Fingernägeln Bilder in das Eis geritzt, das die untere Hälfte des Fensters neben seinem Sitz bedeckte. Sein Vater sagte: «Laß das!» Er wagte nicht zu fragen: «Warum?», aber er dachte es; er sah nicht ein, was daran schlecht sein sollte, und er nahm es seiner Mutter ein wenig übel, daß sie nicht eingegriffen hatte. Er hätte es so hinbiegen können, daß sie gegen das sinnlose Verbot protestierte, doch die Erfahrung hatte ihn gelehrt, daß er nur eine begrenzte Zahl von Malen am Tag auf ihre Hilfe bauen konnte und es unklug war, ihren Vorrat an gutem Willen überzustrapazieren.

Man hatte den Schnee von den Bahnsteigen geräumt, als sie ausstiegen. Es war bitter kalt; eine dicke Dampfwolke schwebte von der Lokomotive herab und hüllte einen Teil des ersten Waggons ein. Donalds Füße schmerzten vor Kälte.

«Da sind Onkel Greg und Onkel Willis!» rief er und hüpfte mehrmals von einem Bein aufs andere.

«Du brauchst nicht zu schreien», sagte sein Vater. «Wir sehen sie. Zappel nicht so herum. Und nimm deinen Koffer.»

Onkel Willis trug einen schwarzen Bärenfellmantel, der fast bis zum Boden reichte. Er packte ihn unter den Armen und hob ihn in die Luft, bis Donalds Kopf auf gleicher Höhe mit seinem war. Dann küßte er ihn fest auf den Mund und warf ihn hinüber in Onkel Gregs Arme, und Onkel Greg machte dasselbe. «Na, wie geht's unserem kleinen Mann?» rief Onkel Greg, als er ihn wieder absetzte.

«Gut!» antwortete Donald im Bewußtsein eines Triumphes. Sein Vater mochte nicht, wenn man Jungen küßte. «Männer geben sich die Hand», pflegte er zu sagen. «Sie küssen sich nicht.»

Der Himmel war kristallklar, und obwohl er sich wegen des bevorstehenden Einbruchs der Dämmerung bereits lavendelblau färbte, strahlte er noch eine intensive Helligkeit aus, so wie der Himmel in einer Szene beim Russischen Ballett. Seine Mutter hatte ihn vor ein paar Wochen mitgenommen, als die Pavlova aufgetreten war; es war weniger der Tanz, der ihn erregt hatte, als der unerwartete direkte Kontakt mit der Welt der Magie. Dies hier war ein magischer Himmel, ganz anders als der, den er über den Straßen von New York gewohnt war. Alles, was mit der Farm zu tun hatte, war von Magie erfüllt. Das Haus war der Mittelpunkt einer verzauberten Welt, die realer war als die Welt, die andere Menschen kannten. In den langen grünen Sommern, die er mit seiner Mutter und anderen Mitgliedern ihrer Familie hier verbrachte, hatte er diese Welt entdeckt und erforscht, und keiner von ihnen hatte jemals bemerkt, daß er darin lebte. Die Anwesenheit seines Vaters jedoch bedeutete ernsthafte Gefahr, denn es war so gut wie unmöglich, irgend etwas vor ihm geheimzuhalten. Sobald er von der Existenz der anderen Welt erfuhr, würde er alles tun, um sie zu zerstören. Und Donald war noch nicht sicher, daß alle Zugänge sicher bewacht oder wirksam getarnt waren.

Sie saßen hinten im Schlitten, bedeckt mit einem braunen Büffelfell. Die beiden schweren grauen Pferde stießen Dampf aus ihren großen Nüstern. Schweigend glitt die weiße Landschaft an ihnen vorbei; die gefrorenen Bäume leuchteten rosa im Licht des späten Nachmittags. Onkel Greg hielt die Zügel, und Onkel Willis, der neben ihm saß, drehte sich zur Seite, um mit Donalds Mutter zu sprechen.

«Meine Füße tun weh!» sagte Donald.

«Um Gottes willen, mein Junge!» rief Onkel Willis. «Hast du sie denn nicht auf den Backsteinen? Da unten liegen fünf heiße Backsteine. Dazu sind sie da.» Er beugte sich hinunter und hob die schwere Decke an. Die Backsteine waren in Zeitungspapier gewickelt.

«*Meine* Füße sind die reinsten Eisblöcke», sagte Donalds Mutter. «Hier, zieh deine Schuhe aus und stell die Füße drauf.» Sie schob zwei Backsteine in Donalds Richtung.

«Er will sich nur wichtig machen», sagte Donalds Vater. Aber er verbot ihm nicht, die Backsteine zu nehmen.

«Besser so?» fragte Onkel Willis nach einer Weile.

«Fühlt sich gut an. Wie viele Meilen sind es noch bis zur Farm?»

«Sieben Meilen bis The Corner, und von da aus noch anderthalb.»

«Oh, ich weiß, daß es von The Corner noch anderthalb Meilen sind», sagte Donald. Er war das Stück im Sommer oft zu Fuß gegangen und kannte die Namen der Farmen an der Straße. «Zuerst kommen die Elders, dann die Landons, dann die Madisons –»

Sein Vater stieß ihn mit dem Ellbogen unsanft in die Rippen. «Sei mal eine Weile still.»

Onkel Willis tat, als habe er nichts gehört. «Ja, ja, du hast wirklich ein gutes Gedächtnis. Wie alt bist du jetzt?»

Donalds Kehle schnürte sich zusammen; er kannte das, es bedeutete nicht, daß er weinen würde – nur daß ihm zum Weinen zumute war. Er hustete und sagte mit erstickter Stimme: «Sechs.» Er hustete noch einmal; dann, beschämt und ängstlich, daß Onkel Willis etwas bemerkt haben könnte, setzte er hinzu: «Aber einen Tag nach Neujahr werde ich sieben.»

Danach sagte keiner mehr etwas; man hörte nur den gedämpften Rhythmus der Pferdehufe und das leise Knirschen der Kufen auf der festen Schneedecke. Der Himmel war jetzt eine Schattierung dunkler als die weißen Wiesen, und die Wälder dahinter mit ihren Millionen nackter Zweige wirkten allmählich unheimlich. Donald war froh, in der Mitte zu sitzen. Er wußte, daß es da draußen keine Wölfe gab, und doch – war das sicher? Früher hatte es Wölfe gegeben und auch Bären, und nur weil seit Jahren niemand mehr einen gesehen hatte, sagte man jetzt, es gäbe keine mehr. Aber das war kein Beweis.

Sie erreichten The Corner, wo die Straße, die zur Farm führte, von der Hauptstraße abbog. Sieben verrostete Briefkästen standen in einer schiefen Reihe, für jede Farm einer.

«R. F. D. Nummer eins», sagte Onkel Willis und lachte. Das war immer ein Scherz zwischen ihnen gewesen, seit sie die Farm gekauft hatten, denn sie waren Städter und hielten die echten Farmer für sehr komische Leute.

Jetzt hatte Donald das Gefühl, auf heimischem Boden zu sein, und das flößte ihm genug Selbstvertrauen ein, um zu sagen: *«Rural Free Delivery.»* Er sprach die Worte vorsichtig aus, weil das erste ihm manchmal Schwierigkeiten bereitete. Aber er sprach sie richtig aus, und Onkel Greg rief, ohne sich umzudrehen: «Genau! Gehst du schon zur Schule?»

«Ja.» Er hatte keine Lust, mehr zu sagen, denn er folgte den Biegungen der Straße, die er auswendig kannte. Aber alles wirkte so anders, als er es in Erinnerung hatte; er konnte kaum glauben, daß es derselbe Ort war. Das Land hatte seine Vertrautheit verloren, lag nackt und schutzlos da. Selbst jetzt in der anbrechenden Dämmerung konnte er durch die unbelaubten Büsche hindurchsehen, hinter denen sich die leeren Felder hätten verstecken sollen. Seine Füße wurden langsam warm, aber die Hände in den wollenen Handschuhen unter dem Büffelfell waren taub vor Kälte.

Die Farm kam in Sicht; hinter jedem Fenster des Erdgeschosses stand eine brennende Kerze in einem Kranz aus Stechpalmenzweigen. Er bückte sich und zog die Schuhe an. Das war schwierig, denn seine Finger taten weh. Als er sich aufrichtete, hatte der Schlitten angehalten. Die Küchentür ging auf; jemand kam heraus. Alle riefen «Hallo!» und «Fröhliche Weihnachten!». Zwischen Schlitten und Küche war er sich nur der Tatsache bewußt, daß alle ihn küßten und ihm über den Kopf strichen, ihn hochhoben und wieder absetzten und ihm sagten, er sei gewachsen. Sein Großvater half ihm, die Schuhe wieder auszuziehen, und nahm eine Abdeckung vom Herd, damit er sich über den Flammen die Hände wärmen konnte. Die Küche roch genau wie im Sommer nach Holzrauch, saurer Milch und Kerosin.

Es war immer sehr aufregend, unter vielen Menschen zu sein. Jeder einzelne war ein zusätzliches Bollwerk gegen die ständige Wachsamkeit seiner Eltern. Zu Hause gab es nur ihn und sie, so daß die Mahlzeiten fürchterliche Torturen waren. Heute abend saßen sie zu acht am Tisch. Sie legten ein riesiges altes, in Leder gebundenes Wörterbuch auf seinen Stuhl, damit er hoch genug saß, und plazierten ihn zwischen seine Großmutter und Tante Emilie. Sie hatte dunkelbraune Augen und war sehr hübsch. Onkel Greg hatte sie vor einem Jahr geheiratet, und Donald wußte aus vielen Gesprächen, die er mit angehört hatte, daß keiner von den anderen sie wirklich mochte.

Großmutter sagte: «Louisa und Ivor können nicht vor

morgen hier sein. Mr. Gordon fährt sie im Wagen bis Portersville. Heute werden sie alle drei im Hotel übernachten, und morgen früh müssen wir als erstes hinfahren und sie abholen.»

«Und Mr. Gordon auch, nehme ich an», sagte seine Mutter.

«Oh, ich denke schon», sagte Onkel Greg. «Er wird doch Weihnachten nicht allein verbringen wollen.»

Seine Mutter sah verstimmt aus. «Das scheint mir etwas übertrieben», wandte sie ein. «Immerhin ist Weihnachten ein *Familienfest.*»

«Nun, eigentlich gehört er ja jetzt zur Familie», sagte Onkel Willis und lächelte schief.

Seine Mutter antwortete heftig: «Ich finde es schrecklich!»

«Es geht ihm ziemlich schlecht in letzter Zeit», mischte sich Großpapa ein und schüttelte den Kopf.

«Immer noch Feuerwasser?» fragte sein Vater.

Onkel Greg hob die Augenbrauen. «Das und Schlimmeres. Du weißt schon... Und Ivor auch.»

Donald wußte, daß sie nur seinetwegen so geheimnisvoll taten. Er gab vor, nicht hinzuhören und sich darauf zu konzentrieren, mit dem Serviettenring Muster in die Tischdecke zu drücken.

Sein Vater schien ziemlich verwundert. «Wie kommen sie daran?» fragte er.

«Sie kriegen es auf Rezept», sagte Onkel Willis leichthin. «Irgendein Quacksalber aus Polen verschreibt es ihnen.»

«Also wirklich», rief seine Mutter. «Ich verstehe nicht, wie Louisa das *aushält.*»

Tante Emilie, die bisher geschwiegen hatte, mischte sich plötzlich ein. «Oh, ich weiß nicht», sagte sie nachdenklich. «Sie sind beide sehr nett zu ihr. Ich glaube, Mr. Gordon ist überaus großzügig. Immerhin zahlt *er* die Miete für ihre Wohnung, verstehst du, und er überläßt ihr fast jeden Nachmittag den Wagen und den Chauffeur.»

«Du hast ja überhaupt keine Ahnung», fuhr Onkel Greg mit rauher, unfreundlicher Stimme dazwischen, als wolle er sie damit zum Schweigen bringen. Doch sie fuhr fort, ein bißchen lauter, und selbst Donald merkte, daß sie es offenbar gewohnt waren zu streiten.

«*Zufällig* weiß ich, daß Ivor jederzeit in eine Scheidung einwilligen würde, wenn sie es wollte, das hat sie mir selbst erzählt.»

Schweigen senkte sich über den Tisch; Donald war sicher, daß sie alle durcheinander gesprochen hätten, wenn er nicht dabei gewesen wäre. Tante Emilie hatte etwas gesagt, das er nicht hören sollte.

«Nun», brach Onkel Willis schließlich aufmunternd das Schweigen, «wie wär's mit noch einem Stück Kuchen, mein Junge?»

«Wie wär's mit Schlafengehen, meinst du wohl?» sagte sein Vater. «Höchste Zeit, daß er ins Bett kommt.»

Seine Mutter sagte nichts, half ihm vom Stuhl herunter und brachte ihn nach oben.

Die kleinen Scheiben seines Fensters waren vollkommen mit Eis bedeckt. Er öffnete den Mund und hauchte gegen das Fenster, bis ein rundes Loch darin geschmolzen war und er die Dunkelheit draußen sehen konnte. «Mach das nicht, Liebling», sagte seine Mutter. «Großmama muß sonst die Fenster putzen. Ab ins Bett mit dir.

Unter der Bettdecke liegt ein schöner warmer Backstein, damit deine Füße nicht frieren.» Sie steckte die Decke um ihn fest, gab ihm einen Kuß und nahm die Lampe vom Tisch. Die ärgerliche Stimme seines Vaters erklang vom Fuß der Treppe. «Laura! Was ist denn los da oben? Kommst du endlich?»

«Gibt es überhaupt kein Licht im Zimmer?» fragte Donald.

«Ich komme!» rief sie. Sie sah Donald an. «Zu Hause hast du auch kein Licht.»

«Ich weiß, aber zu Hause kann ich es anmachen, wenn ich es brauche.»

«Nun, heute nacht wirst du es nicht brauchen. Dein Vater würde einen Wutanfall kriegen, wenn ich die Lampe hier ließe. Das weißt du doch. Schlaf also ein.»

«Aber ich werde nicht schlafen können», sagte er unglücklich.

«Laura!» schrie sein Vater.

«Ja, *gleich*!» rief sie wütend zurück.

«Bitte, Mutter...»

Ihre Stimme war unnachgiebig. «Die kalte Luft wird dich im Handumdrehen einschlafen lassen. Also mach die Augen zu.» Mit der Lampe in der Hand trat sie zur Tür, ging hinaus und zog sie hinter sich zu.

Auf dem Nachttisch stand eine kleine Porzellanuhr, die sehr laut und schnell tickte. In unregelmäßigen Abständen drang ein Schwall von Gelächter von unten herauf, das sofort wieder erstarb. Seine Mutter hatte gesagt: «Ich mache das Fenster einen Spalt auf, das wird genügen.» Von Minute zu Minute wurde es kälter im Zimmer. Er schob eine Fußsohle gegen den heißen Backstein und hörte das Knistern der Zeitung, in die er eingewickelt war. Es blieb ihm nichts anderes übrig als einzuschlafen. Auf seinem Weg zu den Grenzen des Bewußtseins hatte er eine Vision. Aus den Bergen hinter der Farm, über Felsen und Büsche springend, rannte lautlos ein Wolf auf der eisigen Schneekruste entlang. Er kam auf das Haus zu. Als er es erreichte, spähte er durch die Fenster, bis er das Eßzimmer entdeckte, wo die Erwachsenen um den großen Tisch herumsaßen. Donald fröstelte, als er durch das Glas seine Augen im Dunkeln sah. Und nun, jede Bewegung genau berechnend, setzte der Wolf zum Sprung an, zertrümmerte die Fensterscheibe und packte Donalds Vater am Hals. Im nächsten Augenblick, noch bevor jemand sich bewegen oder aufschreien konnte, war er mit seiner Beute zwischen den Kiefern wieder verschwunden; den Kopf zur Seite gedreht, schleifte er die schlaffe Gestalt schnell über die Schneedecke.

Als er die Augen aufschlug, hing das weiße Licht des Morgengrauens im Zimmer. Schon hörte man Geräusche im Innern des Hauses: Menschen regten sich. Er hörte, wie ein Fenster zugeklappt wurde, und dann die regelmäßigen Schläge eines Mannes, der Holz hackte. Kurz darauf entstanden auch in seiner Nähe Geräusche, und er wußte, daß seine Eltern im Zimmer nebenan aufgestanden waren. Die Tür flog auf, und seine Mutter kam in einem dicken braunen Bademantel aus Flanell herein; das Haar fiel ihr lose über den Rücken. «Fröhliche Weihnachten!» rief sie und hielt einen gewaltigen roten Strumpf in die Höhe, der mit Früchten und kleinen Päckchen vollgestopft war. «Schau, was ich am Kamin gefunden habe!» Er war enttäuscht, denn er hatte gehofft, seinen Strumpf selbst holen zu können. «Ich habe ihn dir heraufgebracht, weil das Haus so kalt wie ein Eisschrank ist», erzählte sie. «Du bleibst schön im Bett liegen, bis es etwas aufgewärmt ist.»

«Wann zünden wir den Baum an?» Das wichtigste Ritual war der Baum, denn unter ihm lagen die interessantesten Geschenke.

«Immer hübsch der Reihe nach», sagte sie. «Du hast jetzt deinen Socken. Wir können den Baum nicht anzünden, bis Tante Louisa da ist. Du willst doch nicht, daß sie das verpaßt, oder?»

«Wo sind meine Geschenke für Tante Louisa und Onkel Ivor? Onkel Ivor kommt doch auch, nicht?»

«Natürlich kommt er», antwortete sie in dem leicht veränderten Tonfall, den sie benutzte, wenn sie von Onkel Ivor sprach. «Ich habe sie bereits unter den Baum gelegt, zu den anderen Geschenken. Du bleibst da, wo du bist, schön zugedeckt, und schaust dir deinen Socken an. Ich ziehe mich in der Zwischenzeit an.» Sie fröstelte und eilte zurück in ihr Zimmer.

Der einzige, bei dem er sich während des Frühstücks bedanken mußte, war sein Großvater, für eine Schachtel Buntstifte, die er ihm ganz unten in den Socken gestopft hatte. Die anderen Geschenke trugen Kärtchen mit der Inschrift: «Für Donald vom Weihnachtsmann». Onkel Willis und Onkel Greg hatten sehr zeitig gefrühstückt und waren mit dem Schlitten zum Hotel in Portersville gefahren, um Tante Louisa und Onkel Ivor abzuholen. Als sie wiederkamen, lief Donald ans Fenster und sah, daß Mr. Gordon bei ihnen war. Alle hatten so geheimnisvoll von Mr. Gordon gesprochen, daß er sehr gespannt war, ihn zu sehen. Doch genau in diesem Augenblick rief seine Mutter ihn nach oben, damit er ihr half, die Betten zu machen. «Wir alle müssen Großmama helfen, so gut wir können», sagte sie. «Sie hat weiß Gott genug in der Küche zu tun.»

Doch schließlich hörte er Tante Louisa an der Treppe rufen. Sie gingen hinunter. Er wurde mit Küssen überschüttet, und Tante Louisa fragte ihn: «Wie geht es meinem Kleinen? Du bist doch mein Kleiner, nicht wahr?» Dann küßte ihn Onkel Ivor, und er gab Mr. Gordon, der bereits in Großpapas Schaukelstuhl saß, wo sich sonst nie jemand hinsetzte, die Hand. Mr. Gordon war untersetzt und bleich, und er trug an einer Hand zwei Diamantringe und an der anderen einen noch größeren Saphir. Sein Atem ging pfeifend; hin und wieder nahm er ein großes gelbes Taschentuch aus der Brusttasche und wischte sich die Stirn. Donald setzte sich ans andere Ende des Zimmers und schlug die Seiten einer Zeitschrift um; zuweilen blickte er auf, um ihn zu beobachten. Mr. Gordon hatte Donald «Bursche» genannt, was sehr merkwürdig klang. Einmal merkte er, daß Donald ihn betrachtete, und winkte ihn zu sich. Donald ging zu ihm und stellte sich neben den Schaukelstuhl, während Mr. Gordon in seine Tasche griff und eine dicke Uhr mit einem kleinen Knopf herauszog; ein winziges Glockenspiel erklang im Gehäuse der Uhr. Ein paar Minuten später winkte er ihm erneut; Donald sprang auf und drückte wieder auf den Knopf. Beim nächsen Mal sagte seine Mutter, er solle Mr. Gordon nicht belästigen.

«Aber er hat mich *gerufen*», protestierte Donald.

«Setz dich hierher. Gleich gehen wir alle hinein, und

dann gibt es die Bescherung. Onkel Ivor wird der Weihnachtsmann sein.»

Plötzlich kam Onkel Willis herein. «Alle mal herhören!» sagte er und rieb sich die Hände. «Ich glaube, das Wohnzimmer ist jetzt warm genug. Wie wäre es, wenn wir den Baum anzünden würden?»

«Na endlich», sagte Tante Emilie. Sie trug ein rotes Taftkleid, über das Donald seine Mutter zu seinem Vater hatte sagen hören: «*Äußerst* unpassend. Das Mädchen scheint nicht mitbekommen zu haben, daß sie auf einer Farm lebt.» Tante Emilie beugte sich hinunter und nahm Donalds Arm. «Würden Sie mich begleiten, Sir?» fragte sie. Hand in Hand betraten sie das Wohnzimmer. Im Kamin prasselte das Feuer.

«Wo ist Ivor?» fragte Onkel Greg. «Hat jeder einen Platz?»

«Hier ist er», sagte Onkel Ivor, der aus dem Flur hereinkam. Er trug einen alten roten Strickhut, einen roten Morgenmantel und um den Hals einen Kranz aus grünem Kreppapier. «Das ist alles, was der Weihnachtsmann auftreiben konnte», verkündete er.

Tante Louisa begann zu lachen. «Sieh dir Onkel Ivor an», sagte sie zu Donald. «Das tue ich», antwortete Donald, doch in Wirklichkeit betrachtete er den Baum. Es war eine hohe Schierlingstanne, die bis zur Decke reichte. Darunter türmte sich der größte Stapel von Geschenken, den er je gesehen hatte. «Seht euch das an!» riefen alle.

«Was glaubst du, was da alles drin ist?» fragte Tante Louisa.

«Ich weiß nicht», antwortete er.

Onkel Ivor setzte sich, so dicht er konnte, neben die Tanne auf den Fußboden, nahm ein großes Paket und reichte es Onkel Greg, der mitten im Zimmer stand. «Fangen wir damit an», sagte er. Dann verkündete Onkel Greg feierlich: «Für Donald von allen aus Rutland.»

Während Onkel Ivor fortfuhr, die Geschenke zu verteilen, kämpfte Donald mit seinem Paket. Er nahm die leisen Schreie der anderen «Wie reizend! Das ist viel zu viel!», «Oh, das war aber nicht nötig!» oder «Wie seid ihr darauf gekommen?», als die Geschenke ausgepackt wurden, kaum wahr, denn er war zu beschäftigt, um zu merken, daß die meisten dieser Ausrufe Mr. Gordon galten, der am Fenster saß und höchst zufrieden wirkte.

Es war zu schön, um wahr zu sein: ein Feuerwehrauto, drei Fuß lang, mit Gummireifen und einer Glocke und einer Sirene und drei Leitern, die automatisch ausfuhren, wenn der Wagen stand. Donald sah es an und war einen Augenblick fast erschrocken über die Kraft, die – das spürte er – seine Welt verändern konnte.

«Oh... ist... das... eine... Überraschung!» sagte seine Mutter; ihre Verstimmung verlieh jedem Wort einen scharfen Unterton. «Louisa, warum habt ihr das getan?» Donald blickte schnell auf und sah, wie Tante Louisa eine Kopfbewegung in Richtung von Mr. Gordon machte, als wollte sie sagen: «Alles seine Schuld!»

Seine Mutter stieg über das am Boden verstreute Papier und zog die Grußkarte aus dem Paket. «Ich möchte, daß du jedes Kärtchen bei dem dazugehörigen Geschenk läßt», sagte sie zu Donald, «denn morgen wirst du eine Menge Dankesbriefe schreiben müssen, und du willst ja nicht, daß sie alle durcheinandergeraten. Aber hierfür kannst du dich schon mal bei Tante Louisa und Onkel Ivor bedanken.»

Er haßte es, wenn man ihn in Anwesenheit der betreffenden Person aufforderte, sich bei ihr zu bedanken, als sei er ein kleines Kind. Doch tapfer sagte er und sah dabei Mr. Gordon an: «Vielen Dank für das wunderschöne Feuerwehrauto.»

«Es gibt noch mehr, mein Junge», strahlte Mr. Gordon; die Diamanten funkelten in der Sonne.

Tante Emilie hielt den Arm ausgestreckt vor sich und betrachtete ihre neue Armbanduhr. Großpapa trug einen seidenen schwarzen Hausmantel und rauchte eine Zigarre. Er sah rundum zufrieden aus, als er sich Mr. Gordon zuwandte und sagte: «Nun, da haben Sie uns aber alle verwöhnt.» Doch Donalds Mutter faßte diesen Satz als Vorwurf auf und setzte erklärend hinzu: «Wir sind es nicht gewohnt, derart großzügige Geschenke zu bekommen, Mr. Gordon.»

Mr. Gordon lachte, wandte sich an Donald und sagte: «Das ist erst der Anfang, Bursche. Sag deinem Onkel Ivor, er soll weitermachen.»

Von nun an schien es, als seien alle Pakete für Donald bestimmt. Er öffnete sie, so schnell er konnte, und staunte über jedes dieser Wunderdinge. Natürlich gab es die üblichen Taschentücher und Bücher und Schals von der Familie, aber auch eine Schweizer Spieluhr mit kleinen auswechselbaren Walzen aus Metall, Rollschuhe, einen großen Satz Bleisoldaten, ein echtes Akkordeon und ein Spielzeugdorf, durch das eine batteriebetriebene Straßenbahn fuhr. Je mehr Päckchen Donald auspackte, um so mehr ähnelten die bewundernden Ausrufe seiner

Eltern einem Stöhnen. Schließlich sagte sein Vater so laut, daß Mr. Gordon ihn über die allgemeine Unterhaltung hinweg verstehen konnte: «Es ist nicht gut, wenn ein Kind so viele Geschenke bekommt.»

Mr. Gordon hatte ihn gehört. «Sie waren doch selbst einmal jung», sagte er leichthin.

Tante Emilie probierte eine Pelzjacke an, die Onkel Greg ihr geschenkt hatte. Ihr Gesicht war vor Aufregung gerötet; sie hatte Onkel Greg gerade einen dicken Kuß auf die Wange gegeben.

«Der kleine Astorjunge hat an seinem letzten Geburtstag Spielzeug für über fünftausend Dollar bekommen», sagte sie zu Donalds Vater und strich an ihrem Pelz auf und ab.

Donalds Vater musterte sie mit zusammengekniffenen Augen. «Das ist genau das, was ich unter einer ausgesprochen *stupiden* Bemerkung verstehen würde», sagte er deutlich.

Bis auf das Prasseln des Kaminfeuers war es einen Augenblick vollkommen still im Raum. Auch jene, die es nicht verstanden hatten, wußten, daß etwas vorgefallen war. Onkel Greg warf einen schnellen Blick auf Donalds Vater und dann auf Tante Emilie. Vielleicht würde es Streit geben, dachte Donald, und jeder wäre gegen seinen Vater. Die Vorstellung entzückte ihn; zugleich aber fühlte er sich schuldig, als sei er dafür verantwortlich.

Onkel Ivor überreichte ihm ein Päckchen. Mechanisch löste er die Schleife und zog einen dunkelbraunen Kaschmirpullover heraus. «Das ist das Geschenk deiner Eltern», sagte seine Mutter leise. «Er ist dir noch ein bißchen zu groß, aber ich habe ihn extra so gekauft, damit du hineinwachsen kannst.» Die kleine Krise war überstanden; alle sprachen wieder durcheinander. Donald war erleichtert und enttäuscht. «Wie wär's, wenn wir die Brandyflasche köpften?» rief Onkel Willis.

«Ihr Männer bleibt sitzen», sagte Großmama. «Wir anderen müssen jetzt in die Küche.»

«Ich bringe dir deinen hinaus», sagte Onkel Ivor zu Tante Louisa, als diese aufstand.

Auf dem Weg aus dem Zimmer beugte sich Donalds Mutter zu ihm herab und berührte ihn an der Schulter. «Ich möchte, daß du jedes Geschenk wieder so einpackst, wie es war. Dann trägst du alles in dein Zimmer und stapelst es ordentlich in die Ecke unter deinem Fenster. Hörst du?»

Sie ging hinaus. Donald blieb einen Augenblick sitzen, dann sprang er auf und lief ihr nach, um zu fragen, ob er ein Geschenk behalten dürfe – das Feuerwehrauto vielleicht. Sie sagte gerade zu Großmama: «... ziemlich unnötig. Außerdem weiß ich nicht, wie wir das alles nach New York schaffen sollen. Owen kann morgen wenigstens die großen Sachen mitnehmen, hoffe ich.»

Er hielt im Laufen inne und spürte, wie Frieden in ihn einkehrte. Sein Vater würde die Farm verlassen. Sollte er ruhig alles mitnehmen, das Feuerwehrauto und alles übrige, es machte ihm nichts aus. Er drehte sich um und ging ins Wohnzimmer zurück, wo er die Spielsachen sorgfältig wieder in die Schachteln packte und mit Schleifen und Kordeln verschnürte.

«Was ist denn das?» rief Mr. Gordon plötzlich, als er ihn bemerkte. «Was tust du da?»

«Ich muß alles nach oben bringen», erklärte Donald.

Sein Vater fuhr dazwischen. «Ich will die Pakete da oben nicht überall herumliegen haben. Sieh zu, daß du sie sorgfältig stapelst. Hast du verstanden?»

Donald machte weiter, ohne aufzusehen.

Nach einer Weile sagte Mr. Gordon leise: «Verflucht noch mal!» Und dann, an Donalds Vater gewandt: «Ich habe schon viele wohlerzogene Kinder gesehen, aber eins will ich Ihnen sagen, *so etwas* ist mir noch nie begegnet. Noch nie!»

«Disziplin beginnt in der Wiege», sagte Donalds Vater knapp.

«Es ist unheimlich», murmelte Mr. Gordon vor sich hin. Donald blickte auf und sah, wie sein Vater Mr. Gordon haßerfüllt anstarrte.

In der Küche waren seine Großmutter, seine Mutter und die Tanten mit den Essensvorbereitungen beschäftigt. Donald saß am Fenster und zerstampfte Kartoffeln. Das Blau des Himmels war hinter einer gleichmäßig weißen Wolkenwand verschwunden. «Es wird noch mehr schneien, bevor es dämmert», sagte Großmama, als sie über die Spüle nach draußen sah.

«Willst du mal was Gutes riechen?» fragte Donalds Mutter. Er rannte durch die Küche zum Herd, und sie öffnete die Ofentür. Das Aroma der Zwiebeln mischte sich mit dem des brutzelnden Truthahns. «Er wird wunderbar», verkündete sie. Sie schlug die Ofentür zu und hängte die Topflappen an ihre Haken. Dann ging sie in die Vorratskammer. Donald folgte ihr. Hier drin war es sehr kalt, und es roch nach sauren Gurken und Gewürzen. Seine Mutter suchte etwas in den Regalen, zwischen den Einmachgläsern und Blechdosen.

«Mutter», sagte er.

«Hm?» antwortete sie abwesend, ohne ihn anzusehen.

«Warum wohnt Mr. Gordon in Onkel Ivors Haus?»

Jetzt sah sie ihn an, mit einer Eindringlichkeit, die ihn erschreckte. «Wie war das?» fragte sie scharf. Aber noch ehe er seine Frage wiederholen konnte, fuhr sie in völlig selbstverständlichem Ton fort: «Liebling, weißt du nicht, daß Onkel Ivor so etwas wie eine männliche Krankenschwester ist? Wie Miss Oliver, erinnerst du dich – die auf dich aufgepaßt hat, als du Grippe hattest? Nur eben ein Mann. Ein Krankenpfleger.»

«Ist Mr. Gordon krank?»

«Ja, das ist er», sagte sie und senkte die Stimme, bis sie kaum mehr als ein Flüstern war. «Er ist ein sehr kranker Mann, aber wir sprechen nicht darüber.»

«Was hat er denn?» Es war ihm klar, daß er sich im Moment absichtlich dumm stellte, in der Hoffnung, mehr aus ihr herauszuholen. Doch seine Mutter sagte bereits: «Ich weiß es nicht, Liebling. Geh jetzt wieder in die Küche. Es ist hier zu kalt für dich. Los! Raus mit dir.» Er kicherte, rannte in die Küche zurück und war zufrieden, auf die Existenz eines Geheimnisses gestoßen zu sein.

Während des Essens musterte sein Vater ihn mit jener typischen Strenge, die er sich für Bemerkungen vorbehielt, von denen er genau wußte, daß sie unerwünscht waren, und sagte: «Du bist heute noch nicht draußen gewesen, junger Mann. Wir machen später einen Spaziergang.»

Tante Louisa hatte ein großes Glas Brandy mit an den Tisch gebracht und nippte daran, während sie aß. «Es ist zu kalt, Owen», wandte sie ein. «Er wird sich eine Lungenentzündung holen.» Donald wußte, daß sie versuchte ihm zu helfen, doch er wünschte, sie hätte nichts gesagt. Wenn eine Diskussion darüber entbrannte, würde sein Vater den Spaziergang bestimmt nicht vergessen.

«Zu kalt!» schnaubte sein Vater verächtlich. «In *unserer* kleinen Familie gibt es ein paar feste Grundregeln, und eine davon ist, daß er jeden Tag an die frische Luft kommt.»

«Könntest du Weihnachten nicht eine Ausnahme machen? Nur ein einziges Mal?» fragte Tante Louisa.

Donald traute sich nicht, aufzublicken, denn er hatte Angst, den Gesichtsausdruck seines Vaters zu sehen.

«Hör zu, Louisa», sagte dieser eisig. «Ich schlage vor, du kümmerst dich um deine Angelegenheiten und ich mich um meine. So kommen wir uns nicht ins Gehege.» Und fauchte, als wäre es ihm gerade eingefallen: «Wenn es dir recht ist!»

Tante Louisa lehnte sich über Großpapas Teller in Richtung von Donalds Vater und sprach sehr laut, so daß jeder zu essen aufhörte. «Nein, es ist mir nicht recht! Du hackst von morgens bis abends auf dem Kind herum. Es ist eine Schande! Ich kann nicht tatenlos zusehen, wie mein eigenes Fleisch und Blut derartig mißhandelt wird.»

Großmama und Donalds Vater begannen gleichzeitig zu sprechen. Großmama sagte: «Louisa» und versuchte sie zu beruhigen. Donalds Vater schrie: «Du hast *nie* ein Kind gehabt! Du hast *keine Ahnung* von Kindererziehung!»

«Ich weiß aber, wann jemand egoistisch und gemein ist», erklärte Tante Louisa.

«Louisa!» rief Großmama verwundert und mit leicht tadelndem Unterton. Donald sah nicht von seinem Teller auf.

«Bin ich jemals nach Rutland gekommen, um meine Nase in deine Angelegenheiten zu stecken und dich zu kritisieren? Ja oder nein?» fragte Donalds Vater.

«Also», sagte Onkel Willis schnell, «verderben wir uns nicht das schöne Weihnachtsfest!»

«Stimmt», sagte Großpapa. «Wir sind alle fröhlich. Sagen wir also nichts, das wir später bereuen könnten.»

Doch Tante Louisa wollte sich damit nicht zufriedengeben. Hastig griff sie nach ihrem Glas und hätte sich um ein Haar verschluckt. Dann, noch immer an Donalds Vater gewandt, fragte sie: «Was willst du damit sagen, nach Rutland gekommen, um mich zu kritisieren? Was hast du in Rutland zu kritisieren? Ist dort etwas nicht in Ordnung?»

Einen Moment lang gab Donalds Vater keine Antwort. Während dieser Sekunde schien jeder das Bedürfnis zu haben, etwas zu sagen, ohne dazu imstande zu sein. Derjenige, der das Schweigen schließlich brach, war Donalds Vater. Mit sanfter Stimme, die Donald sofort als eine bösartige Imitation von Onkel Ivor erkannte, sagte er: «Oh *nein*! Alles in Ordnung in *Rutland*!»

Fast gleichzeitig warf Donalds Mutter plötzlich ihre Serviette auf den Tisch und schob heftig ihren Stuhl zurück. Sie sprang auf, stürzte aus dem Zimmer und schlug die Tür hinter sich zu. Niemand sagte etwas. Donald saß wie versteinert, unfähig aufzublicken, unfähig, auch nur zu atmen. Dann merkte er, daß auch sein

Vater aufgestanden und im Begriff war, das Zimmer zu verlassen.

«Laß sie in Ruhe, Owen», sagte Großmama.

«Du hältst dich da heraus», erwiderte sein Vater. Als er hinaufging, knarrte die Treppe unter seinen Schritten. Niemand sagte etwas, bis Großmama eine Bewegung machte, als wollte sie aufstehen. «Ich gehe nach oben», erklärte sie.

«Um Gottes willen, Abbie, bleib hier», sagte Großpapa. Großmama räusperte sich, blieb jedoch sitzen.

Tante Louisa war rot angelaufen, und die Muskeln in ihrem Gesicht zuckten. «Unerträglich», sagte sie mit erstickter Stimme. «Einfach unerträglich!»

«Ich hatte Lust, ihn zu ohrfeigen», gestand Tante Emilie. «Habt ihr gehört, was er zu mir gesagt hat, als wir die Geschenke auspackten?»

Auf einen Blick von Onkel Greg hin hielt Tante Emilie inne. «Nun, Donald», sagte sie aufmunternd. «Du hast dein Essen ja kaum angerührt. Hast du keinen Hunger?»

Im Geist sah er das Schlafzimmer vor sich, wo sein Vater seiner Mutter den Arm umdrehte und sie schüttelte, um sie zu zwingen, ihn anzusehen. Und als sie es nicht tat, schlug er sie, warf sie zu Boden, trat von allen Seiten auf sie ein. Donald blickte auf. «Nein, nicht viel», antwortete er.

Ohne Vorwarnung begann Mr. Gordon zu sprechen. Er hob sein Glas in Augenhöhe und betrachtete es, während er es hin und her drehte. «Familienstreit», seufzte er. «Immer dasselbe. Erinnert mich an meine Kindheit. Wenn ich so zurückdenke, kommt es mir vor, als hätten wir keine Mahlzeit ohne Krach beendet, aber ich nehme an, daß es nicht ganz so gewesen sein kann.» Er stellte das Glas ab. «Na ja, mittlerweile sind sie alle tot, Gott sei Dank.»

Donald warf einen schnellen Blick zu Mr. Gordon hinüber, als sähe er ihn gerade zum ersten Mal.

«Es schneit!» rief Großmama triumphierend. «Seht ihr, es hat wieder angefangen zu schneien. Ich wußte, daß es noch vor Einbruch der Dämmerung soweit sein würde!»

Tante Louisa schluchzte auf, erhob sich und ging in die Küche. Onkel Ivor folgte ihr.

«Schau, Donald, du hast den Glücksknochen!» rief Tante Emilie. «Knabber das Fleisch ab, und dann hängen wir ihn über den Herd zum Trocknen, und morgen können wir uns etwas wünschen. Wäre das nicht lustig?»

Er nahm ihn in die Hand und begann, die Fetzen weißen Fleisches, die daran hingen, abzunagen. Nachdem er ihn sorgfältig gesäubert hatte, kletterte er von seinem Stuhl und lief damit in die Küche.

Der Raum war sehr still; auf dem Herd summte der Teekessel. Die Schneeflocken draußen vor dem Fenster hoben sich dunkel vor dem Weiß des Hintergrunds ab. Tante Louisa saß zusammengesunken auf einem Küchenstuhl, ein zerknülltes Taschentuch in der Hand, und Onkel Ivor war über sie gebeugt und sprach mit sehr leiser Stimme auf sie ein. Donald legte den Glücksknochen auf den Rand der Spüle und wollte sich gerade auf Zehenspitzen hinausschleichen, als Onkel Ivor ihn entdeckte. «Hast du Lust, mit in den Hühnerstall zu kommen, Donald?» fragte er. «Ich muß ein Dutzend Eier sammeln, die wir nach Rutland mitnehmen wollen.»

«Ich hole meinen Mantel», sagte Donald, eifrig darauf bedacht, fort zu sein, bevor sein Vater herunterkam.

Der Pfad den Hügel hinauf zum Hühnerstall war nicht vom Schnee geräumt, man hatte ihn nur festgetreten. Der neue Schnee trieb über den Pfad; an einigen Stellen hatte er ihn bereits zugeweht. Als Onkel Ivor in den Hühnerstall trat, blieb Donald stehen und legte den Kopf in den Nacken, um ein paar Schneeflocken mit dem Mund aufzufangen. «Komm rein und mach die Tür zu. Du läßt ja die ganze Wärme heraus!» sagte Onkel Ivor.

«Ich komme», antwortete Donald. Er ging hinein und schloß die Tür. Der Geruch hier drinnen war sehr stark. Als Onkel Ivor sich den Hennen näherte, gaben sie ein leises, mißtrauisches Glucksen von sich.

«Hör mal, Donald», sagte Onkel Ivor, während er mit den Händen das Stroh durchwühlte.

«Was?» fragte Donald.

«Läuft deine Mutter oft in ihr Zimmer und schließt sich ein, so wie eben?»

«Manchmal.»

«Weshalb? Ist dein Vater böse zu ihr?»

«Oh», sagte Donald vage, «sie streiten sich.» Er fühlte sich unbehaglich.

«Nun ja. Es ist eine Schande, daß dein Vater je geheiratet hat. Es wäre für alle besser, wenn er allein geblieben wäre.»

«Aber dann wäre ich nicht da!» rief Donald. Er war nicht sicher, ob Onkel Ivor es ernst meinte oder nicht.

«Das wollen wir zumindest *hoffen*!» antwortete Onkel Ivor, rollte mit den Augen und machte ein lustiges Gesicht. Jetzt wußte Donald, daß es eine Art Witz war, und er lachte. Die Tür wurde aufgerissen. «Donald!» brüllte sein Vater.

«Was ist?» fragte er mit schwacher Stimme.

«Komm her!»

Er stolperte zur Tür; sein Vater spähte unsicher herein. «Was machst du da drin?» fragte er.

«Ich helfe Onkel Ivor Eier suchen.»

«Hmmmpf!» Donald trat hinaus, und sein Vater schloß die Tür.

Sie gingen die Straße hinunter in Richtung Smithson Farm. Plötzlich blieb sein Vater ein wenig zurück, stieß ihn in den Rücken und sagte: «Kopf hoch! Brust raus! Oder willst du einen Buckel kriegen? Ehe du dich versiehst, hast du eine Rückgratverkrümmung.»

Als sie außer Sichtweite des Hauses waren, an einer Stelle, wo das Gewirr kleiner Bäume zu beiden Seiten bis an den Wegesrand reichte, blieb sein Vater stehen. Er sah sich um, bückte sich, nahm eine Handvoll Neuschnee und formte ihn zu einem harten Ball. Dann warf er ihn nach einem ziemlich großen Baum in einiger Entfernung von der Straße. Er zerplatzte und hinterließ eine weiße Stelle auf dem dunklen Baumstamm. «Mal sehen, ob du ihn triffst», sagte er zu Donald.

Irgendwo hier im stillen Zwielicht der Wälder konnte ein Wolf lauern. Es war sehr wichtig, ihn nicht zu reizen. Wenn sein Vater es riskieren wollte, Schneebälle in den Wald zu werfen, dann sollte er es tun, aber ohne ihn. So würde der Wolf vielleicht verstehen, daß zumindest er sein Freund war.

«Na los!» sagte sein Vater.

«Nein, ich will nicht.»

Mit gespieltem Erstaunen sagte sein Vater: «Ah, du willst nicht?» Dann nahm sein Gesicht einen gefährlichen Ausdruck an, und seine Stimme knallte durch die Luft wie eine Peitsche. «Wirst du wohl tun, was ich dir sage?»

«Nein.» Es war das erste Mal, daß er ihm offen widersprach. Sein Vater lief dunkelrot an.

«Hör zu, du kleiner Wichtigtuer!» schrie er, und seine Stimme überschlug sich vor Wut. «Glaubst du, damit kommst du bei mir durch?» Bevor Donald wußte, wie ihm geschah, hatte sein Vater ihn mit einer Hand gepackt, gleichzeitig bückte er sich und schaufelte mit der anderen soviel Schnee zusammen, wie er nur konnte. «Das werden wir doch mal sehen», stieß er zwischen zusammengepreßten Zähnen hervor. Im nächsten Moment rieb er den Schnee heftig in Donalds Gesicht, und während Donald nach Luft schnappte und sich dem Griff seines Vaters zu entziehen versuchte, steckte dieser ihm den Rest hinten in den Kragen.

Als er die nasse, eisige Masse spürte, die über seinen Rücken herunterlief, fiel er vornüber. Seine Augen war fest zusammengekniffen; er war sicher, daß sein Vater versuchte ihn umzubringen. Mit einem verzweifelten Satz befreite er sich und stürzte mit dem Gesicht in den Schnee.

«Steh auf!» befahl sein Vater angewidert. Donald rührte sich nicht. Wenn er den Atem lange genug anhielt, würde er vielleicht sterben.

Sein Vater stellte ihn auf die Füße. «Ich habe genug von deinen Mätzchen», sagte er. Er packte ihn mit beiden Händen an den Schultern und zwang ihn durch die Dämmerung zum Haus zurück.

Donald stolperte vorwärts, den Blick auf die weiße Straße vor ihm gerichtet, bar jeden Gedankens. Ein ungewohntes Gefühl hatte sich seiner bemächtigt: Er verspürte kein Selbstmitleid, weil er durchnäßt und halb erfroren war, nicht einmal Wut über die Mißhandlung. Er war losgelöst von allem; es war ein angenehmes, fast wollüstiges Gefühl, das er, ohne es zu verstehen oder zu hinterfragen, akzeptierte.

Als sie im Halbdunkel die lange Ahornallee entlanggingen, sagte sein Vater: «Jetzt kannst du zu deiner Mutter flüchten und dich bei ihr ausweinen.»

«Ich weine nicht», sagte Donald ausdruckslos. Sein Vater gab keine Antwort.

Glücklicherweise war die Küche leer. Am Klang der Stimmen im Wohnzimmer erkannte er, daß Tante Louisa, Onkel Ivor und Mr. Gordon gerade aufbrechen wollten. Er lief hinauf in sein Zimmer und zog sich völlig um. Das Loch, das er in das Eis auf der Fensterscheibe gehaucht hatte, war wieder dick zugefroren, doch die runde Markierung war noch zu sehen. Als er fertig angezogen war, rief seine Mutter nach ihm. Draußen war es jetzt ganz dunkel. Er ging hinunter. Sie stand in der Diele.

«Oh, du hast dich umgezogen», sagte sie. «Komm mit und sag Tante Louisa und Onkel Ivor auf Wiedersehen. Sie sind in der Küche.» Er sah schnell in ihr Gesicht und forschte nach Spuren von Tränen: ihre Augen waren ein wenig gerötet.

Sie traten zusammen in die Küche. «Donald will sich verabschieden», sagte sie an Mr. Gordon gewandt und führte Donald auf Tante Louisa zu. «Ihr habt ihm ein herrliches Weihnachtsfest beschert» – ihre Stimme klang vorwurfsvoll –, «aber es war *viel* zu viel.»

Der dicke Biberkragen von Mr. Gordons Mantel war über seine Ohren geschlagen, und er trug riesige Fellhandschuhe. Er lächelte und klatschte erwartungsvoll in die Hände; es verursachte ein gedämpftes Geräusch. «Oh, es hat mir sehr viel Spaß gemacht», sagte er. «Er erinnert mich an mich selbst, wissen Sie, als ich so alt war wie er. Ich war genauso, ein bißchen schüchtern und still.» Donald spürte, wie der Griff seiner Mutter auf den Schultern fester wurde, als sie ihn zu Tante Louisa schob. «Mhmm», sagte sie. «Nun, Tante Louisa, hier will sich noch jemand von dir verabschieden.»

Selbst als er aufgeregt zusah, wie Onkel Willis und Onkel Greg mit den anderen im Schlitten davonfuhren, entging Donald nicht, daß sein Vater sich nicht in der Küche hatte blicken lassen. Als der Schlitten am Ende der dunklen Straße verschwand, gingen alle ins Wohnzimmer zurück, und Großpapa legte ein neues Holzscheit ins Feuer.

«Wo ist Owen?» fragte Großmama Donalds Mutter leise.

«Er muß oben sein. Offen gestanden ist es mir ziemlich egal, wo er ist.»

«Armes Kind», sagte Großmama. «Sind die Kopfschmerzen besser?»

«Ein bißchen», sagte sie. «Jedenfalls hat er es geschafft, mir Weihnachten völlig zu verderben.»

«Es ist schrecklich», sagte Großmama.

«Es war alles, was ich tun konnte, um Ivor noch ins Gesicht sehen zu können. Ich meinte es ehrlich.»

«Ich bin sicher, daß alle es verstanden haben», sagte Großmama beschwichtigend. «Denk nicht mehr darüber nach. Owen reist ohnehin morgen ab, und dann kannst du dich erholen.»

Kurz nachdem Onkel Willis und Onkel Greg zurück waren, kam Donalds Vater herunter. Das Abendessen wurde fast schweigend eingenommen; nicht ein einziges Mal richtete sein Vater das Wort an ihn oder schenkte ihm die geringste Aufmerksamkeit. Gleich nachdem die Mahlzeit beendet war, brachte seine Mutter ihn nach oben ins Bett.

Als sie hinausgegangen war, lag er im Dunkeln und lauschte dem feinen Schnee, den der Wind gegen die Fensterscheibe warf. Der Wolf war da draußen in der Nacht, lief Pfade entlang, die kein Mensch je zu Gesicht bekommen hatte, den Hügel hinunter und über die Wiese; er blieb stehen und trank an einer tiefen Stelle im Bach, wo sich noch kein Eis gebildet hatte. Im steifen Haar seines Fells hatte sich Schnee verfangen; er schüttelte sich und kletterte die Böschung hinauf, wo Donald saß und auf ihn wartete. Dann streckte er sich neben ihm aus und legte seinen schweren Kopf in Donalds Schoß. Donald beugte sich vor und vergrub das Gesicht im zottigen Fell seines Nackens. Nach einer Weile standen beide auf und liefen zusammen los, schneller, immer schneller, über die Felder.

MS Chakdara (London-Colombo), Januar 1957

Tapiama

Gleich hinter dem Hotel war der Fluß. Wäre er von sehr weit aus dem Landesinneren gekommen, hätte er breit und still sein müssen, da er jedoch in Wirklichkeit nur ein vom Regen angeschwollener Bach und sein Bett voller Felsen war, verursachte er einen tosenden Lärm, den der Photograph eine Zeitlang für Regen hielt. Die Hitze und die Reise hatten ihn erschöpft; er hatte den kalten gebratenen Fisch, das lederartige, fetttriefende Omelett und die Paste aus braunen Bohnen mit Reis und verbrannten Bananen gegessen und wurde dann plötzlich von unwiderstehlicher Schläfrigkeit übermannt – fast als hätte er ein Schlafmittel genommen. Er war zu seinem Bett getaumelt, hatte sich Hemd und Hose vom Körper gerissen, das steife, verstaubte Moskitonetz angehoben und war wie ein Stein auf die Matratze gefallen, deren Härte er kaum wahrnahm, ehe er in Schlaf versank.

Doch als er mitten in der Nacht erwachte, erkannte er, daß es der trügerische Schlaf eines verdorbenen Magens gewesen war; er starrte in die Dunkelheit über seinem Kopf und sagte sich, daß es schwierig sein würde, den Weg ins Vergessen wiederzufinden. Im gleichen Augenblick bemerkte er den stetigen Schwall nächtlicher Geräusche im Hintergrund und hielt ihn für Regen. Hin und wieder blinkte hoch über seinem Kopf (wie konnte die Decke so hoch sein?) das schwache, fahrige Licht eines Glühwürmchens ein, zwei Sekunden lang seinen nicht entschlüsselbaren Kode. Er lag auf dem Rücken; irgend etwas Kleines kroch über seine Brust. Er legte seine Hand darauf; es war ein langsam rollender Schweißtropfen. Das rauhe Laken unter ihm war naß. Er wollte sich bewegen, doch, finge er erst damit an, würde er sich stundenlang herumwälzen, und jede neue Stellung wäre ungemütlicher als die vorhergehende. Im anonymen Dunkel eines Nebenzimmers hustete von Zeit zu Zeit jemand; er hätte nicht sagen können, ob es ein Mann oder eine Frau war. Das Mahl, das er gegessen hatte, lag ihm wie zehn Mahlzeiten im Magen. Allmählich durchsetzte sich die Erinnerung daran – vor allem an das schwere kalte Omelett, auf dem das Fett glänzte – mit einem nebulösen Grauen.

Dazuliegen mit dem Staub des Netzes in der Nase war wie in einem Leinensack verpackt zu sein. Hinaus auf die Straße und gehen – das war es, was er wollte, aber es gab Schwierigkeiten. Um Mitternacht wurde der Strom abgestellt; der alte Mann, der das Hotel verwaltete, hatte es ihm gesagt. Statt die Streichhölzer unter das Kopfkissen zu legen, hatte er sie in der Hosentasche gelassen, und die Vorstellung, barfuß und ohne Licht auf den Boden zu treten, gefiel ihm nicht. Außerdem, erinnerte er sich, als er dem allumfassenden, seltsam fernen Dröhnen draußen lauschte, regnete es. Doch die leblosen Straßen entlangzugehen wäre ein Vergnügen, selbst in dem unsichtbaren Regen... Wenn er vollkommen reglos lag, würde der Schlaf vielleicht wiederkommen. Schließlich schwang er verzweifelt das Netz zur Seite und sprang aus dem Bett, durch das Zimmer auf den Stuhl zu, wo er seine Kleider hingeworfen hatte.

Es gelang ihm, innerhalb von drei Streichholzlängen Hemd und Hose anzuziehen; seine Schuhe klopfte er im Dunkeln vorsichtshalber auf dem Steinboden aus, um Tausendfüßler oder Skorpione hinauszuwerfen. Dann zündete er ein viertes Streichholz an und öffnete die Tür zum Patio. Hier war es nicht länger stockdunkel. Man konnte die riesigen Topfpflanzen im bleiernen Licht der Nacht erkennen, doch der Himmel, erstickt von einer Wolke, die kein Sternenfunkeln zu durchdringen vermochte, schien gar nicht dazusein. Es regnete nicht. «Der Fluß muß sehr nah sein», dachte er.

Er ging den überdachten *corredor* entlang, streifte die Tentakel der Orchideen, die in Körben und Töpfen von der Dachrinne hingen, stieß gegen die Korbmöbel und fand die Eingangstür verschlossen und zweifach versperrt. Vorsichtig schob er die Metallriegel zurück, öffnete die Tür und ließ sie hinter sich zuschnappen. Die Straße war so dunkel wie der Patio und die Luft so unbewegt wie unter dem Moskitonetz. Doch sie trug einen unbestimmten Pflanzengeruch – den süßen Duft von Erfüllung und Erschöpfung.

Er bog nach links ab; die lange Hauptstraße führte, von einstöckigen Gebäuden gesäumt, geradewegs zum *paseo* am Meer. Beim Gehen mischte sich der frischere Geruch nach Seetang am Strand in die reglose Treibhausluft. An jeder Kreuzung mußte er sechs Treppenstufen zur Straße hinuntersteigen und auf der anderen Seite wieder sechs Stufen zum Gehsteig hinauf. In der Regenzeit, so hatte ihm der *propietario* des Hotels erzählt, gab es an jeder Ecke Ruderboote, um die Passanten überzusetzen. Wie die Mischung aus dem Geruch des Landes und dem der See, die er einsog, ergriffen zwei gegensätzliche, doch miteinander verwandte Gefühle Besitz von ihm: Erleichterung, die fast an Vergnügen grenzte, und ein Anflug von Schwindel, den er zu bekämpfen beschloß, weil er es für mangelnde Stärke hielt, nicht jedes Anzeichen einer Krankheit abzuschütteln. Er versuchte, seinem Gang mehr Schwung zu verleihen, mußte jedoch sofort einsehen, daß es zu heiß war, um mehr Anstrengung auf sich zu nehmen als unbedingt nötig. Jetzt schwitzte er noch stärker als vorhin im Bett. Er zündete eine Ovalado an. Der Geschmack des süßen Tabaks war Teil der Nacht.

Der *paseo* führte etwa eine halbe Meile am Meer entlang. Er hatte geglaubt, es gebe hier möglicherweise eine leichte Brise, doch er bemerkte keinen Unterschied. Trotzdem machte er hin und wieder das leise, vertraute Geräusch einer kleinen Welle aus, die unterhalb des *paseo* sanft auf den Sand schlug. Er setzte sich auf die Balustrade und ruhte aus, in der Hoffnung, ein wenig abzukühlen. Das Meer war unsichtbar. Er hätte auf dem Gipfel eines von Wolken bedeckten Berges sitzen können – die Finsternis vor ihm wäre ebenso gestaltlos und allumfassend gewesen. Doch enthielten die unregelmäßigen Geräusche der Brandung keine Elemente von Weite, wie es bei Meeresrauschen sonst der Fall ist, sondern klangen wie in einem großen, geschlossenen Hof. Die Betonplatten, auf denen er saß, waren feucht und etwas kühler als seine Haut. Er rauchte zwei Zigaretten und horchte auf irgendein Geräusch, das, selbst indirekt, von Menschen verursacht sein könnte. Doch da war nur das eintönige Plätschern des trägen Wassers unten, das über den Strand leckte. Er sah den *paseo* hinauf und hinunter. In weiter Ferne am westlichen Strand gab es ein Licht. Es war orange und flackerte. Ein Feuer? Er ging weiter, langsamer als zuvor, vor sich den undeutlichen Schein, die einzige Lichtquelle in der Landschaft.

Breite Treppenstufen führten hinunter zum Strand. Gleich dahinter erkannte er das zerbrechliche Gerüst eines Piers, der ins Wasser hineingebaut worden war. Er blieb stehen und horchte. Das unregelmäßige Gurgeln der kleinen Wellen an den Pfeilern klang wie in einer Hallkammer.

Er lief leicht die Treppe hinunter und ging unter dem Pier durch. Hier war es ungleich kühler als auf dem *paseo*. Er war jetzt hellwach und beschloß auszukundschaften, um wieviel ihn ein fünfzehnminütiger Marsch am Strand näher an das Licht bringen würde. Nachtfarbene Krabben eilten direkt vor seinen Füßen über den Strand, vollkommen lautlos und fast unsichtbar. Kurz nach dem Ende des *paseo* wich der Sand einer harten Korallenoberfläche, auf der es sich leichter gehen ließ. Aus Vorsicht hielt er sich so nah wie möglich am Wasser.

Es gab einen Unterschied zwischen diesem Spaziergang und den unzähligen anderen Mitternachtsausflügen, die er unternommen hatte, und er fragte sich, was diesen so angenehm machte. Vielleicht genoß er ihn nur deshalb, weil die ganze Situation so vollkommen offen, so voller Freiheit war. Er suchte nach nichts; alle Kameras waren im Hotelzimmer.

Hin und wieder hob er den Blick von den undeutlichen, gehirnförmigen Korallen unter seinen Füßen und sah landeinwärts auf der Suche nach irgendwelchen Zeichen von Zivilisation. Es kam ihm vor, als erhöben sich einige hundert Fuß weiter Sanddünen, doch ohne Licht war man nicht einmal dessen sicher. Der Schweiß lief ihm den Rücken hinab, über das Steißbein, zwischen die Gesäßbacken. Wahrscheinlich wäre es das beste, sich ganz auszuziehen. Doch dann würde er seine Sachen tragen müssen, und er wollte die Hände frei haben, selbst auf die Gefahr hin, sich wund zu scheuern.

Die Freiheit wurde vom Zwang zur Rückkehr eingeschränkt, sagte er sich und beschleunigte seinen Schritt. Wenn man, in dem Wunsch, diese zu erlangen, einen bestimmten Punkt von Intensität überschritt, stand so gut wie fest, daß man sie nicht erreichen würde. Was jedenfalls war Freiheit letzten Endes anderes, als sich ganz, nicht nur teilweise, der Tyrannei des Zufalls auszuliefern?

Es bestand kein Zweifel, daß dieser Spaziergang ihn von seiner Verdauungsstörung erlöste. Noch drei Minuten, sagte der leuchtende Minutenzeiger seiner Armbanduhr; das orangefarbene Licht vor ihm wirkte kleiner als von der Stadt aus. Warum willkürliche fünfzehn Minuten? Er lächelte über die präzisen, großstädtischen Bahnen, in denen sein Bewußtsein sich automatisch bewegte. Wenn er den Arm hob, könnte er den Himmel berühren, und er wäre feucht, lauwarm und wollüstig weich.

Und nun hörte er in einiger Entfernung landeinwärts Geräusche, die er schnell als Stimmen unzähliger junger Frösche identifizierte. Jetzt, da er es genauer beobachtete, bewegte sich das Licht merkwürdigerweise leicht auf und ab und auch seitwärts, doch ohne seine Lage zu verändern. Plötzlich verwandelte es sich in eine riesige, lodernde Flamme, einen Augenblick später in sprühende Kaskaden roter Funken, und er erkannte, daß er angekommen war. Das Feuer brannte auf dem Boden eines leicht schwankenden Bootes, keine hundert Fuß vor ihm. Ein nackter Mann stand daneben und warf Palmwedel hinein. Der Photograph blieb stehen und horchte auf menschliche Stimmen, doch der muntere Chor der Frösche übertönte jedes Geräusch.

Er ging ein paar Schritte weiter und beschloß, sich bemerkbar zu machen. «*Hola!*» Der Mann wandte sich um, sprang über den Bootsrand (das Wasser war ziemlich seicht) und kam auf ihn zugelaufen.

Ohne ihn zu grüßen – möglicherweise verwechselte er ihn mit jemand anderem –, sagte der Mann: «*Tapiama? Vas a Tapiama?*» Der Photograph, der noch nie von Tapiama gehört hatte, zögerte einen Augenblick und sagte schließlich «*Sí*», worauf der andere ihn am Arm nahm und zum Wasser zog. «Die Flut ist weit zurückgegangen. Wir legen in einer Minute ab.»

Er konnte zwei weitere Personen sehen, die flach auf dem Boden des Bootes lagen, zu beiden Seiten des Feuers und so weit wie möglich von seiner Glut entfernt. Der Photograph hockte sich hin und zog Schuhe und Socken aus; dann watete er zum Boot. Als er in seiner Mitte stand (das Feuer prasselte noch immer hell), wandte er sich um und sah, wie der nackte Mann das Seil löste, mit dem der Punt vertäut war.

«Das Ganze ist absurd!» Er konnte der Selbstverständlichkeit, mit der all das vor sich ging, der Gleichgültigkeit, mit der die beiden Passagiere auf seine unerwartete

Ankunft reagierten, und mehr noch der verdächtigen Bereitschaft des Steuermanns, in dem Moment abzulegen, in dem er auftauchte, nur mißtrauen. Er sagte sich: «Die Dinge passieren nicht auf diese Weise», doch da sie es ohne Zweifel taten, würde jegliches Hinterfragen dieses Prozesses nur zu einer Paranoia führen. Er ließ sich auf den Boden des Bootes fallen und zog seine Schachtel Ovalados aus der Tasche. Der nackte Bootsmann, das tropfende Tau um seinen dunklen Unterarm gewickelt wie einen Armreif, sprang an Bord und stieß mit seinem großen Zeh einen der ausgestreckt daliegenden Passagiere an, der zusammenzuckte, sich halb aufrichtete und ärgerlich um sich blickte. «Was ist?» fragte er. Ohne zu antworten, reichte ihm der Bootsmann den kürzeren der beiden Stöcke, die auf dem Schanzdeck gelegen hatten. Gemeinsam begannen sie, den Punt über die unsichtbare Oberfläche des Wassers zu staken. Der Gesang der Frösche und das Lodern der Flammen erfüllten die Nacht.

Da er *«Sí»* geantwortet hatte auf die Frage nach Tapiama, hatte der Photograph das Gefühl, jetzt unmöglich einen Schritt zurückmachen zu können und zu fragen: «Was ist Tapiama?» oder «Wo ist Tapiama?». Daher beschloß er zu warten, so gerne er es auch erfahren hätte. Dieses seichte Wasser unter ihnen – Meeresbucht, Lagune? Eher ein Fluß, da der Bootsmann gesagt hatte, es sei Ebbe. Aber nicht der Strom, dessen ruhelosen Lauf er vom Bett aus gehört hatte.

Sie schoben sich vorwärts, hin und wieder unter Massen von hoher Vegetation hindurchsteuernd, wo das Geschrei der Frösche vorübergehend von einem anderen

Geräusch überdeckt wurde, unerklärlich und brutal, wie das plötzliche Zerreißen eines großen Leintuchs. Von Zeit zu Zeit klatschte etwas Schweres, Festes in der Nähe auf, als sei ein Mann ins Wasser gefallen. Und gelegentlich stützte sich der andere Passagier auf einen Ellbogen und schaffte es ohne große Mühe, das ersterbende Feuer mit einem trockenen Palmwedel wiederzubeleben.

Wahrscheinlich war noch keine Stunde vergangen, als sie zu einem schlammigen Anlegeplatz gelangten. Die beiden Passagiere sprangen heraus und verschwanden eilig in der Dunkelheit. Der Bootsmann streifte sorgfältig eine Unterhose über, klopfte dann dem Photographen auf den Arm und bat um sechzig *centavos*. Er gab ihm fünfundsiebzig und trat mit den Schuhen in der Hand in den weichen Schlamm.

«Warte einen Augenblick», sagte der Mann. «Ich komme mit dir.» Der Photograph war zufrieden. Als der Bootsmann, der mit seiner weißen Hose noch dunkler erschien, den Punt an einen in den Schlamm gepflockten Baumstamm gebunden hatte, ging er durch das Gewirr von Unterholz voraus. Einmal fragte er beiläufig: «Fährst du morgen rüber?»

«Rüber? Nein.»

«Bist du nicht für die Gesellschaft hier?» Die Stimme schien anzudeuten, daß nicht für die Gesellschaft zu arbeiten ihn einem unaussprechlichen Verdacht aussetzte.

Die Zeit war gekommen, die Wahrheit zu sagen, fürchtete er, obwohl er an der Lage, in die ihn das bringen würde, keinen Gefallen fand. «Ich habe noch nie von der

Gesellschaft gehört», sagte er. «Ich bin erst heute abend in Rio Martillo angekommen. Was für eine Gesellschaft?»

«Zucker», antwortete der andere. Dann blieb er in der Dunkelheit stehen und sagte leise: «*Entonces* – warum bist du nach Tapiama gekommen? Sie mögen keine *millonarios* hier, verstehst du?« Da er begriff, daß dies an der Küste eine verächtliche Bezeichnung für Amerikaner war, log der Photograph. «Ich bin Däne», sagte er hastig, doch als er merkte, daß es seiner Stimme an Überzeugungskraft mangelte, setzte er schnell hinzu: «Müssen wir durch noch mehr Schlamm, oder kann ich meine Schuhe anziehen?»

Der Mann war weitergegangen. «Wasch deine Füße in der *cantina*, wenn du willst», gab er über die Schulter zurück. Nach einer Minute waren sie da. Mitten im Dunkeln ein offener Platz mit einem runden Dutzend palmengedeckter Hütten an einer Seite; an der anderen eine Plattform, die eine Art Laderampe sein mußte, dahinter die leere Nacht und offenes Wasser, und auf halbem Weg zwischen Dock und der Ansammlung von Hütten die *cantina*, die nichts anderes war als eine sehr lange Hütte, der die vordere Wand fehlte.

Ein trübes Licht drang aus dem Innern; es war nichts zu hören als Frösche von allen Seiten und das gelegentliche trockene Reißen in den Zweigen hoch über ihnen. «Wieso ist die Kneipe um diese Zeit geöffnet?» fragte der Photograph. Der Bootsmann blieb mitten auf der Lichtung stehen und rückte seine Hose zurecht. «Don Octavio führt den Laden von sechs Uhr morgens bis sechs Uhr abends. Und sein Bruder führt ihn von sechs Uhr abends bis sechs Uhr morgens. Die Arbeit bei der Gesellschaft endet zu verschiedenen Zeiten. Dann kommen sie mit ihrem *pago* hierher und geben ihn aus. Hier gefällt es ihnen besser als zu Hause. Es gibt weniger Moskitos.» Vielleicht war es die Phantasie des Photographen, welche die Stimme des Mannes bei den letzten Worten bitter klingen ließ. Sie gingen weiter über die Lichtung und betraten die *cantina.*

Es gab keinen Fußboden; die bloße Erde war mit weißem Sand bedeckt. Eine Theke aus Holzbrettern verlief diagonal über die hintere Ecke. Hier qualmte eine Ölfunzel; zwei Männer standen da und tranken. Ein paar Holzkisten standen herum, manche auf dem Kopf, mit leeren Bierflaschen darauf, andere auf der Seite, um als Sitzplätze zu dienen. *«Muy triste»*, äußerte der Bootsmann und sah sich um. Dann trat er hinter die Theke und verschwand durch eine kleine Tür in der Wand. Außer den beiden an der Bar, die ihre Unterhaltung unterbrochen hatten und den Photographen anstarrten, war niemand anwesend. «Im Zweifelsfalle reden», sagte er sich und trat auf sie zu, obgleich ihm, schon als er den Mund aufmachte, um *«Buenas noches»* zu wünschen, aufging, daß er ebensogut «Im Zweifelsfalle schweigen» daraus hätte machen können, denn ihr Gesichtsausdruck blieb unverändert, soweit er das beurteilen konnte. Volle drei Sekunden starrten sie ihn unverwandt an, ehe sie ihm antworteten, was mehr oder weniger gleichzeitig geschah. «Die beiden haben nichts gemeinsam», dachte er. Der eine war ein Soldat in Uniform, ein Indiojunge von vielleicht achtzehn Jahren, und der andere ein müde wirkender Mulatte undefinierbaren Alters. Oder vielleicht – die Idee kam ihm, als er mit einem Anflug von

Lässigkeit den Ellbogen auf die Theke stützte – hatten sie doch, seit er die *cantina* betreten hatte, etwas gemeinsam: eine gewisse Feindseligkeit. «Nun ja, ich bin barfuß, und meine Füße sind voller Schlamm», dachte er.

«Hay alguien?» sagte er laut zu der mit Palmwedeln verkleideten Wand hinter der Bar. Die anderen beiden nahmen weder ihre Unterhaltung wieder auf, noch sprachen sie mit ihm, und er drehte sich nicht zu ihnen um. Schließlich öffnete sich die kleine Tür, und ein fetter Mann zwängte sich hindurch. Er stand mit ausgebreiteten, auf die Theke gestützten Armen da, die Augenbrauen erwartungsvoll hochgezogen. «Ich nehme einen *cumbiamba*», sagte der Photograph und erinnerte sich wieder an den Namen des Lieblingsgetränks der Küstenregion, ein Kräutergebräu, das berühmt war für seine tückische Wirkung.

Es schmeckte widerlich, war aber stark. Der zweite war schon weniger ekelhaft. Er ging zur offenen Seite der *cantina*, setzte sich auf eine Kiste und blickte hinaus in die gestaltlose Nacht. Die zwei an der Bar unterhielten sich leise weiter. Es dauerte nicht lange, und fünf Männer erschienen von der Plattform auf der anderen Seite der Lichtung; sie schlenderten herein, blieben an der Bar stehen und lachten, während sie auf ihre Drinks warteten. Es waren Schwarze, und alle trugen nur Unterhosen wie der Bootsmann. Ein Mulattenmädchen mit Goldzähnen tauchte in der kleinen Tür hinter der Bar auf und stellte sich zu ihnen. Fast im selben Augenblick bemerkte sie den Photographen, der allein saß, und kam, mit den Händen auf den Hüften, halb tanzend durch den leeren Raum auf ihn zu. Als sie bei ihm war, hockte sie sich grinsend neben ihn und machte sich mit einer dünnen gelben Hand an seinem Hosenschlitz zu schaffen. Seine Reaktion kam sofort und automatisch: Er zog ein Bein an und trat sie voll gegen die Brust, so daß sie lautlos nach hinten in den Sand fiel. Der Lärm des darauffolgenden Gelächters an der Bar war nicht groß genug, um ihre schrille, vor Wut überschnappende Stimme zu übertönen: *«Qué bruto, tú! Pendejo!»* Die Hände erneut auf den Hüften, zog sie sich wieder an die Bar zurück, wo einer der Arbeiter ihr einen Drink spendierte. Obgleich der Photograph sie nicht hatte treten wollen, bereute er den Ausgang, den der Zwischenfall genommen hatte, nicht. Die *cumbiambas* schienen ihre Wirkung zu tun; er fühlte sich allmählich sehr wohl. Eine Weile saß er ruhig da und klopfte im Takt gegen sein leeres Glas. Immer mehr schwarze Arbeiter kamen herein und gesellten sich zu den anderen an der Bar. Einer hatte eine Gitarre dabei und begann, ein paar synkopierte Begleitakkorde für eine Melodie zu klimpern, ohne daß diese jedoch erkennbar wurde. Aber es war Musik, und jeder war damit zufrieden. Vielleicht von ihr geweckt, hatten die Hunde des Dorfes einen wütenden Chor angestimmt; vor allem der Photograph, der am Eingang saß, konnte sie hören, und ihr Bellen störte ihn. Er stand auf und ging hinüber zu einer freien Lattenkiste an der gegenüberliegenden Wand; dort lehnte er den Kopf an einen grobbehauenen Pfahl, der als Dachstütze diente. Ein paar Zentimeter über ihm baumelte ein seltsamer Gegenstand an einem Nagel. Hin und wieder legte er den Kopf in den Nacken und studierte ihn.

Plötzlich sprang er auf und klopfte heftig seinen Hinterkopf und seinen Nacken ab. Der Pfahl hinter ihm war von Tausenden und Abertausenden winziger Ameisen übersät: irgendwer hatte eine tote kleine Korallenotterschlange an den Nagel gehängt, und sie waren gekommen, um ihr Fleisch zu fressen. Es dauerte eine ganze Weile, bis er keins der Tiere mehr im Nacken spürte. In der Zwischenzeit waren zwei neue Gestalten in die *cantina* gekommen (ob von draußen oder durch die Tür hinter der Theke, hatte er nicht mitbekommen), die jetzt, beide ihm zugewandt, zwischen seiner Kiste und der Bar saßen. Der alte Mann sah nordisch aus, während der unschuldig wirkende einbeinige Junge, der bei ihm war, ein Spanier sein mochte. Der Alte erzählte dem Jungen eine lustige Geschichte, beugte sich lebhaft zu ihm hinüber und stieß ihm gelegentlich den Zeigefinger in den Arm, um etwas besonders zu betonen, doch der Junge malte mit der Spitze seiner Krücke gedankenverloren Muster in den Sand.

Der Photograph erhob sich; er hatte noch nie eine derartige Wirkung von zwei Drinks verspürt. «Ein sehr seltsames Gefühl», murmelte er bei sich und dann noch einmal: «Sehr seltsam», während er auf die Bar zuging, um einen weiteren zu bestellen. Nicht, daß er sich betrunken fühlte; eher war er zu jemand geworden, der er nicht war, jemand, für den der Akt des Lebens so anders war als jede Vorstellung, die er davon gehabt hatte, daß es ihm vorkam, als sei er in einem Raum von Empfindungen gestrandet, der nichts mit seinem bisherigen Dasein zu tun hatte. Es war nicht unangenehm, nur undefinierbar. *«Dispénseme»*, sagte er zu einem hochgewachsenen Schwarzen in rosa-weiß gestreifter Unterhose und reichte sein leeres Glas dem fetten Mann. Er wollte sehen, was in einen *cumbiamba* gehörte, doch der Barmann mixte ihn schnell unter der Theke und gab ihm dann das bis zum Rand mit einem leicht schäumenden Gebräu gefüllte Glas zurück. Er nahm einen großen Schluck und stellte es auf die Theke, wobei er sich leicht nach rechts wandte. Neben ihm stand der Indio-Soldat, die Mütze schief über einem präkolumbianischen Gesicht. «Wieso macht die Armee derart große Schirme daran?» fragte er sich.

Er sah, daß der Soldat etwas sagen wollte. «Was immer es ist, es wird eine Beleidigung sein», dachte er, in der Hoffnung, daß es ihm später möglichen Ärger ersparen würde.

«Gefällt es dir hier?» fragte der Soldat; seine Stimme war seidenweich.

«*Es simpático*. Ja, es gefällt mir.»

«Weshalb?» Die Hunde draußen waren näher gekommen; er konnte jetzt hören, wie ihr Gekläff das Lachen übertönte.

«Kannst du mir verraten, warum man die tote Schlange dort an der Wand aufgehängt hat?» hörte er sich plötzlich fragen, in der Annahme, damit das Thema zu wechseln.

Doch der Soldat war offenbar noch langweiliger, als er befürchtet hatte. «Ich habe dich gefragt, warum es dir hier in der *cantina* gefällt», beharrte er.

«Und ich sagte, daß es *simpático* ist. Genügt das nicht?»

Der Soldat warf den Kopf in den Nacken und sah auf seine Nasenspitze. «Durchaus nicht», antwortete er.

Seine Art war pedantisch, der Tonfall machte einen wütend.

Der Photograph wandte sich wieder seinem Drink zu, hob das Glas und trank es langsam aus. Dann zog er seine Zigaretten aus der Tasche und bot dem anderen eine an. Mit übertriebener Umständlichkeit nahm der Soldat eine Zigarette und fing an, sie auf der Theke auszuklopfen. Der Gitarrenspieler hatte mittlerweile begonnen, mit hoher Falsettstimme zu singen, doch die meisten Worte entstammten einem Dialekt, den der Photograph nicht verstand. Als die Zigaretten glühten, fragte er sich, wer sie angezündet hatte – er oder der Soldat.

«Von wo kommst du?» fragte der Soldat.

Er machte sich nicht die Mühe zu antworten, aber auch das mißverstand der Soldat.

«Ich sehe, daß du etwas erfindest», sagte er, «und ich will es nicht hören.»

Der Photograph rief angewidert: «Aaah!» und bestellte einen weiteren *cumbiamba.* Der letzte hatte etwas höchst Erstaunliches bewirkt: Er hatte das Gefühl, sehr fest geworden zu sein, dünn und hart, ein Objekt aus Emaille oder einem ähnlichen Material, etwas anderes als ein lebendiges Wesen und trotzdem unglaublich bewußt. «Aller guten Dinge sind vier», dachte er.

Das leere Glas war in seiner Hand, der fette Barmann starrte ihn an, und in diesem Moment hatte er nicht die geringste Ahnung, ob er den vierten bereits getrunken oder gerade erst bestellt hatte. Er spürte, wie er lachte, doch er wußte nicht, ob ein Ton herauskam oder nicht. Die verstümmelte, von Ameisen wimmelnde Schlange hatte ihn aus der Fassung gebracht; als er sie entdeckte, war ihm ihr Gestank aufgefallen, und er war nicht sicher, ihm jetzt entronnen zu sein. Hier an der Bar qualmte die Ölfunzel; der schwere Rauch nahm ihm fast den Atem. *«Gracias a Dios»*, vertraute er dem Barmann an und reichte ihm das Glas.

Der alte Mann, der hinter ihnen auf der Lattenkiste gesessen hatte, stand auf und kam langsam auf die Bar zu. «Wo kommt denn das her?» fragte der Photograph, lachte entschuldigend und blickte auf das volle Glas in seiner Hand. Die wütenden Hunde draußen auf der Lichtung kläfften und jaulten, es war nervenzerfetzend. *«Qué tienen esos perros?»* fragte er den Soldaten.

Der alte Mann war vor ihm stehengeblieben. «Hör mal, Jack, ich will mich ja nicht einmischen...», begann er. Er war kahl, braungebrannt; er trug ein Netzhemd. Die Vertiefungen zwischen seinen Rippen waren wie parallele Schatten, und struppige graue Haarbüschel auf der Brust traten zwischen den Maschen des Hemdes hervor. Er verzog die Lippen zu einem Lächeln und zeigte das nackte weiße Zahnfleisch. Der Soldat nahm eine betont lässige Haltung ein; er starrte den Neuankömmling mit offenem Haß in den Augen an und blies dem Alten ruhig den Rauch seiner Zigarette ins Gesicht.

«Du kommst aus Milwaukee? Setz dich.»

«Später, danke», sagte der Photograph.

«Später?» wiederholte der Alte ungläubig und fuhr sich mit der Hand über den Schädel. Dann rief er dem einbeinigen Jungen auf spanisch etwas zu. Der Photograph dachte: «Das wird nicht gut ausgehen. Es wir nicht gutgehen.» Er wünschte, der Schwarze würde aufhören zu singen und die Hunde würden aufhören zu kläffen. Er betrachtete das Glas in seiner Hand, gefüllt mit etwas, das aussah wie Seifenlauge. Jemand klopfte ihm auf die Schulter. «He, mein Freund, ich gebe dir einen guten Rat.» Wieder der alte Mann. «In diesem Land gibt es was zu holen, wenn man weiß, wo man suchen muß. Aber nur derjenige wird fündig, der unter seinesgleichen bleibt – wenn du verstehst, was ich meine.» Sein Gesicht kam näher, er dämpfte die Stimme. Drei skelettartige Finger berührten den Arm des Photographen. «Hör auf mich, von einem Weißen zum anderen! Ich meine es ernst.» Die drei vom Tabak verfärbten Finger hoben sich, zitterten und fielen zurück. «Diese Burschen machen nur Ärger!»

Als der Junge es geschafft hatte, seine Krücke aufzuheben und von seinem Platz aufzustehen, kam er an die Bar. «Sieh dir das an, Jack», sagte der Alte, und an den spanischen Jungen gewandt: «Zeig es ihm!» Der Junge stützte sich auf seine Krücke und rollte das rechte Bein seiner Khakihose auf, bis er den Stumpf seines amputierten Beins freigelegt hatte, nicht weit unterhalb der Leistengegend. Das narbige Gewebe war von unzähligen winzigen Falten und Runzeln durchsetzt. «Siehst du?» rief der Alte. «Da sind zweihundertsechzig Tonnen Bananen drübergefahren! Fühl mal!»

«Fühl doch selbst», sagte der Photograph und fragte sich, wie es möglich war, daß er mit jemandem dastehen und reden konnte, als sei er ein Mensch wie jeder andere. (Konnte es sein, daß man ihm das, was passiert war, nicht anmerkte?) Er wandte den Kopf ab und sah zum Eingang. Draußen stand das Mulattenmädchen und übergab sich. Schreiend lief der Barmann hinüber und stieß sie weiter weg, hinaus in die Lichtung. Als er wiederkam, hielt er sich theatralisch die Nase zu. «Dieses Hurenäffchen!» brüllte er. «Im Handumdrehen haben wir die ganze Hundemeute hier!»

Der Junge blickte den alten Mann noch immer erwartungsvoll an, um zu sehen, ob er sein Hosenbein herunterlassen konnte. «Meinst du, er hätte auch nur einen *centavo* von ihnen erhalten?» sagte der Alte traurig. «Ha!»

Der Photograph hatte mittlerweile den Verdacht, daß irgend etwas in ihm vollkommen schiefgelaufen war. Er fühlte sich krank, doch da er kein lebendes Wesen mehr war, konnte er es nicht ausdrücken. Er hatte die Augen geschlossen und die Hand über das Gesicht gelegt. «Es dreht sich rückwärts im Kreis», sagte er. Das halbvolle *cumbiamba*-Glas war in seiner anderen Hand.

Das Aussprechen des Satzes hatte seine Wahrheit noch bekräftigt. Es drehte sich definitiv rückwärts im Kreis. Das wichtigste war, sich daran zu erinnern, daß er hier allein und daß dies ein wirklicher Ort mit wirklichen Menschen war. Er spürte, wie gefährlich leicht es wäre, der Botschaft zu folgen, die seine Sinne ihm vermittelten, und das Ganze als einen Alptraum abzutun, insgeheim hoffend, daß er, wenn seine Kräfte schwänden, es irgendwie schaffen würde zu fliehen, indem er sich aufweckte. Ein wenig unsicher stellte er seinen Drink auf die Theke. Ein Streit, der vor einiger Zeit zwischen dem Indio-Soldaten und seinem traurigen Kumpan entbrannt war, erreichte jetzt seinen lauten Höhepunkt. Der Kumpan versuchte, den Soldaten gegen dessen Willen von der Bar wegzudrängen, doch der stemmte beide Stiefel fest in den Boden und wehrte sich keuchend. Plötzlich blitzte ein kleines Messer in seiner rechten Hand auf, und er nahm den Gesichtsausdruck eines kleinen Jungen an, der jeden Moment in Tränen ausbricht. Der Alte bewegte sich blitzschnell auf die andere Seite des Photographen. «Der Kerl taugt einfach nichts», murmelte er und machte dem Jungen mit der Krücke nervös ein Zeichen, aus dem Weg zu gehen.

Der Photograph sagte bei sich: «Wenn ich durchhalte, wenn ich nur durchhalte.» Die ganze Umgebung entglitt ihm, nach unten und nach draußen; die Gitarre klimperte, und die Hunde bellten, der Soldat fuchtelte mit dem Messer herum und spitzte die Lippen, der alte Amerikaner erzählte von Höhlen mit vergrabenen Smaragden nur sechs Tagesreisen den Tupurú hinauf, die Lampe wurde röter und stieß immer mehr Qualm aus. Er verstand nichts mehr, nur daß er hierbleiben und es aushalten mußte; jeder Fluchtversuch wäre tödlich. Das Gesicht des Soldaten war jetzt ganz nahe, stieß schwarzen Tabakrauch in seine Richtung. Schmachtend, mit einer wahnwitzigen, angeborenen Koketterie ließ er seine langen Wimpern erbeben und fragte: «Warum hast du mir keine *copita* angeboten? Ich habe die ganze Nacht gewartet, daß du mich einlädst.» Die Hand mit dem Messer hing schlaff herunter; der Photograph dachte an ein schlafendes Baby, das seine Rassel umklammert.

«Si quieres . . . Qué tomas?» murmelte er, und dann fiel ihm ein, daß seine Schuhe in seiner Hand sein müßten, was nicht der Fall war, wo waren sie also? Irgend jemand hatte einen ausgewachsenen Klammeraffen in die *cantina* gebracht und zwang ihn, zu den Synkopen der Gitarre zu tanzen. Er hielt ihn an den Vorderpfoten fest,

damit er aufrecht stand. Der Affe bewegte sich mit geistesabwesender Würde, sah sich nach allen Seiten um und zog nervöse Grimassen, wenn die Männer, die an der Bar standen und seine Possen beobachteten, in wüstes Gelächter ausbrachen. Die Hunde, denen seine Ankunft nicht entgangen war, standen jetzt direkt am Eingang der *cantina*, wo sie wütend bellten und nach ihm schnappten.

Der Drink für den Soldaten war gebracht und auch bezahlt worden, doch er trank ihn nicht. Er lehnte sich rückwärts gegen die Bar, stützte sich mit den Ellbogen auf, als säße er im Bett, verengte die Augen zu schmalen schwarzen Schlitzen und flüsterte: «Es gefällt dir hier nicht. Du möchtest gehen, *verdad*? Aber du hast Angst.»

Obwohl es ihm immer wieder entschlüpfte, war alles so geblieben, wie es war. Es wäre besser gewesen, wenn er sich hätte setzen können. «O Gott», sagte er sich, «wie soll ich das durchhalten?»

«Warum hast du Angst zu gehen?» fuhr der andere zärtlich fort und lächelte, so daß der Photograph seine kleinen, vollkommenen Zähne bewundern konnte. Der Photograph lachte leise, ohne zu antworten.

Das eiförmige, honigfarbene Gesicht des Soldaten direkt vor ihm ging nun mit vollendeter Wandlungsfähigkeit in ein anderes Gesicht über, das eines Generals. (*«Sí, mi general!»*, mit steifen *bigotes*, die unterhalb der Nasenlöcher entsprangen, mandelförmigen Augen, schwarz, mörderisch vor zärtlicher Lust, in schneidiger Uniform, die Reitpeitsche mit Stahlgriff in der Hand, scharfen, glänzenden Sporen an den Knöcheln. *«Bien, mi general.»* Auf seiner stickigen Matratze liegend hatte der

Soldat *tarde tras tarde* geträumt, ein General zu sein. Aus welchem Bergdorf stammte er noch? Wie lange sprach er schon?)

«... und allein an diesem Tag haben sie einundvierzig Schweine vor meinen Augen getötet. Dort im Stall. *Me hizo algo; no sé...»* Sein Lächeln war entschuldigend, vertraulich; er schlug kaum merklich die Augen nieder, gab sich dann einen Ruck und sah den Photographen so an, daß sie schimmerten, da sie größer waren als zuvor. «Ich konnte es nie vergessen, ich weiß nicht, warum.»

Zwischen sie schob sich das Goldzahn-Mädchen, mit wiegenden Hüften und über dem Kopf wirbelnden Händen, und sie sang mit dünner Stimme: *«Ahii! Ahii! El fandango de la Guajira.»* Der Soldat mußte sie gestoßen haben, denn plötzlich versetzte sie ihm eine Ohrfeige. Aber es geschah sehr langsam. Wie konnte der Soldat so lange brauchen, um sein Messer zu zücken, und als er die Hand hob, wie konnte das dumme Mädchen so lange warten, bis sie schrie und sich zur Seite duckte? Trotzdem erwischte die Klinge sie nur am Arm; sie war mitten im Raum, kniete im Sand und stöhnte: «Er hat mich erwischt. O Gott, er hat mich erwischt.» Und weil der Mann, der mit dem Klammeraffen tanzte, ihn losließ, um sich so schnell wie die anderen an die Bar zurückzuziehen, hopste das Tier zu dem Mädchen hinüber und legte abwesend einen langen haarigen Arm um ihren Hals. Doch dann rempelte einer den Photographen an, und ein anderer trat auf seine nackten Füße, als alle versuchten, zu dem Soldaten zu gelangen, um ihn zu entwaffnen. (Eine Dämonenmaske, giftglänzend, ein Gesicht wie Stacheldraht, das krächzte: *«Os mato a todos! A todos!»*).

Es waren genau neunzehn Schritte von der Stelle, wo er gestanden hatte, bis zu einem kleinen Papayabaum vor dem Eingang. Der Baum war nicht allzu kräftig; er gab ein wenig nach, als er sich gegen ihn lehnte. Die Hunde kläfften nun aus dem Innern der *cantina*. Hier war die Luft süß und beinahe kühl; der schwache Glanz des Morgens hing am Himmel und auf dem Wasser hinter dem Anlegeplatz. «Ich muß los», sagte er bei sich; es schien wichtig, daran zu glauben. Das Geschrei und Gejohle in der *cantina* wurde lauter, und die Menschen riefen sich aus den Eingängen ihrer Hütten etwas zu. Der Anlegeplatz war leer – nur Bretter, keine Balustrade. Sehr vorsichtig, da er es nicht gewohnt war, barfuß zu gehen, folgte er dem Pfad, über den er, wie er meinte, zuvor gekommen war, durch das Unterholz zurück zum Flußufer, und dort lag der Punt, im Schlamm zwischen den Mangroven vergraben.

Es war leicht, einzusteigen, leicht, das Seil zu lösen, und leicht (denn der Wasserpegel war beträchtlich gestiegen, seit sie das Boot verlassen hatten), den Punt aus dem Schlamm, in dem er eingesackt war, zu schieben. Doch kaum trieb er zwischen den nun fast sichtbaren Stämmen und Ästen entlang, stieß gegen sie und wurde herumgewirbelt, so daß er zuerst das dunkle Gewirr des Flußufers sah und dann die leere, sich aufhellende Weite des Himmels, begriff er vage, daß es unmöglich sein würde, den Weg zum Strand, von wo er aufgebrochen war, zurückzustaken, denn die Flut stieg noch immer. Er entschied, daß dies ein tröstlicher Gedanke war, denn es bedeutete, daß alles vorwärtsging, nicht rückwärts. Einen Augenblick später trieb er ruhig in der Nähe des

Anlegeplatzes: Menschen liefen auf der Lichtung durcheinander. Hastig streckte er sich flach auf dem Boden des Punts aus, und so blieb er liegen, sah in den grauen Himmel und hoffte, auf diese Weise unsichtbar zu sein, bis die Strömung ihn außer Sichtweite, über Tapiama hinaus getragen hätte.

Es würde einer dieser leblosen, tropischen Tage werden, an denen es weder Sonne noch Wind noch Wolken gab – weil der gesamte Himmel unter einer riesigen, erstickenden Wolkendecke lag. Nichts würde geschehen, es würde nur von Stunde zu Stunde heißer, bis sich so etwas wie Dämmerung über alles breitete. Schon war der östliche Teil des Himmels die heißere Seite, die sich über die flachen Sümpfe wölbte. Der Punt kam jetzt kaum noch von der Stelle; der Kanal hatte sich in einen weiten, morastigen See verwandelt. Der Photograph lag still und stöhnte. Allmählich wich die Angst, entdeckt zu werden, der Hoffnung, daß die Strömung das Boot in Richtung Küste treiben würde statt hinaus in die Öde des Wassers und winziger Inseln; manchmal, auch wenn es schmerzlich sein kann, ist der Kontakt mit anderen dem Terror der Einsamkeit und des Unbekannten vorzuziehen. Er legte den Arm über die Augen, um sie vor dem beißenden grauen Licht zu schützen, das aus der Höhe auf ihn niederschlug. Der andere Arm lag in der Asche des gestrigen Feuers. So trieb er in völliger Stille über die ruhige Oberfläche der Lagune, während die Morgenstunden langsam verstrichen. Er rührte sich nicht, und doch war er sich immer deutlicher des infernalischen Brodelns der *cumbiambas* in seinem Hirn bewußt, ein Brodeln, das sich als sinnloser, von außen aufgezwungener Alptraum äußerte, angesichts dessen er sich nur vollkommen passiv verhalten konnte. Es war ein unsichtbares Spektakel, dessen quälender Logik er mit jeder Faser seines Wesens folgte, ohne daß ihm auch nur ein einziges Mal eröffnet wurde, um welch qualvolle Schicksale es ging.

Irgendwann rammte der Punt eine unter dem Wasser liegende Wurzel und glitt in eine stille, von üppiger Vegetation geschützte Bucht unweit der Küste. Hier stachen ihn wütende Insekten, und aus dem Blattwerk hoch über ihm hörte er einen sprechenden Vogel, der gleichgültig wieder und wieder krächzte: *«Idigaraga. Idigaraga. Idigaraga.»*

Es war ihm kein wirklicher Trost, so sehr war er in das finstere Drama verstrickt, das sich in seinem Innern abspielte, als er plötzlich menschliche Stimmen vernahm oder spürte, wie fremde Hände das Boot packten und jemand neben ihm durchs Wasser watete. Erst als mehrere Menschen an Bord kamen und sich aufgeregt schwatzend um ihn herumhockten, bewegte er den Arm und blinzelte zu ihnen auf. Fünf junge Männer, die sich erstaunlich ähnlich sahen, waren bei ihm. Das Wasser tropfte von ihren nackten Körpern auf ihn herab. Er schloß die Augen: die Szene war zu unwirklich. In diesem Moment sprang einer von ihnen über Bord, blieb eine Zeitlang fort und kam dann mit einer grünen Kokosnuß zurück, deren obere Hälfte er abgehackt hatte. Er ließ die Milch auf das Gesicht des Photographen rinnen, worauf dieser sich halbwegs aufrichtete und den Rest trank. Minutenlang sah er sie der Reihe nach an und fragte dann: «Seid ihr Brüder?»

«Sí, sí», antworteten sie im Chor. Irgendwie war dies

ein Trost. *«Hermanos»*, seufzte er und sank in die Asche zurück. Dann setzte er in der verzweifelten Hoffnung, daß sie ihn noch hörten, hinzu: «Bitte bringt mich nach Rio Martillo.»

Es war nur ein kurzes Zwischenspiel geistiger Klarheit gewesen. Jetzt schoben sie den Punt wieder hinaus unter den heißen Himmel und ließen ihn da liegen und leise stöhnen. Einmal meinte er, ihnen erklären zu müssen, daß er jedem fünfundsiebzig *centavos* für ihre Mühe geben würde, doch sie kicherten und drückten ihn wieder zu Boden.

«Meine Schuhe!» rief er. «Es sind keine Schuhe da», sagten sie zu ihm. «Bleib liegen.»

«Und wenn wir am Strand sind», keuchte er und griff nach einem braunen Knöchel neben seinem Gesicht, «wie werdet ihr mich nach Rio Martillo schaffen?» «Wir kommen an keinen Strand», erwiderten sie. «Wir fahren durch den Sumpf und den Kanal.»

Er lag eine Zeitlang still und versuchte, die irrationalen Gedanken, die durch seinen Kopf brandeten, zu verscheuchen. «Geht es hier nach Rio Martillo?» fragte er, richtete sich schwer atmend halb auf und versuchte, durch das Durcheinander von braunen Armen und Beinen zu spähen. Er empfand eine tiefe, unbegründete Scham, wieder einmal eine Niederlage eingesteckt zu haben. Sie lachten, drückten ihn sanft nieder und stakten das Boot im Takt weiter nach Osten. «Der Fabrikschornstein», sagten sie zueinander und deuteten in die Ferne. Im Geiste war er wieder in der ruhigen Bucht am Flußufer, wo der kleine Vogel hoch oben im Baum gesprochen hatte, und er hörte wieder sein gleichgültiges Krächzen.

«Idigaraga», sagte er laut, Stimme und Tonfall perfekt imitierend. Alle brachen in Gelächter aus. Einer der Jungen nahm seinen Arm und schüttelte ihn leicht. «Kennst du ihn?» fragte er. «Es ist ein seltsamer Vogel. Er fliegt in die Nester anderer Vögel und läßt sich dort nieder, und wenn die anderen Vögel mit ihm kämpfen und ihn vertreiben, bleibt er auf demselben Baum sitzen und ruft *Idigaraga*. Das bedeutet *Iri garagua, nadie me quiere*, niemand mag mich. Und er ruft es so lange, bis sie ihn noch weiter wegjagen, damit sie ihn nicht mehr hören. Du hast es ganz richtig gesagt. Sag es noch einmal.» *«Sí, sí»*, fielen die anderen ein, *«otra vez»*.

Der Photograph hatte nicht die Absicht, es noch einmal zu sagen. Die Scham über seine Niederlage plagte ihn schon weniger. Es war nicht einfach, den Vogel in seinem gegenwärtigen Zustand richtig in das Muster einzupassen, aber er wußte, daß er es schaffen mußte.

Als die Sirene der Compañía Azucarera Riomartillense ertönte und die Mittagsstunde verkündete, hing der Ton einen Augenblick über dem leeren Sumpf wie eine unsichtbare Rauchschwade. *«Las doce»*, sagte einer der Brüder. Eine große schwarzgoldene Libelle kam über das Wasser geflogen und setzte sich auf den nackten Fuß des Photographen. Als sie zweimal die Flügel gehoben und wieder gesenkt hatte, setzte sie ihren Zickzackkurs fort und flog tief über der Wasseroberfläche Richtung Tapiama. «Sag es noch einmal», baten ihn die Brüder.

London, Oktober 1957

Sie haben Ihre Lotuskapseln im Bus liegengelassen

Ich lernte bald, nicht in die Nähe der Fenster zu kommen oder die Vorhänge beiseite zu schieben, um auf den Fluß zu sehen. Die Aussicht war abwechslungsreich; Fabriken und Lagerschuppen auf der anderen Seite des Chao Phraya, und Schlangen von Lastkähnen, die das schmutzige Wasser hinauf- und hinabgeschleppt wurden. Der neue Flügel des Hotels war in Form einer aufrecht stehenden Platte gebaut worden, so daß mein Zimmer hoch lag und keine Bäume da waren, um es vor dem mörderischen Angriff der Nachmittagssonne zu schützen. Das Ende des Tages verstärkte die Hitze noch, statt Erleichterung zu bringen, denn dann verwandelte sich der ganze Fluß in Sonnenlicht. Die rote Dämmerung machte alles melodramatisch und bedrohlich, und noch immer sickerte die brütende Hitze von draußen durch die Fenster.

Brooks, der an der Chulalongkorn-Universität lehrte, war als Fulbright-Stipendiat verpflichtet, regulären Unterricht in Thai zu nehmen; darüber hinaus richtete er es so ein, daß er einen großen Teil seiner Freizeit mit Thais verbrachte. Eines Tages brachte er drei junge Männer mit, die in die leuchtend orange-gelben Gewänder buddhistischer Mönche gehüllt waren. Schweigend traten sie einer nach dem anderen in das Hotelzimmer und standen in einer Reihe da, als sie mir vorgestellt wurden. Jeder begrüßte mich, indem er die Handflächen aneinanderlegte und mit beiden Daumen seine Brust berührte.

Im Verlauf unserer Unterhaltung erklärte Yamyong, der älteste, der Ende Zwanzig sein mochte, daß er geweihter Mönch sei, die beiden anderen dagegen Novizen. Brooks fragte Prasert und Vichai, ob sie bald geweiht würden, doch der Mönch antwortete an ihrer Stelle.

«Ich glaube nicht, daß sie damit rechnen, geweiht zu werden», sagte er leise und sah zu Boden, als sei dies ein wunder Punkt, der schon allzuoft zwischen ihnen erörtert worden war. Dann blickte er zu mir auf und fuhr fort: «Ihr Zimmer ist schön. Wir sind solchen Luxus nicht gewöhnt.» Seine Stimme war unbeteiligt; er versuchte, sich seine Mißbilligung nicht anmerken zu lassen. Einen Augenblick beratschlagten die drei mit gedämpften Stimmen. «Meine Freunde sagen, sie hätten noch nie einen so luxuriösen Raum gesehen», berichtete er dann und sah mich durch seine metallgerahmte Brille aufmerksam an, als wollte er meine Reaktion beobachten. Ich tat, als hätte ich nichts gehört.

Sie legten ihre Sonnenschirme aus braunem Papier und ihre mit Früchten und Büchern vollgestopften Netze ab. Dann setzten sie sich nebeneinander zwischen die Kissen auf der Couch. Eine Weile waren sie damit beschäftigt, die Falten ihrer Gewänder an Schultern und Beinen zu ordnen.

«Sie machen ihre Kleider selbst», erklärte Brooks. «Alle Mönche tun das.»

Ich erzählte von Ceylon; dort kauften die Mönche ihre Gewänder bereits vorgeschneidert und brauchten sie nur noch zusammenzunähen. Yamyong lächelte anerkennend und sagte: «Dasselbe System haben wir hier auch.»

An einem Ende des Zimmers brummte laut die Klimaanlage, und am anderen Ende drang der Lärm der Motorboote durch die Fenster. Ich betrachtete die drei, die vor mir saßen. Alle waren ruhig und gelassen, doch schien es ihnen an körperlicher Gesundheit zu mangeln. Ich bemerkte ihre Wangenknochen unter der Haut. Beruhte der Eindruck von Blässe teilweise darauf, daß sie Augenbrauen und Haupthaar rasiert hatten?

Yamyong redete. «Wir schätzen die Gelegenheit, Englisch zu sprechen. Aus diesem Grund haben wir gerne ausländische Freunde. Engländer, Amerikaner; es spielt keine Rolle. Wir verstehen sie.» Prasert und Vichai nickten.

Die Zeit verging, und wir saßen da und weiteten das Thema der Unterhaltung aus, ohne es jedoch zu wechseln. Hin und wieder sah ich mich im Zimmer um. Ehe sie es betreten hatten, war es ein Hotelzimmer gewesen, in dem man die Vorhänge geschlossen hielt. Ihre Gegenwart und ihre Kommentare hatten dem Raum einen vage beunruhigenden Zug verliehen; ich hatte das Gefühl, sie hielten es für einen großen Fehler, daß ich mir einen solchen Ort zum Leben ausgesucht hatte.

«Sieh dir seine Tätowierung an», sagte Brooks. «Zeig sie ihm!»

Yamyong entblößte seine Schulter ein wenig von dem Gewand, und ich sah die beiden indigofarbenen Linien eines fein ausgeführten Thai-Schriftzeichens. «Das ist für eine gute Gesundheit», sagte er und sah mich an. Sein

Lächeln wirkte seltsam, doch nie entsprach sein Gesichtsausdruck in irgendeiner Weise dem, was er sagte.

«Verurteilen die Buddhisten Tätowierungen nicht?» fragte ich.

«Manche Leute finden sie nicht fortschrittlich.» Wieder lächelte er. «Zeichen für eine gute Gesundheit gelten als Aberglaube. Dieses wurde von meinem Abt gemacht, als ich ein Kind war und im *wat* studierte. Vielleicht wußte er nicht, daß es Aberglaube war.»

Wir hatten vor, mit ihnen zusammen den *wat* zu besuchen, in dem sie lebten. Ich nahm eine Krawatte aus dem Schrank und stand vor dem Spiegel, während ich sie umband.

«Sir», begann Yamyong. «Würden Sie mir bitte etwas erklären? Welche Bedeutung hat eine Krawatte?»

«Welche Bedeutung eine Krawatte hat?» Ich drehte mich zu ihm um. «Sie meinen, warum man Krawatten trägt?»

«Nein, das weiß ich. Weil man aussehen möchte wie ein Gentleman.»

Ich lachte. Yamyong ließ sich nicht beirren. «Ich habe bemerkt, daß manche Männer die beiden Enden gleich lang tragen und andere das breite Ende länger als das schmale oder das schmale Ende länger als das breite. Und die Krawatten selbst sind nicht alle gleich lang, oder? Manche, deren Enden gleich lang getragen werden, reichen sogar bis über den Hosenbund. Welche unterschiedlichen Bedeutungen haben sie?»

«Sie haben keine Bedeutung», sagte ich. «Überhaupt keine.»

Zustimmung heischend warf er einen Blick auf Brooks,

doch Brooks war dabei, seine Thai-Kenntnisse an Prasert und Vichai auszuprobieren, daher schwieg er einen Augenblick nachdenklich. «Natürlich glaube ich Ihnen», sagte er höflich. «Wir waren nur alle der Ansicht, jede Art müßte eine andere Bedeutung haben.»

Als wir das Hotel verließen, verbeugte sich der Portier respektvoll. Bis dahin hatte er sich nie anmerken lassen, daß er sich meiner Existenz bewußt war. Die Träger des gelben Gewandes haben Gewicht in Thailand.

Einige Sonntage später beschloß ich, mit Brooks und unseren Freunden Ayutthaya zu besuchen. Die Vorstellung eines Sonntagsausfluges ist mir so zuwider, daß die Entscheidung, an diesem teilzunehmen, gewissermaßen eine Zwangshandlung war. Ayutthaya liegt weniger als fünfzig Meilen von Bangkok entfernt den Chao Phraya hinauf. Für Historiker und Kunstsammler ist sie mehr als eine reine Provinzstadt; sie ist eine Periode und ein Stil – immerhin war sie mehr als vier Jahrhunderte lang die Hauptstadt von Thailand. Wahrscheinlich wäre sie es bis heute geblieben, hätten die Burmesen sie im achten Jahrhundert nicht dem Erdboden gleichgemacht.

Brooks kam in aller Frühe, um mich abzuholen. Unten auf der Straße standen die drei *bhikkus* mit ihren Büchernetzen und Sonnenschirmen. Sie winkten einem Taxi, und ohne den Preis auszuhandeln – der gewöhnliche Bürger versucht, vor der Fahrt eine feste Summe zu vereinbaren –, stiegen wir ein und fuhren zwanzig Minuten oder eine halbe Stunde, bis wir zu einem Busbahnhof im äußersten Norden der Stadt gelangten.

Es war ein schöner, altmodischer, offener Bus. Alles an ihm ratterte, und die Luft aus den Reisfeldern wehte zwischen uns hindurch, während wir die Bruchstücke unserer abgerissenen Unterhaltung zusammenstückelten. Brooks, der guter Dinge war, rief mir ständig zu: «Schau nur! Wasserbüffel!» Je weiter wir uns von Bangkok entfernten, um so häufiger tauchten diese Tiere auf, und seine Schreie nahmen zu. Yamyong, der neben mir saß, flüsterte: «Professor Brooks mag Büffel?» Ich lachte und sagte, daß ich das nicht glauben würde.

«Dann?»

Ich erzählte ihm, daß es in Amerika keine Büffel auf den Feldern gäbe und Brooks es deshalb so interessant fände, sie zu sehen. Es gäbe auch keine Tempel auf dem Land, fuhr ich fort und setzte, vielleicht unklugerweise, hinzu: «Er sieht sich Büffel an. Ich sehe mir Tempel an.» Dies erschien Yamyong äußerst komisch, und er spielte während des ganzen Tages immer wieder darauf an.

Die Straße führte wie mit dem Lineal gezogen gerade durch das flache grüne Land. Parallel dazu verlief östlich ein ziemlich breiter Kanal, hie und da mit Flecken riesiger rosafarbener Lotusblüten bedeckt. Manchmal waren die Blüten verschwunden und nur die Kapseln übriggeblieben, dicke grüne Scheiben, mit runden, darin eingebetteten Samen. An der ersten Haltestelle stiegen die *bhikkus* aus. Sie kamen mit Mangostangen und Lotuskapseln zurück und bestanden darauf, jedem von uns eine große Zahl davon zu schenken. Die riesigen Samen fielen aus den fasrigen Lotuskuchen heraus wie Murmeln; sie schmeckten beinahe wie grüne Mandeln. «Etwas Neues für Sie, glaube ich», sagte Yamyong und machte ein zufriedenes Gesicht.

Ayutthaya war heiß, staubig, weitläufig, die Umgebung übersät von Ruinen, die durch die Vegetation kaum zu erkennen waren. In einiger Entfernung von der Stadt begann ein breiter, von wichtig aussehenden Gebäuden spärlich gesäumter Boulevard. Er zog sich ein Stück hin und endete dann ebenso plötzlich, wie er begonnen hatte. Da sie aus dem Buschwerk wuchsen und aus kleinen rostroten Ziegelsteinen erbaut waren, wirkten die verfallenen Tempel eher unfertig als von der Zeit zerfressen. Reparaturen mit verschmiertem Zement durchzogen die Fassaden.

Die letzte Haltestelle des Busses lag noch zwei oder drei Meilen vom Zentrum Ayutthayas entfernt. Wir stiegen aus in den Staub, und Brooks erklärte: «Als erstes müssen wir etwas zu essen finden. Nach Mittag dürfen sie nichts Festes mehr zu sich nehmen, verstehst du.»

«Nicht genau Mittag», berichtigte ihn Yamyong. «Es kann auch ein Uhr sein oder etwas später.»

«Auch dann bleibt nicht viel Zeit», sagte ich ihm. «Es ist Viertel vor zwölf.»

Doch die *bhikkus* waren nicht hungrig. Keiner von ihnen war je in Ayutthaya gewesen, daher hatten sie eine Liste von Dingen zusammengestellt, die sie unbedingt sehen wollten. Sie sprachen einen Mann an, dessen Kombi in der Nähe geparkt war, und wir brachen zu einer verfallenen *stupa* auf, die ein paar Meilen südwestlich lag. Man hatte sie auf dem Gipfel eines großen Hügels errichtet, den wir mit einiger Mühe erkletterten, damit Brooks Photos von uns machen konnte, wie wir in einem Riß der verwitterten Außenwand standen. Die Luft roch nach den Fledermäusen, die darin lebten.

Als wir zur Bushaltestelle zurückkehrten, kam das

Essen wieder zur Sprache, doch der Ausflug hatte die *bhikkus* in eine derartige Erregung versetzt, daß sie für nichts Zeit hatten, als alles zu besichtigen. Wir gingen ins Museum. Es war ruhig; es gab dort Köpfe der Khmer und Dokumente mit Pali-Inschriften. Der Tag war zu einer Qual geworden. Ich sagte mir, daß ich es vorausgeahnt hatte. Dann fuhren wir zu einem Tempel. Ich war beeindruckt, weniger von dem riesigen Buddha, der fast das ganze Innere ausfüllte, als von der Tatsache, daß unweit des Eingangs ein Mann auf dem Boden saß und ein *ranad* (*lanat* ausgesprochen) spielte. Obgleich ich den Klang von Aufnahmen mit siamesischer Musik her kannte, hatte ich das Instrument noch nie zuvor gesehen. Es bestand aus einer Reihe verschieden großer, hölzerner Klötze, die miteinander verbunden waren und wie eine Hängematte über einem bootsförmigen Resonanzkasten hingen. Die Töne stürzten übereinander wie schnell fallende Wassertropfen. Nach der glühenden Hitze draußen erschien der ganze Tempel plötzlich als der Inbegriff von Kühle – der Steinboden unter meinen nackten Füßen, die Brise, die durch den schattigen Innenraum strich, die Glücksstäbchen in den langen Kästen, die von den Betenden vor dem Altar geschüttelt wurden, und die Folge der unwirklichen, gläsernen Töne, die aus dem *ranad* drangen. Ich dachte: Wenn ich nur etwas zu essen bekäme, würde mir die Hitze nicht soviel ausmachen.

Kurz nach drei Uhr kamen wir ins Zentrum von Ayutthaya. Es war heiß und laut; die *bhikkus* hatten keine Ahnung, wo sie nach einem Restaurant suchen sollten, und die Idee, jemanden zu fragen, schien sie nicht zu reizen. So schlenderten wir alle fünf ziellos umher. Ich war zu dem Schluß gekommen, daß weder Prasert noch Vichai Englisch verstanden, und wandte mich an Yamyong. *«Wir müssen etwas essen.»* Er sah mich streng an. «Wir sind auf der Suche», gab er zurück.

Schließlich entdeckten wir an einer Ecke der Hauptstraße ein chinesisches Restaurant. Ein Tisch war voller lärmender Thais, die *mekong* tranken, eine Art Whiskey, der jedoch nach billigem Rum schmeckt; ein anderer Tisch war von einer ganzen chinesischen Familie besetzt. Diese Leute waren vollkommen mit Essen beschäftigt und hatten ihre Gesichter in den Reisschalen vergraben. Es heiterte mich auf, sie zu sehen: ich war kraftlos und hatte fast erwartet, man würde uns sagen, es gäbe nichts Warmes mehr.

Die lange, auf Englisch geschriebene Speisekarte, die man uns brachte, mußte vor vielen Jahrzehnten getippt und seitdem jede Woche mit einem feuchten Lappen abgewischt worden sein. Unter der Überschrift SPEZIALITÄTEN standen einige Gerichte, die meine Aufmerksamkeit erweckten, und während ich die Liste überflog, begann ich zu lachen. Dann las ich Brooks laut vor:

Gebratene Haifischflossen mit Bohnensprosse
Hühnerkinn mit Krabben gefüllt
Gebratene Reisvögel
Krabbenbällchen mit grünem Mark
Schweinebierchen süß-sauer
Gekünsteter Reisvogel in Portwein
Fischkopf mit Tofu

Obgleich es für unsere Freunde selbstverständlich war, sich unserem Lachen nicht anzuschließen, spürte ich, daß ihr Schweigen mehr war als nur das Unvermögen, darauf zu reagieren; es war schwer, vielsagend.

Kurz darauf brachte der Kellner drei Pepsi-Cola-Flaschen und stellte sie auf den Tisch. «Was nehmen Sie?» fragte Brooks Yamyong.

«Nichts, danke», sagte er leichthin. «Das ist genug für uns.»

«Aber das ist ja schrecklich. Wollen Sie sagen, daß keiner von Ihnen etwas essen wird?»

«Sie und Ihr Freund werden essen», sagte Yamyong. (Er hätte ebensogut «fressen» sagen können.) Dann standen er, Prasert und Vichai auf, nahmen ihre Pepsi-Cola-Flaschen und setzten sich an einen Tisch am anderen Ende des Raums. Hin und wieder lächelte uns Yamyong ernst zu.

«Ich wünschte, sie würden aufhören, uns zu beobachten», sagte Brooks leise.

«Sie waren es, die das Essen immer wieder hinausgezögert haben», erinnerte ich ihn. Doch ich fühlte mich schuldig, und es ärgerte mich, daß ich mich plötzlich in der Rolle des hemmungslosen Ungläubigen wiederfand. Es war fast so schlimm, wie während des Ramadan vor Moslems zu essen.

Wir beendeten die Mahlzeit und machten uns sofort auf den Weg zu einem bestimmten Tempel, den Yamyong sehen wollte. Die Taxifahrt führte durch eine Gegend mit dornigem Gestrüpp. Hie und da, im Schatten sich ausbreitender Bäume mit flachen Wipfeln, gab es große runde Tümpel mit dunklem Wasser, in denen Büffel badeten. Man sah nur ihre nassen Schnauzen und die Hörner. Brooks schrie schon wieder: «Büffel! Hunderte von Büffeln!» Er bat den Taxifahrer anzuhalten, damit er die Tiere photographieren könne.

«Sie werden am Tempel Büffel sehen», sagte Yamyong. Er hatte recht; nur ein paar hundert Fuß von dem Gebäude entfernt gab es eine schlammige Grube voller Büffel. Brooks ging hin und schoß seine Photos, während die *bhikkus* ihren routinemäßigen Rundgang durch den Tempel machten. Ich schlenderte in einen Hof, in dem es eine lange Reihe steinerner Buddhas gab. Es ist ein alter Brauch der Tempelbesucher, kleine Quadrate von Blattgold auf die religiösen Figuren in den *wats* zu kleben. Wenn Tausende dieser Quadrate übereinanderkleben, lösen sich winzige Fetzen des Goldes. Dann zittern sie im Wind, und die Figur scheint wie von einem vibrierenden Eigenleben erfüllt zu flimmern. Ich blieb im Hof stehen und beobachtete dieses Beben entlang der Arme und Rümpfe der Buddhas; sie erinnerten mich an die Bewegungen der Blätter von Heiligen Feigenbäumen. Als ich Yamyong im Taxi davon erzählte, hatte ich das Gefühl, daß er mich nicht verstand, denn er erwiderte: «Der Heilige Feigenbaum ist ein sehr bedeutender Baum für Buddhisten.»

Auf dem Rückweg nach Bangkok saß Brooks neben mir im Bus. Wir sprachen nur wenig. Nachdem wir so viele Stunden gegen die Hitze angekämpft hatten, war es nun angenehm, einfach dazusitzen und den verhältnismäßig kühlen Wind aus den Reisfeldern zu spüren. Der Fahrer des Busses schien nicht an das Gesetz von Ursache und Wirkung zu glauben. Er überholte Lastwagen, obwohl ihm Verkehr entgegenkam. Ich fühlte mich mit geschlossenen Augen besser und wäre sogar eingenickt, wäre da nicht ein Mann im hinteren Teil des Busses gewesen, der offensichtlich nicht ganz normal war und sich alle Mühe gab, soviel Krach wie nur möglich zu veranstalten. Kaum hatten wir Ayutthaya verlassen, fing er an zu rufen und zu schreien und zu heulen, und so ging es die ganze Fahrt hindurch weiter. Brooks und ich lachten und überlegten, ob er verrückt oder nur betrunken war. Der Gang zwischen den Sitzreihen war besetzt, so daß ich ihn von meinem Platz aus nicht sehen konnte. Gelegentlich warf ich einen Blick auf die anderen Passagiere. Es war, als nähmen sie den Lärm gar nicht wahr. Als wir uns Bangkok näherten, wurde sein Geschrei immer lauter.

«Mein Gott, warum werfen sie ihn nicht raus?» Brooks wurde allmählich ärgerlich.

«Sie hören ihn nicht einmal», sagte ich verbittert. Menschen, denen Krach nichts ausmacht, erfüllen mich mit Neid und Wut. Schließlich beugte ich mich zu Yamyong und sagte: «Der arme Kerl dahinten! Es ist unglaublich!»

«Ja», sagte er über die Schulter, «er ist sehr beschäftigt.» Dies gab mir zu denken – wie zivilisiert und tolerant die Menschen hier waren! Ich bewunderte die Eleganz des Wortes «beschäftigt» als Beschreibung für das, was hinten im Bus vor sich ging.

Schließlich saßen wir im Taxi und fuhren durch Bangkok. Es sollte mich am Hotel absetzen, anschließend würde Brooks die *bhikkus* zu ihrem *wat* bringen. Im Geiste hörte ich noch das herzzerreißende Geschrei. Was hatten die immer gleichen Wortmuster wohl bedeutet?

Es war mir zwar nicht gelungen, eine passable Antwort auf Yamyongs staunende Frage über die Bedeutung von Krawatten zu geben, aber vielleicht konnte diesmal er meine Neugier befriedigen.

«Dieser Mann eben im Bus – erinnern Sie sich?»

Yamyong nickte. «Er mußte schwer schuften, der arme Kerl. Sonntag ist ein schlechter Tag.»

Ich achtete nicht auf diesen Unsinn. «Was hat er gesagt?»

«Oh, er sagte: ‹Den zweiten Gang!› oder ‹Achtung, eine Brücke!› oder ‹Vorsicht, Leute auf der Straße!›. Alles, was er sah.»

Da weder Brooks noch ich den Anschein erweckten zu verstehen, fuhr er fort: «Alle Busse müssen jemanden haben, der dem Fahrer hilft. Er beobachtet die Straße und sagt ihm, wie er fahren muß. Es ist eine schwere Arbeit, denn er muß laut schreien, damit der Fahrer ihn hört.»

«Aber warum sitzt er nicht vorn, neben dem Fahrer?»

«Nein, nein. Einer sitzt vorn und einer hinten. Auf diese Weise sind zwei Männer für den Bus verantwortlich.»

Das war keine allzu überzeugende Antwort für den unheimlichen Lärm, den wir gehört hatten, doch um zu zeigen, daß ich ihm glaubte, sagte ich: «Aha. Ich verstehe.»

Das Taxi bog in die Einfahrt des Hotels, und ich stieg aus. Als ich mich von Yamyong verabschiedete, sagte er, mit einem Anflug von Betrübnis, so kam es mir vor: «Auf Wiedersehen. Sie haben Ihre Lotuskapseln im Bus liegengelassen.»

Tanger, 1971